MORENI - UN SECOL DE PETROL: 1900 - 2000

Prof. ION STOICA,
Ing. VASILE DRAGOMIR

La realizarea acestei cărţi au participat mai multe societăţi sau firme cărora le exprimăm cordiale mulţumiri şi o vie recunoştinţă.

S.C. DETUBĂRI SONDE S.A. FLOREŞTI - D-lui Director ing. Ioniţă Ion

S.C. FORAJ SONDE S.A. MORENI - D-lui Director ing. Vasile Juravle

S.C. FORAJ SONDE S.A. VIDELE - D-lor Director Viorel Belc şi George Ioniţă

S.C. RECORD S.A. MORENI - D-lui Constantin Oprea

S.C. MAY S.R.L. PLOIEŞTI - D-lui ing. Aurel Ioachimescu

S.C. PERCOMAR PROD S.R.L. TÂRGOVIŞTE - D-lui Dumitru Nedelcu

S.C. DOGICOM S.R.L. ONEŞTI - D-lui Petru Hazu

D-nei geolog Georgeta Goga din cadrul Direcţiei Geologice S.N.P. Timişoara

De asemenea aducem mulţumiri pe această cale d-lui ing. Stelian Ivana - Directorul Schelei de Petrol Moreni pentru amabilitatea cu care ne-a pus la dispoziţie documente şi fotografii de epocă existente în arhiva schelei, sau „sufletiştilor" Marinescu Marian - profesor de Informatică la liceul I. L. Caragiale Moreni, Dragomir Bogdan - elev la Liceul de Petrol Moreni, pentru munca depusă la corectarea textului, scanarea imaginilor şi o parte a tehnoredactării lucrării.

CUPRINS

Dorința noastră, a fost să dedicăm această carte, fenomenului petrolier din zona Moreni, cu suișurile și coborâșurile lui, dar mai ales acelor truditori, care fie că s-au numit puțari, păcurari, petroliști, au dus greul acestei activități și au făcut ca tradiția să meargă mai departe.

Arhivele rețin nume precum Călărașu, Copoiu, Baldovin, Teodoru, care între anii '30 - '60 au condus destinele petroliștilor din zonă.

De asemeni, memoria colectivă reține numele „monștrilor sacri" Grigore Guțu, Nicolae Ion, Mihai Iorgandopol, Gheorghe Ciobanu, Nicolae Badescu sau Ion Modolea, Ariton Ionescu, Ion Preda, Stelian Pascu, Vasile Guțanu, Ion Cazan și mulți alții care mai sunt și cărora le cerem scuze că nu i-am amintit, dar care între anii 1960-1995 s-au identificat cu istoria modernă a petrolului morenar.

Nu în ultimul rând, merită să-i amintim pe cei de azi, „noii monștri", Gheoghe Aldescu, Ion Petrescu (jantezul), Cassian Popa, Stelian Ivana, Nicolae Petruț, Vasile Juravle, Florin Tănăsescu, Gheorghe Georgescu, Ciprian Ioniță, Gigel Enăchescu, Ionel Preda care au obligația morală să ducă mai departe tradiția petrolului din orașul Moreni.

Descrierea CIP a Bibliotecii Naționale a României
STOICA, ION
Moreni: un secol de petrol: 1900-2000 / Ion Stoica, Vasile M. Dragomir; ed.: Marian Irimia. - Ploiești: Karmat Press, 2001, p.: cm.
ISBN 973-99454-3-0
I. Dragomir, Vasile M.
II. Irimia, Marian (ed.)
908(498 Moreni)
Redactori: Corina Gheorghe și Sibila Mordelia Merișca
Tehnoredactarea: Doru Alexandru Zamfir
Coperta: Marian Marinescu
Corectură: Bogdan Dragomir
© 2001 Ion Stoica, Vasile Dragomir
Ion Stoica Tel.: 045-666.146
Vasile Dragomir Tel.: 045-667.489; e-mail: dragovas@yahoo.com
www.morenioil.ebony.ro

INTRODUCERE

A evoca trecutul investigând totodată prezentul şi viitorul petrolului în regiunea Moreni, înseamnă o fereastră spre destinele poporului căruia îi aparţinem cu toată fiinţa şi sentimentele ce ne anima.

Istoria ne informează despre complexitatea dezvoltării societăţii în timp şi spaţiu dar nu se poate ocupa de amănuntele de viaţă, care privesc pe locuitorii de pe teritorii restrânse, aşa că apariţia unor lucrări cu tentă de monografie locală nu poate decât să ne lumineze calea prezentului şi să stabilească, să întărească legătura sufletească dintre generaţii.

Am pornit la realizarea lucrării cu convingerea că vom aduce contribuţii la clarificarea şi aprofundarea unor aspecte interesante din trecutul extracţiei petrolului în regiunea Moreni. Acţionând pe un teren aproape nedefrişat, în special după 1925, ne-a revenit sarcina grea şi dificilă de a selecţiona şi valorifica un imens material documentar, în parte neadus încă în circuitul istoric.

Au fost utilizate numeroase cotidiene din epocă, o intensă literatură de specialitate. De aici prezenţa în lucrare a unui material faptic bogat, cu numeroase cifre şi situaţii statistice, dar credem că cititorul va pricepe, dincolo de stratul dens de informaţii, strădania autorilor de a formula teze şi concluzii, cu caracter de generalizare, preocuparea de a recrea momente semnificative ale trecutului istoric petrolier în regiunea Moreni.

Am socotit şi socotesc că oricine a luat parte la evenimentele care alcătuiesc o parte din istorie este dator să lase o descriere a ceea ce ştie despre acele evenimente, fiindcă acestea sunt de domeniul public. Am crezut că nu este îndestulător a lăsa însemnări de lucruri cunoscute mie, şi că, în aşternerea lor pe hârtie, trebuie să fac abstracţie de orice sentiment, altul decât cel al adevărului, oricât de plăcut sau neplăcut ar fi el.

Dar nu m-am mulțumit numai cu ceea ce îmi aminteam. Am verificat pe cât am putut tot ceea ce era scris cu acte, documente, cu ceea ce s-a tipărit în cărți sau ziare.

Din nefericire, au apărut şi momente mai puțin plăcute istoricului. În conformitate cu instrucțiunile nr. 6720/27 noiembrie 1957, a Direcţiei de Arhive a Statului, se trece la reorganizarea Arhivelor Schelei Moreni, care avea atunci 35 fonduri arhivistice ceea ce reprezenta 5000 m.l. şi 150.000 unități de păstrare. O parte a materialului este trimisă Arhivelor Statului, dar mult material este trimis la D.C.A. (8630 kg. „maculatură' în 1964, arhivele „Concordia' din 1930-1948, 65 m.l. din arhiva Schela Gura Ocniței, sau 150 m.l. de la Schela Mare); (oricum de la Schela Gura Ocniței se trimit la Arhivele Statului Dâmbovița 69 de volume cu 10.000 de documente).

La D.C.A. erau trimise „fiind înlăturate ca nefolositoare, lipsite de valoare politică, ştiinţifică sau practică', o cantitate impresionantă de material.

Interesant este faptul că în anumite momente ale istoriei petroliere morenare, din motive mai mult politice, dar nu numai, datele ne prezintă „plan planificat', „plan real', „plan fictiv', „plan realizat', de aici apărând numeroase contradicții, în special în prezentarea producției de petrol, gaze, gazolină, contradicții ce au fost înlăturate prin date comparative, prin sprijinul primit de la Direcţia Judeţeană de Statistică. Rămâne ca în acest domeniu, la fel ca şi în alte aspecte ale industriei petroliere, studiul istoric să aducă clarificările necesare în etapele următoare.

Ceea ce am scris este deci ceea ce cred, cu toată sinceritatea, că este adevărul asupra faptelor.

Sunt lucruri de care nu am vorbit, precum sunt şi altele de care vorbesc doar în chip tangențial, dar nu este unul din lucrurile spuse care să nu fie adevărul curat, aşa cum îl văd eu.

Acele omisiuni care s-au făcut sunt datorate şi faptului că „bietul om este supt vremuri'. Şi că despre anumite lucruri nu este încă vremea de a vorbi.

După cum este ştiut şi cunoscut, adevărul nu intră dintr-o dată în bloc, în istorie, ci fiecare investigaţie reprezintă doar o verigă în procesul sinuos şi complex al cunoaşterii. La capătul unui drum pândit adesea de capcane, autorul este mai convins decât oricine că eforturile depuse, oricât ar fi dorit să se convertească în acte durabile, n-au dus la formularea unor adevăruri care să se poată sustrage unor amendări sau chiar corijări viitoare. Evadând din perimetrul obişnuit al cunoaşterii te supui inevitabil unor riscuri, inclusiv a celui de a greşi, de a formula teze discutabile.

Siguranței de a nu greşi, pe care ți-o conferă străbaterea unei şosele pavate, rectilinii, am preferat, riscând, drumul mai accidentat, dar incomparabil mai frumos şi mai folositor al abordării unei problematici ocolite până acum - istoria petrolului în regiunea Moreni.

Prin aceasta nu dorim să creditătm ideea, care ar eluda adevărul, că nouă ne aparţin toate meritele în cercetarea problemei.

În lucrare am citat mult, tocmai pentru a sublinia că şi până acum au fost destui cercetători, care, direct sau tangenţial, au avut preocupări şi au realizat lucrări trainice în aceasată direcţie. În ceea ce ne priveşte, ne-am străduit să trasăm nişte repere care vor fi puncte de plecare pentru continuarea şi aprofundarea propriei noastre cercetări şi, poate şi a altora, porniţi să exploreze istoria şi prezentul industriei petroliere în regiunea Moreni.

Pe parcursul cercetării, strădania noastră a fost susţinută de sprijinul acordat cu dezinteres, din bunăvoinţă, de o serie de persoane cărora le mulţumim şi pe această cale. Am aminti salariaţii de la Direcţia judeţeană de statistică Dâmboviţa, de la Muzeul Petrolului, de la Arhiva Schelei Moreni, de la bibliotecile judeţene Dâmboviţa şi Prahova, de la Arhivele Statului Dâmboviţa, de la Muzeul Judeţean Dâmboviţa, care ne-au pus la dispoziţie materiale relevante. Mulţumim pentru sprijinul permanent acordat, colegilor noştri din oraş, prietenilor care ne-au încurajat să perseverăm şi care ne-au oferit numeroase detalii pe care le-am inclus în lucrare, şi în special familiei Boltres, primii care au parcurs manuscrisul oferit acum spre lectură cititorului.

De asemenea aducem mulţumiri pe această cale inginerului Stelian Ivana - directorul schelei de petrol Moreni pentru amabilitatea cu care ne-a pus la dispoziţie documente şi fotografii de epocă existente în arhiva Schelei, şi „sufletiştilor":

Marinescu Marian - profesor de informatică la Liceul I. L. Caragiale, Moreni

Dragomir Bogdan - elev la Liceul de Petrol Moreni pentru munca depusă la corectarea textului, scanarea imaginilor şi o parte a tehnoredactării lucrării.

CAPITOLUL I - SCURTĂ PREZENTARE A LOCALITĂȚII MORENI

Orașul Moreni, nume cu rezonanță în istoria petrolului românesc, important centru al industriei extractive a petrolului în trecut și astăzi, al industriei constructoare de mașini, a textilelor și utilajelor complexe, a făcut parte, până în anul 1968, din Raionul Câmpina, fiind mai legat de Valea Prahovei. Azi este localitate componentă a județului Dâmbovița.

Datorită așezării sale în zona Subcarpaților externi dintre Prahova și Ialomița, într-o mică depresiune, zonă de contact dintre dealuri mai înalte în Nord și coborâte spre Sud și câmpia piemontană înaltă a Cricovului Dulce - au existat condiții care au constituit un adăpost sigur pentru locuitorii veniți pe aceste meleaguri, contribuind la dezvoltarea unei așezări statornice. Câmpia înaltă pe alocuri, împădurită, dealurile, accesul ușor și legăturile permanente cu zonele învecinate au permis dezvoltarea așezării.

Orașul Moreni este delimitat de următoarele coordonate geografice:
- paralela de 44o 57, 50,, și 45o 00, 09,, latitudine N;
- meridianul de 25o și 25o 39, 10,, longitudine E;

Coordonate care au consecințe directe asupra climatului, solurilor, vegetației și faunei.

(Centrul oraşului Moreni)

(Cartier din Moreni)

Vecinii oraşului Moreni sunt:
- la nord comuna Iedera de care este legat Moreniul prin mai multe şosele. Şoseaua asfaltată a drumului judeţean 710A desparte satul Iedera de

Jos de oraşul Moreni pe o distanţă de şase kilometri. Pe partea dreaptă a râului, cartierul Stravrolpoleos-Tisa al oraşului Moreni este legat de satul Cricovul Dulce (Ciocoieşti) printr-un drum forestier care urmează vechiul drum „al sării şi petrolului'.

La vest, la o depărtare de 6 km, pe drumul judeţean 720, se află localitatea Gura-Ocniţei, vechi sat de pe moşia Drăgăneştilor care în anumite etape istorice se întindea până la Valea Pâscov, azi pe raza localităţii Moreni. Şoseaua merge spre Târgovişte, reşedinţa judeţului;

Tot spre vest se află comuna Ocniţa de care este legată printr-un drum forestier, numit „drumul ocnarilor';

La sud, satul Ghirdoveni (Cricoveni) parte a comunei I.L. Caragiale apare ca vecin al Moreniului la o distanţă de 6 km. pe şosea;

Spre Est, satul Diţeşti din comuna Filipeştii de Pădure (jud. Prahova) este legat de Moreni printr-o şosea asfaltată a drumului 720 Târgovişte-Băicoi.

RELIEFUL

S-a afirmat, pe bună dreptate, că Subcarpaţii reprezintă cea mai originală parte a Carpaţilor româneşti (De Martonne, 1931), care nu se repetă la nici o altă catenă muntoasă europeană în forme asemănătoare. Cu toată evidenţa lor în peisajul geografic al ţării, Subcarpaţii n-au fost diferenţiaţi ca zonă aparte până în ultimul deceniu al secolului al IX-lea, mai înainte fiind consideraţi ca parte integrantă a munţilor, care, fără îndoială, prezintă unele aspecte de relief prin care fac tranziţia spre ţinuturile deluroase ce aparţin unei alte mari categorii geografice.

În zona dintre Prahova şi Dâmboviţa, Subcarpaţii îşi recapătă extensiunea din Subcarpaţii de curbură, liniile anticlinale au o orientare est-vest corespunzând culmilor, iar cele sinclinale, despărţitoare, depresiunilor alungite. Trăsătura specifică a acestui sector o dă brâul de înălţimi ce aparţin geologic flişului, care începe la Est de Valea Prahovei şi ajunge până la Valea Dâmboviţei. Este culmea pe care N. Popp (1939) a numit-o „anticlinalul marginal' cu care se termină la sud „zona de interferenţă carpato-subcarpatică' (în zona izvoarelor Cricovului). Abia la sud de „anticlinalul marginal' încep Subcarpaţii propriu-zişi, cu alcătuirea lor mio-pliocenă, înălţaţi prin cutări recente, accentuate, pe alocuri, până la diapirism. Ceea ce trebuie subliniat este tectonica foarte recentă (cutările valahice produse la sfârşitul pliocenului şi începutul cuaternarului) care a pus în evidenţă, în interior, structuri de puternică înclinare a straturilor, până la diaprism, iar la marginea externă a unei zone de subzistenţă, o scufundare compensatoare faţă de înălţarea şi cutarea Subcarpaţilor.

Ceea ce frapează în primul rând este adaptarea reliefului la structura tectonică. Aceasta este tipică în zona externă. Aici înălțimile (dealurile) corespund cu anticlinale, iar depresiunile cu sinclinale. Printre culmile cu caractere tectonice tipice sunt acelea corespunzătoare anticlinalului Moreni-Gura Ocniței. Având în vedere că Subcarpații aceștia sunt afectați de mișcările tectonice și depozitele levantine, rezultă că relieful este foarte tânăr.

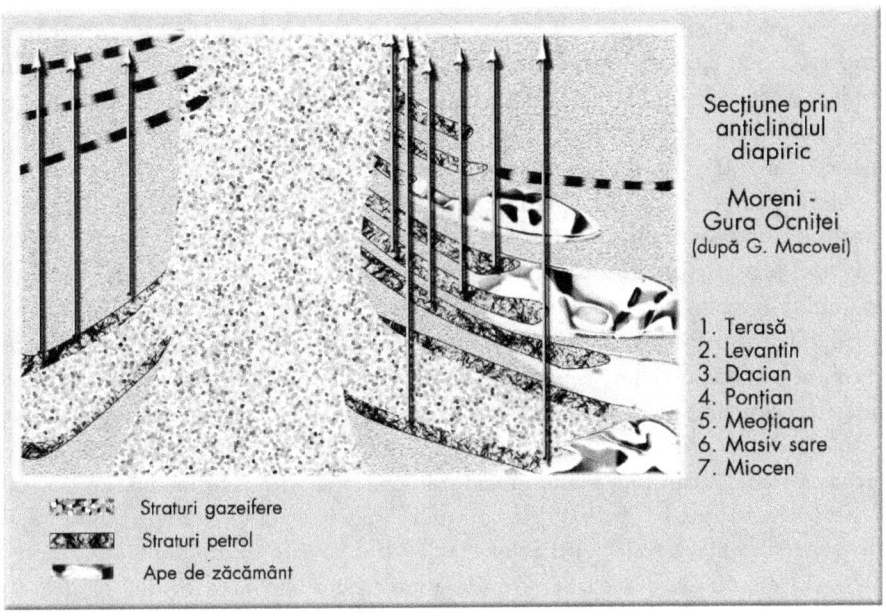

Secțiune prin anticlinalul diapiric

Moreni - Gura Ocniței
(după G. Macovei)

1. Terasă
2. Levantin
3. Dacian
4. Ponțian
5. Meoțiaan
6. Masiv sare
7. Miocen

Straturi gazeifere
Straturi petrol
Ape de zăcământ

Prezența rocilor ușor friabile (nisipuri, pietrișuri, marne, argile) a favorizat eroziunea și, ca rezultat al transporturilor masive de pe pante, s-au format o serie de agestre și văi largi, cu lunci bine dezvoltate, cum se întâlnesc pe Cricov, avale de Valea Lungă.

Peisajul este completat și de existența a numeroase alunecări de teren care, vechi sau actuale (ultimele în 1980), scot din circuitul economic suprafețe apreciabile de teren agricol, distrugând chiar locuințe (6 în 1979). Subcarpații externi sunt alcătuiți în cea mai mare parte din formațiunile mio-pliocene purtătoare de petrol și gaze și străbătute de o serie de cute diapire în care sunt prezente masive de sare. Pentru exploatarea acestor bogății pădurile naturale au fost în parte defrișate, din care cauză organismele torențiale s-au dezvoltat foarte mult și contribuie la accelerarea fenomenului de degradare a terenului.[4]

În această regiune, cele mai înalte vârfuri ating 500-600 metri. Anticlinalul Gura Ocniței-Moreni este ultimul accident tectonic vizibil al

Subcarpaților externi. Cele mai mari înălțimi se găsesc în partea nordică a localității, pe formațiunile pliocen inferioare sau helvețiene, iar cele mai mici (sub 500 m.) în partea sudică, pe formațiunile levantine 5

În partea sudică este evidentă zona de „Câmpie piemontană înaltă a Cricovului Dulce' (Gh. Niculescu - 1960) cunoscută sub numele de „Câmpia Măgurei' (V. Mihăilescu - 1966) sau „Pintenul Măgurii' (G. Vâlsan - 1915) care se diferențiază de zonele vecine, nu numai altimetric, dar și prin particularitățile fizico-geografice. Din punct de vedere genetic face parte din din zona piemonturilor subcolinare. Puțin amintită în încercările monografice despre localitatea Moreni, această „câmpie' este evidentă în partea extremă sudică a localității, datorită unei denivelări de 100-150 metri față de Subcarpații de unde coboară, cu o pantă lină, de la 320 m. cât are la Moreni la 160 m. în sudul județului.

Din punct de vedere geologic, această zonă din sudul localității este alcătuită din depozite cuaternare care stau pe un fundament de argile, nispuri și pietrișuri levantine. Fragmentarea reliefului este dată de afluenții pârâului Pâscov și ai râului Cricov, separați prin cumpăna de apă de pe dealul Țuicani-Pietriș. Natura litologică a câmpiei nu permite existența unor orizonturi freatice care să poată fi folosite. În plus, existența unor văi mici, înguste, care fragmentează puternic această zonă, ca și gradul de împădurire, explică de ce primii locuitori ai Moreniului s-au așezat pe dealuri și nu în această vale „a câmpiei înalte'. Dealurile cele mai cunoscute sunt: „Viișorul' - pe partea estică a localității, iar numele său ne arată că acesta trebuie să fi fost însemnat în trecut pentru viile sale. Alt deal este „Cârlanul' - situat între văile Dobreștilor și Păcuriei. În dreapta Cricovului este dealul „Fața'. În partea apuseană cele mai însemnate dealuri sunt: „Pleașa', „Mara' și „Cristianul'. Piscul Lupoaia se află deasupra cartierului „Tisa', râpa Țuicanilor, vestită pe vremuri pentru livezile sale de pruni, are la bază mersul leneș al pârâului Frasin. Pârâul Păcurile străbate dealul cu același nume, iar de pe dealul Sângeriș își culege apele, în timpul precipitațiilor abundente, pârâul cu același nume.

RESURSE NATURALE

Resursele subsolului au fost cele care au făcut ca Morenii să nu fie un centru cunoscută numai în țară, ci și peste hotare, ajungându-se să se afirme că aici la Moreni „s-au jucat pagini importante din politica externă a țării'. Amplasarea resurselor de subsol este foarte mult legată de litologie, structură și tectonică, iar natura acestora depinde de condițiile existente în perioada formării lor. Rezervele de sare, petrol și gaze naturale sunt asociate sub forma structurilor petrolifere dispuse pe mai multe linii, diferențierea făcându-se pe baza depărtării din zona Paleogenă, cât şi în funcţie de adâncimea la care se găseşte formaţiunea miocenă de sare. În anticlinalul Gura-Ocniţei-Moreni-Bana-Piscuri, masivul de sare apare la suprafaţă pe o lungime de 6 km. (N. Grigoraş, 1961). La Moreni, într-o sondă sarea s-a întâlnit de la 16 m. până la 449 m., dar cu multe intercalaţii marnoase-argiloase sau de nisipuri (V. Mereţin, 1912). O altă sondă a mers, în aceste depozite de sare cu intercalaţii de marne, de la 32 m. până la 885 m., ceea ce dovedeşte rezervele de sare destul de mari, dar nu de bună calitate.

Zăcămintele petrolifere ale formaţiunii productive sunt în dacian, meoţian, helveţian şi, specific pentru Moreni, în levantin, făcând din Moreni un centru de importanţă naţională şi mondială prin exploatările permanente, cu producţii ridicate în ultimii câţiva zeci de ani. Importante rezerve de cărbuni au fost descoperite în partea nordică, iar spre est exploatarea minieră Filişeşti a înaintat adânc pe traseul localităţii prin exploatările subterane ce le realizează. Pe dealul Sângeriş, mărturii verbale preluate din bătrâni vorbesc de „izvoare tămăduitoare', folosite de oameni în mod empiric cu zeci de ani în urmă. Demne de remarcat sunt şi apele de zăcământ, care pot ajunge la suprafaţă prin exploatare cu ajutorul sondelor, azi fiind folosite numai cele dinspre V localităţii Moreni pentru staţiunea balneară Gura-Ocniţei. În subsolul localităţii, explorările geologice au descoperit alte resurse de minerale ce vor fi date în exploatare în funcţie de necesităţile economiei naţionale.

CLIMA

Clima îşi pune amprenta asupra tuturor componenţilor învelişului geografic: vegetaţie, soluri, ape, aspectul reliefului, fiind, la rândul ei, influenţată de acestea. Prin poziţia sa geografică, la contactul dintre câmpia înaltă şi subcarpaţi, având culoarul larg al Cricovului spre zona muntoasă, care creează o privelişte încântătoare în zilele senine (atunci Bucegii se înalţă maiestuos dintre blocuri), Morenii sunt situaţi într-un climat temperat continental.

Temperatura medie a lunii iulie la Moreni este cuprinsă între 21o - 22o, maxima putând atinge şi 38 - 39oC, în anii mai călduroşi .

Temperatura medie a lunii ianuarie este de 1-3oC, minimele putând coborî în anumite zile ale iernilor „geroase' până la -25oC.

Relieful zonei permite ca temperaturile medii din zona sudică a localităţii să fie mai crescute decât cele din sudul piemontului, fapt reliefat şi de temperaturile din nordul localităţii care sunt mai ridicate decât cele de la Izvoarele Cricovului. Diferenţele de temperatură nu depăşesc 1-3oC (în cazurile extreme) chiar dacă zonarea altitudinală şi influenţa curenţilor joacă uneori un rol însemnat. Temperatura medie anuală la Moreni a fost stabilită la 10oC.

Pentru lucrările agricole și pentru o serie de activități economice, o importanță destul de mare o au fenomenele de apariție și dispariție a înghețului. Urmărind data apariției primei zile de înghet se constată că este posibil să apară între 10-20 octombrie, bruma putând fi semnalată de la 15 septembrie, iar perioada când se înregistrează ultimele zile de înghet este 10-18 aprilie, rareori ultima decadă a lunii aprilie.

Numărul total al zilelor senine este în medie de 110-130, aproximativ egal cu al zilelor cu nori, în ultima vreme înregistrându-se o creștere a numărului zilelor cu cer variabil.

Precipitațiile atmosferice sunt cel mai puternic influențate de relief și de structura vegetației. Masivele împădurite din apropiere permit, în mod normal, valori de 700 mm. la Moreni, comparabil cu Valea Ialomiței, unde aceeași valoare este mult spre nord din cauza lipsei pădurilor.

Luna cea mai ploioasă pentru această zonă este iunie, când se atinge maximum (155 mm) după care valorile scad până în luna noiembrie (aproximativ 80 mm), în continuare urmând o curbă ascendentă. Diferențieri importante se pot observa și în regimul zilnic al ploilor. Cele mai mari cantități de precipitații se înregistrează între orele 13-15 când ploile sunt de cea mai mică durată și cea mai mare intensitate, pe câtă vreme ploile din primele ore ale dimineții au o durată mai mare și o intensitate mai mică.

Ploile torențiale, rare, totuși prezente, sunt foarte periculoase prin acțiunea de eroziune a solului, sau prin producerea de inundații (1970-1972 Cricovul a ieșit din matcă). În sezonul rece, o bună parte a precipitațiilor cad însă sub formă de zăpadă.

Zăpada cade în medie 20-30 de zile, iar stratul format la suprafața solului se menține timp de 40-80 zile, rareori depășind 50 cm. (în 1953-1954 stratul de zăpadă a atins 150-180 cm.).

Regimul vânturilor depinde de direcție, frecvența și viteza de deplasare a principalelor mase de aer, precum și de condițiile locale de relief. Direcțiile principale ale vântului sunt de la N, rareori S, cu viteze medii între 1-3 m/s (rareori în perioada de vară - vijelii), cele mai mari fiind în luna aprilie, cele mai mici în luna iunie, mai mult de jumătate din an instalându-se un timp calm. Vânturile cele mai cunoscute sunt Crivățul, iarna și Băltățeul, vara.

Microclimatul este o modificare a climei care se datorește în special reliefului local, orientării și deschiderii văilor. Astfel, versanții cu expoziție sudică se caracterizează printr-o cantitate mai mare de căldură și lumină și o cantitate mai mică de umezeală (dealurile Pleașa, Cristian și Țuicani). Partea inferioară a versanților se caracterizează printr-o cantitate mai mare de căldură vara, îndeosebi în timpul zilei și o cantitate mai mică de căldură iarna şi în cursul nopţii, ca urmare a masării aerului rece pe Valea Cricovului (vezi diferenţa dintre centrul oraşului şi „Schela Mare', evidentă primăvara prin înflorirea zarzărilor cu 2-3 zile mai devreme.

Versanţii cu expoziţie estică se caracterizează printr-o cantitate mai mare de căldură şi de lumină, mai ales în orele de dimineaţă. Versanţii vestici, deşi sunt consideraţi ca şi cei estici, totuşi se deosebesc printr-un plus de umezeală. Totodată, în zilele însorite, versanţii vestici se caracterizează printr-un plus de căldură faţă de cei estici, deoarece aici insolaţia de după amiază găseşte deja un mediu cald, pe când în timpul dimineţii, pe cei estici se consumă o parte din căldură prin evaporare. Nopţile şi iernile se caracterizează prin temperaturi scăzute din cauza radiaţiei terestre şi a scurgerii aerului rece de pe culmi.

HIDROGRAFIA

Această zonă face parte din bazinul hidrografic al Ialomiţei, în localitate principalul colector fiind râul Cricov. Regimul hidrografic a fost infulenţat de fragmentarea reliefului, de climă, de geologie. Are o alimentare pluvio-nivală cu ape mari de primăvară rezultate din ploi şi din topirea zăpezilor şi cu viituri de vară provocate de ploile cu caracter torenţial. Apele subterane depind de gradul de permeabilitate şi de grosimea rocilor. Se remarcă trei categorii de ape subterane: ape freatice, ape subterane de adâncime, izvoare. Pânza de ape freatice se întâlneşte la adâncimi mari. În lunca Cricovului, apa freatică este cantonată în aluviunile de terasă, dar alimentarea cu apă prin fântâni nu se mai face din cauza exploatării petrolului şi introducerii sării în straturi. Criza de apă potabilă a determinat primăria Moreniului să foreze puţuri şi introducă alimentarea cu apă prin conducte. După ce „la Tisa' s-au făcut lucrări superficiale pentru aprovizionarea cu apă, în 12 decembrie 1943 „s-a pus piatra de temelie la casa noii staţii de a apă a comunei, în Podei'6. Dezvoltarea economică a localităţii a determinat noi investiţii, aprovizionarea cu apă făcându-se din lacul de acumulare Paltinul (Prahova), lucrare executată după anul 1975 şi din puţurile de la Lazuri şi Săcuieni (lucrare executată după 1980 pentru Schela de producţie şi aprovizionarea cartierului Schela Mare). În anul 1987 s-au făcut noi forări „La Tisa' şi „în Podei' pentru a pune în funcţiune încă 8 sonde de extracţie a apei potabile.

Apele subterane de adâncime sunt freatic existente doar în partea nordică a localităţii, în zona sudică fiind inexistente din cauza condiţiilor geo-litologice care nu au facilitat acumularea şi circulaţia lor.

Singurele apariţii de apă se manifestă sub formă de izvoare, cele mai cunoscute fiind „Fântâna lui Tudor' şi „Pâscov' ce alimentează pârâul cu acelaşi nume (devenit Cernea spre vărsare) 7, „Sângeriş', „Bana', „Dobreşti',

„Păcurile', ce se varsă pe stânga în albia Cricovului. Pe partea dreaptă a Cricovului se află pârâul Tisa cu care merge paralel o bună bucată de timp captându-l în zona nordică a localității. Tot de pe partea dreaptă Cricovul mai primeşte „Făureasa' şi „Frasinul'.

În afară de apele acestor văi, Cricovul mai are o serie de văi de dimensiunile unor viroage cu importanță deosebită prin caracterul lor torențial.

Eroziunea efectuată de Cricov se realizează atât pe verticală cât şi pe orizontală. În special după ploi se observă cum râul transportă material erodat şi acolo unde panta este mai domoală (din centrul oraşului spre sud) o parte din acest material este depus sub formă de aluviuni. Pe tot parcursul Cricovului, pe raza localității Moreni se poate observa prezența eroziunii laterale.

Cricovul are un debit multianual de 2,60 m3/s, corespunzătoare unei suprafețe de 544 km.p. în nord, crescând nesemnificativ spre sud datorită faptului că aportul afluenților este în general redus.

În ceea ce priveşte fenomenele de iarnă se constată că ele durează între 40-60 de zile anual, rareori înregistrându-se înghețarea întregului curs al râului (în special când iarna urmează unei toamne sărace în precipitații).

Analizând scurgerea de suspensii în aluviuni, se observă o creştere masivă, în zona localității putând ajunge la 5-20 t/ha an, maxima fiind în timpul viiturilor. Gradul de mineralizare este destul de ridicat, Cricovul transportând ape clorurate, cu valori cuprinse între 500-1000 mg/l. Faptul că apele bicarbonate au devenit clorurate este cauzat nu numai de factorii naturali (intersectarea cutelor diapire), ci şi intervenției omului (deversarea în râu a apelor de zăcământ de la exploatările petroliere, a apei menajere, făcând râul impropriu vieții, în special în partea locuită a aşezării).

SOLURILE

Solurile întâlnite aici s-au format în condiții diferite de relief, rocă, climă, vegetații8.

Din cauza precipitațiilor abundente, datorită reliefului şi unui orizont argilos la diferite adâncimi, puțin permeabil, unele din solurile identificate prezintă fenomene de pseudoghizare la nivelul acestui orizont (D). Deasemeni prezența rocii parentale la unele soluri, orizontul (B) apare cu o culoare roşie-argintie, datorită faptului că solurile sunt formate pe marne sau pe argile.

Solurile brune podzolite se dezvoltă pe versanții puternic înclinați, pe materiale formate din argile nisipoase.

Solurile brune acide se află pe culmile cele mai înalte. Din cauza acidității mari şi a altitudinii care determină un climat mai rece, se recomandă ca fiind predispuse pentru folosirea lor ca fâneţe.

Pseudorendzine se întâlnesc în zona fâneţelor şi islazurilor. Sunt evoluate pe marne şi marne argiloase.

Regosoluri sunt soluri erodate puternic. Formele cele mai avansate ale eroziunii de suprafaţă se întâlnesc în special pe versanţii însoriţi, cu expoziţie sudică şi estică, puternic înclinaţi, unde învelişul de sol a fost puternic îndepărtat. Au o fertilitate slabă şi cu greu pot fi folosite în agricultură (vezi partea estică a dealului Ţuicani).

Solurile aluviale şi aluvo-coluviale se întâlnesc în lunca Cricovului.

Alunecările de teren se dezvoltă pe versanţi (Pietriş, Sângeriş). Aceste alunecări sunt de tipul celor în valuri şi brazde, mai rar de tipul alunecărilor curgătoare. Masa alunecată este foarte eterogenă, cu stratificaţia orizonturilor de sol deranjată a sedimentelor. Aceste alunecări sunt în general recente, marea majoritate sunt active sau reactivate. Propagarea lor se face destructiv, adică de la partea superioară a versanţilor la cea inferioară, afectând şi zonele de la baza versanţilor mai slab înclinaţi (Pleaşa).

Ravenele s-au format pe firele de vale, unde friabilitatea rocilor a permis evoluţia fenomenului de eroziune în adâncime, astfel că versanţii laterali ai ravenelor uneori sunt foarte abrupţi (Piscuri).

Râpele se găsesc în general localizate pe versanţii foarte puternic înclinaţi, a căror litologie a permis alunecări active de mare adâncime (Ţuicani).

VEGETAŢIA

Factorii climatici şi de relief impun condiţii de vegetaţie deosebite. Vegetaţia întregeşte peisajul specific al localităţii, fiind bogată şi variată, pornind de la zonele cu predominare a vegetaţiei ierboase caracteristică fâneţelor naturale, trecând peste terenurile de cultură şi ajungând la pădurile de foioase care înconjoară ca un brâu întreaga localitate.

Din punct de vedere floristic ne situăm în zona forestieră.

Acţiunea antropogenă de defrişări a vegetaţiei lemnoase şi instalarea treptată a regimului economic industrial a produs modificări profunde, atât în ambianţa bioclimaterică a regiunii, cât şi în ciclul relativ al solurilor. Efectul cel mai dăunător pe care l-a avut defrişarea vegetaţiei lemnoase a fost dezlănţuirea eroziunii mergând până la înlăturarea completă a orizontului de solificare (estul Ţuicanilor). Pe specii, cea mai mare suprafaţă este ocupată de pruni şi meri, urmează părul, nucul şi vişinul, în special în apropierea locuinţelor. Pe lunca Cricovului se cultivă porumb, fasole, dovleac şi cartof. În grădinile de legume se găsesc şi roşii, ardei, ceapă şi usturoi. Arbuştii cultivaţi sunt foarte puţini (zmeură, afin, coacăz).

Vegetaţia pajiştilor este dată de graminee (ovăz, curiu, golomăţ, iarba vântului, păiuş, firuţă), de leguminoase (trifoi, lucernă, coada şoricelului, ochiul boului, sunătoare, păpădie, măcriş). Pe alocuri întâlnim arbuşti: alun, cătine, măceşe, lemn câinesc, sânger, mur, soc.

În pădure predomină făgetele, mesteacănul, plopul, aninul alb şi negru, carpenul, gorunul, frasinul, teiul, jugastrul, paltinul. Ca floră ierboasă de pădure întâlnim: feriga, coada calului, ranunculacee, măseaua ciutei, ghiocelul, floarea paştelui, vioreaua, untişorul, mătrăguna, vinariţa, pipiriga, ciuboţica cucului, măcrişul, urzica, curpenul, călinul. Ca muşchi întâlnim Catherina ondulată. În lunci găsim plop, salcie, anin, răchită.

Zona este plină de plante medicinale acum folosite tot mai rar, chiar dacă se încearcă o popularizare ştiinţifică. Găsim astfel muşeţel, ciuboţica cucului, podbal, brusture, coada şoricelului, plămânărica, salcia, cimbrişor, soc, talpa gâştei, pătlagina, sunătoare, tei, frag, ţintaura, pelin, iarba mare, coada calului.

FAUNA

Varietatea condiţiilor geografice asigură răspândirea multor specii de animale de interes cinegetic şi peisagistic, dar dezvoltarea economică a determinat retragerea în păduri a multor animale (cunoscut fiind că sondele s-au răspândit pretutindeni). Animalele din încrengătura vertebrate au cea mai mare răspândire. Astfel din clasa batracienilor întâlnim salamandra, broasca de pământ, broasca de lac, din clasa reptilelor se întâlnesc guşterul, şopârla cenuşie, şarpele de casă, năpârca. Cel mai numeros reprezentată este clasa păsărilor prin: uliu, potârniche, sitar, guguştuc, cuc, cucuvea, ciufurez, ciuf, lăstun, ciocănitoare, pupăză, rândunică, grangure, corb, cioară, coţofană, gaiţă, piţigoi, mierlă, privighetoare, vrabie etc. din clasa mamiferelor pe raza localităţii se pot întâlni ariciul, cârtiţa, liliacul, iepurele, veveriţa, şobolanul de casă, şoarecele de pădure, porcul, mistreţul, nevăstuica, dihorul de casă. Vulpea, cerbul, căprioara au părăsit zonele locuite retrăgându-se spre pădurile întunecoase dinspre Ocniţa.

În apa Cricovului şi în lacul de agrement se pot întâlni crap, mreană, lostriţă, plătică, roşioară, clean. Dintre nevertebrate amintim viermii laţi şi cilindrici, râma, lipitorile, melcul de livadă, păianjenul, căpuşa, racul, urechelniţa. Din încrengătura artropode mai remarcăm insectele: lăcuste, greieri, coropişniţa, gândacul, cărăbuşul, gândacul de Colorado, gărgăriţa, croitor, buburuza, buhai, albină, fluturi (coada rândunicii, molia, fluture de varză).

AŞEZĂRILE OMENEŞTI - UN SCURT ISTORIC

Deşi nu există documente care să precizeze data întemeierii acestei aşezări şi nici originea locuitorilor săi, descoperirile făcute în împrejurimi (Ursei, Ocniţa) ne permit să afirmăm ipoteza că pe teritoriul de astăzi al Moreniului ar exista urme de viaţă încă neidentificate din timpuri mai vechi decât primele atestări.

Atestarea documentară a aşezărilor vecine poate fi un argument convingător. Astfel satul Drăgăneşti este atestat încă din timpul lui Neagoe Basarab (4 iunie 1512)9, şi cum moşia Drăgăneştilor (Gura Ocniţei de astăzi)9, se întindea până la pârâul Pâscov înseamnă că în mod direct o parte din teritoriul de azi al localităţii Moreni poate să-şi înceapă istoria pe timpul lui Neagoe Basarab. Acesta dăruieşte lui Calotă - mare vornic, jumătate din satul Drăgăneşti. În 1571, mai, 2, mitropolitul Eftimie cumpără satul10 care nu rămâne în proprietatea lui decât câţiva ani, deoarece în 1580, vornicul Mitrea are „ocină în Drăgăneşti' ..'primită în dar de la jupâneasa Caplea din Periş' iar cealaltă jumătate „cumpărată de la el'11. Peste 4 ani „Petru Cercel voevod întăreşte „jupânesei Caplea şi nepoţilor ei, Badea şi Calotă postelnici, satele Drăgăneşti şi Moarile în urma unor judecăţi'12.

Astfel apare prima atestare documentară a Moreniului (7092, iunie, 18), în acest document al lui Petru Cercel, cu importanţă deosebită deoarece rezultă că satul era bine organizat ('toate părţile satului cu rumâni'), cu o populaţie stabilă care se ocupa cu agricultura ('cu viile în deal şi în câmp, şi din pădure') Domnitorul arată că moşiile „sunt ale lor bătrâne şi de baştină' făcând dreptate faţă de hotărârea pe care o luase Alexandru Vodă care „le-au luat toate satele şi bucatele şi le-au dat satul Drăgăneşti şi moarile părintelui Vlădicăi Eftimie de la Mitropolie fără cale şi judecată'13. Desigur că o bună parte din istoria Drăgăneştilor (Gura Ocniţei) se împleteşte cu cea a Moreniului (o parte din cartierul Schela Mare al oraşului Moreni a aparţinut până la 1968 de Gura Ocniţei) dar numai o interpretare atentă a documentelor de arhivă ne va permite să delimităm ce a aparţine istoriei Moreniului şi ce aprţine trecutului localităţii Gura Ocniţei.

Spre NV este localitatea Ocniţa. Fără să se fi făcut o cercetare atentă a materialelor existente pe raza comunei, se procedează de către unii la datarea localităţii menţionate numai pe baza unor izvoare scrise. Atestarea documentară - mai cu seamă sub numele actual - este, desigur, fizic, (1704), dar asta nu dovedeşte că localitatea nu a avut şi altă denumire şi, cu atât mai puţin, nu dovedeşte o corespondenţă între atestare şi existenţa aşezării omeneşti (s-ar putea avansa ipoteza că atestarea ar fi posibilă încă din anul 1517 - a se vedea Ocna Mică!). Descoperirea pe dealul Corniş a unor fragmente de vase din ceramică aparținând culturii Tei II, precum și alte descoperiri ulterioare (1968) mută cu mult înainte de secolul al XIII-lea data existenței localității Ocnița, dar cercetări sistematice arheologice nu s-au făcut pe dealurile care separă Moreniul de Ocnița14. Spre Nord, localitatea Edera era constituită în 1675 când zapisul dat de Ieremia Movilă către nepotul său Mihai Cantacuzino „cum că văzând vremea de slăbiciune a mea le-am dăruit partea mea din Iedera din Ruda până la Predeal și până la apa Cricovului'15. Dar cercetări întâmplătoare la „Cetățuia' au putut duce la afirmația că existența așezărilor umane în această zonă poate coborî până în perioada dacilor. Spre Est este localitatea Dițești, întemeiată de un anume Duță, coborât pe la 1690 de la Piscuri-Moreni pe Valea Roșioarei, Duțeștii, mai tâziu Dițeștii, numele acesta pare a confirma tradiția16. Spre Sud sunt Ghirdovenii, cunoscut încă din 1573, an când este pomenit în lista moșiilor închinate mănăstirii..

Aceste datări anterioare anului 1574 confirmă aserțiunea că Morenii sunt mai vechi decât prima atestare documentară. Mărturiile, ca și o legendă transmisă din bătrâni, arată că primii locuitori erau oameni liberi din Ardeal, mai ales din zona Făgărașului și mulți purtau numele de Moreanu, nume răspândit în zona de unde veneau17. Fenomenul acesta întâlnit în secolul al XVI-lea este o caracteristică a luptelor sociale, antifeudale, în țările române.

Țărănimea liberă, pentru a scăpa de șerbie, uneori sate întregi, părăseau satele fugind în alte locuri. Primii locuitori au fost oameni liberi organizați în obști sătești iar treptat au fost aserviți. Începând cu secolul al XV-lea se accentuează procesul de destrămare a obștilor, ceea ce duce la consolidarea relațiilor feudale, a domniei, a marii boierimi, a limitării drepturilor țărănimii, iar în secolul al XVI-lea are loc șerbirea în masă a țărănimii, reminiscențe ale acestor organizații străvechi le întâlnim și pe la începutul secolului al XX-lea.

Aceste sate, așa cum atestă documentele, își pierd autonomia în folosul domniei bisericii și boierimii, iar țăranii devin dependenți, apărând în izvoare sub numele de „rumâni, vecini, iobagi'. Cert este că în anul 1635, în timpul lui Matei Basarab, toată partea jupânesei Frujina, „moșia și rumânii de la Moreni de peste tot hotarul cât se va alege' au fost închinate Mănăstirii Mărgineni18.

Până la 1660, obștea de la Moreni a aparținut fiilor lui Udriște iar de atunci a intrat în stăpânirea lui Drăghici Cantacuzino care a cumpărat „partea fiecăruia de ocină și rumânii în Moreni pe Cricov - sud Prahova'19. Din partea lui Gheorghe Postelnicul însă „până la Pâscov de peste tot hotarul (partea de apus de Pâscov aparținea moșiei Drăgănești) și cu rumânii Stroie cu fiul său Stoica și Radu cu fiul său Bogdan iar din partea lui Pătrașcu a fost cumpărată numai jumătate și un român anume Stanciu și cu fiul său Dumitru şi cu toţi feciorii'. Cealaltă jumătate din moşia lui Pătraşcu a fost cumpărată de o orecare jupâneasă Maria şi fiul său Calotă Clucerul. Vânzarea a fost întărită prin hrisovul domnesc al lui Radu W. la 2 decembrie 1665.20. După moartea lui Drăghici (1667), unul dintre moştenitori vinde moşia sau o cedează mănăstirii Mărgineni21. Mănăstirea Mărgineni îşi mărea mereu domeniul cu alte mănăstiri prin cumpărări sau donaţii după cum reiese din documentul din 1784 prin care Manole, nepotul lui Verga Vel Clucer dă scrisoare egumenului Cornilia şi Soborului mănăstirii pentru „viia cumpărată de la un om din Moreni' anume Stan Căliman şi pe care o cedează „câtă moşie am cumpărat din Moreni am închinat-o de bună voie mănăstirii Mărgineni'22. În anul 1863, prin secularizarea averilor mănăstireşti, mănăstirea Mărgineni avea 22 de moşii cu un venit anual de 847 mii lei. Dacă o parte din moşia Morenilor, fostă a Cantacuzinilor, ajunge în stăpânirea mănăstiri Mărgineni, numeroase documente din acea perioadă atestă desele conflicte dintre mănăstire cu vecinii moşiei, inclusiv cu mănăstirea Stavropoleos care luase în stăpânire partea dreaptă a râului Cricov (11 august 1777)23. Plângerile numeroase nu sunt rezolvate mulţumitor pentru părţi, permanent existând afirmaţii de ştirbire a hotarelor24, nemulţumind până şi pe mitropolitul ţării, pe Filaret, pentru că, în 1793 acesta scria: „au fost ştirbite hotarele moşiei Stavropoleos'25. La secularizare, conflictul dintre mănăstiri şi alţi vecini nu încetase. Prin actul de la 1863, din moşiile mănăstireşti şi ale boierilor s-au împroprietărit 1855 ţărani clăcaşi ai mănăstirii, cu 1089 pogoane şi 1200 stânjeni pământ cultivabil şi cu vii. Urmează o perioadă de transformări în situaţia social-economică a locuitorilor din Moreni26.

Presupunerea că primii locuitori ai Moreniului au fost oameni liberi nu se bazează pe nici un document scris. Cert este că în toate documentele despre moşia Moreni, începând cu prima atestare documentară, se afirmă că majoritatea lor erau „rumâni' dependenţi, fie de mănăstirea Mărgineni şi Stavropoleos, fie de boier. Egumenii celor două mănăstiri căutau să-şi mărească domeniile, prin acapararea pământului pe care îl aveau în folosinţă ţăranii liberi. Pe moşia Moreni au existat oameni liberi sau „nedojnici', dar în număr mic şi intrau adeseori în conflict cu egumenii sau arendaşii de la conducere.

Astfel în 1773, Constantin Mavrocordat atenţionează pe Mihai Bărbătescu, ispravnic de Târgovişte, în judecata din acelaşi an, privind pricinirea „dintre mojicii din Moreni şi egumenul mănăstirii Cir Cosma'27. Rumânii spuneau că le aparţin loturile de la părinţi, că s-au pomenit pe acele locuri. Egumenul dovedea proprietatea asupra moşiei prin actul de danie al jupânesei Frusina28.

Dovada nemulţumirii reiese din documentul din 1745, când Busuioc din

Moreni şi cu cetaşii lui fac plângere împotriva egumenului Chir Antim precum „că-i stăpâneşte partea de moşie ce o are de la părinţi'29. În document se arată că a fost cercetat cazul „foarte pe amănunt şi cu multe mărturii şi s-a dovedit umblă rău şi fără cale'. Nici bătrânii asupra cărora Busuioc dăduse carte de blestem să spună că au parte de moşie în Moreni nu au recunoscut. Este foarte semnificativ răspunsul lui Busuioc că, fiind sărac, nu a putut merge la hotărnicia la care s-a hotărât alegerea hotarelor. Este o situaţie generală manifestată în această perioadă când boierii profitau de sărăcia şi neştiinţa lor de carte pentru a-i înşela şi a le lua pământurile. De fapt pricina lui Busuioc şi a cetaşilor lui cu egumenul mănăstirii se înscrie în formele de luptă antifeudale care aveau drept scop străduinţa răscumpărării din iobăgie. Chiar dacă uneori se mai eliberau din şerbie, unii îşi recăpătau pământul30, cei mai mulţi se răscumpără numai cu capul, fiind siliţi să intre în rândul oamenilor cu învoială, aşezaţi pe moşiile stăpânilor, obligaţi la început numai la dijma în produse, apoi şi la muncă, accentuându-se astfel dependenţa. Încercările turcilor de a transforma ţările romane în paşalâc au dat greş, datorită luptei politico-militare dusă de patrioţii români. Chiar în timpul domniilor fanariote mai existau pentru turci o serie de restricţii. Astfel turcii nu aveau voie să ridice moschei, să se căsătorească, şi mai ales să aibă proprietăţi de nici un fel în ţările romane. În 1763, Constantin Mavrocordat cere ispravnicului Mihai Bărbătescu să cerceteze jalba egumenului mănăstirii Mărgineni pentru moşia Moreni, oarecum că nişte oameni „ar fi dat moşia unor turci de acolo', să nu îngăduie niciunuia dintre turci să se extindă, să facă moară şi să ţină moşii sau alte lucruri ce „nu iaste cu cale', că de nu „vom avea părere proastă de dumneata'. După 3 ani, acelaşi domnitor desfiinţează „rumânia', dar situaţia ţăranilor nu se îmbunătăţeşte. Hirsovul lui Alex. Moruzi, din data de 24 aprilie 1799, care se aplica şi asupra moşiilor mănăstirii Mărgineni deci şi asupra locuitorilor Morenilor, poruncea ispravnicilor de Prahova să oblige pe locuitori să presteze mănăstirii „zilele de clacă, dijma în produse şi celelate îndatoriri cu-venite stăpânului moşiei, locuitorii casnici să lucreze claca câte 12 zile pe an - precum în condică sunt rânduiţi - adică 3 zile în fiecare anotimp, iar nu deodată'.

Documentul subliniază că la muncă trebuie să meargă ţărani buni de muncă „să nu trimită copii, să folosească ziua întreagă, fără a întârzia şi să execute munca ce i se dă'30. Stabileşte ce şi cât să dea zeciuială fiind excluse recoltele obţinute în grădina din jurul casei. Pentru grâu şi orz dădeau „una claie din zece', pe care o transportau singuri la casa stăpânului; pentru porumb 4 baniţe de pogon, pentru stupi 3 baniţe pentru toată matca; pentru capre câte doi bani; pentru oi - brâză sau bani, după înţelegere, pentru turmele cu lapte în plus câte un miel şi un taler'31. „Nu plăteau pentru porci dar nu aveau voie să îi lase în pădure decât cu învoirea stăpânului. Locuitorii trebuiau să mai dea o vadră de vin şi un taler pentru fiecare butie, nu trebuia să pescuiască fără permis şi să ţină băcănie fără să fie asociat cu stăpânul'32.

Situaţia nu se îmbunătăţeşte nici după regulamentul organic care în structura relaţiilor agrare întăreşte baza economică şi politică a feudalilor. Se restrânge dreptul de folosinţă a terenurilor lăsate în paragină, de a strânge lemne pentru foc şi construcţii, de a folosi moşiile după măsura nevoilor. Drepturile şi datoriile, întinderea de pămînt atribuită locuitorilor şi obligaţiile de muncă, produse şi bani, s-au stabilit nu după nevoile fiecărei familii ci după forţa de muncă pe care o puteau asigura proprietarilor. Locuitorii moşiilor erau împărţiţi în 3 categorii:

- fruntaşii: cu 4 vite de muncă şi o vacă cu lapte;
- mijlocaşii: cu 2 vite de muncă;
- codaşii: numai cu braţele de muncă.

Regulamentul impune locuitorilor 12 zile de clacă pe an cu nart, adică după cantitatea de muncă pe zi stabilită.

Pe moşia Moreni arendaşii se îmbogăţeau în urma abuzurilor săvîrşite - fapt ce a determinat ridicarea unor clăcaşi împotriva arendaşilor. În jalbele lor, clăcaşii din Moreni se plîng, în 1842 Mănăstirii Mărgineni de abuzurile arendaşului Atanasie Dulma „că ne-am pomenitu cu feluri de încălcări şi încărcături şi cînd s-au făcut roade am dat şi am plătitu şi nu am mers să jeluim nicăieri, iar acum vedem că nu mai avem ce să vindem...că să ne vindem copiii ca să plătim semnele celor ce ne cunoaşte încărcaţi'34. Clăcaşii au fost chiar siliţ să dea dările şi pentru aceasta unii au trebuit să-şi vîndă vitele iar „acum sînt lipsiţi, numai are la ce stîrni prin casele lor de atîta sărăcie şi sînt gata să apuce care încotro o vedea cu ochii prin lume'35.

În urma jalbelor locuitorilor, ocârmuirea Prahovei stabilea răspunderile proprietăreşti între locuitori şi arendaşul Atanase Dulma astfel:36

Dijma cânepii, de vor face sau nu ei plăteau:
- fruntaşii - 7 lei;
- mijlocaşii - 5 lei;
- coada - 4 lei şi 20 de parale;
Pentru 100 vedre borhot „facere de rachiu' de la:
- fruntaşi - 5 lei;
- mijlocaşi - 4,20 lei;
- coada - 3 lei;
- pentru fân câte 9 lei de car.
La măsurătoarea pogoanelor de pământ:
- de la cel mic câte 8 baniţe a câte 20 oca
- de la aleşi 18 lei de pogon.
Zilele de clacă se socoteau în bani astfel:

- cei cu 4 vite - 3 lei;
- cei cu 2 vite - 2 lei;
- cei cu mâinile - 1 leu;

Clăcașii fac o cerere, la 27 decembrie 1847, Mănăstirii Mărgineni în care cer să nu-l schimbe pe arendașul Stănică Marin cu Atanasie Dulma - cum se auzea - pentru că-i căznea ca pe hoții de cai, iar pe săracii care nu aveau bani să plătească le turna apă în opinci și „legați în fiare îi scotea în ger'. De aceea au fugit peste 10 familii. Cu „lacrimi fierbinți' se roagă să nu-l aducă iar pentru că s-au speriat de cât au pătimit „până și pe enoți, îi apuca de plătea ca fiecare clăcaș'37.

Din alte documente reiese că nu erau scutiți de arendași nici cei ologi, lucru de care se mira și mănăstirea când i s-a adus la cunoștință lui Vasile sîn Gheorghe38.

Situația țăranilor se va îmbunătăți după legea rurală din 14 august 1864, când vor fi eliberați de sarcinile feudale și împropietăriți cu loturi de pământ. Ocupația principală a locuitorilor rămâne agricultura.

Dealurile acoperite cu păduri nu permiteau cultivarea cerealelor. Mai târziu, prin defrișări, se va mări suprafața arabilă, insuficientă pentru satisfacerea nevoilor. De aceea în trecut, ca și azi, locuitorii cultivau puțin porumb și legume pentru consumul individual. Mai dezvoltată a fost pomicultura, viticultura și creșterea vitelor. Locuitorii erau pricepuți în fabricarea țuicii și a vinului; în 1897 obțineau 395 hl. țuică și peste 980 hl. de vin. Se producea anual 620 kg grâu, 6000 kg. porumb, 280 kg. ovăz, iar livezile aveau ca pomi fructiferi 330 meri, 96 peri, 50 cireși , 480 nuci și dădeau peste 300 care de fân39.

Creșterea animalelor pentru lapte, carne și alte produse se dezvoltă mai mult la sfârșitul secolului al XIX-lea. Treptat, ca urmare a extinderii exploatărilor petroliere terenurile particulare sunt concesionate prin trusturile străine, livezile și viile încep să fie distruse, celelalte suprafețe agricole lăsate în părăsire, iar numărul animalelor va scădea mult.

Au existat și neînțelegeri între mănăstire și arendașii care făceau abuz deseori de poziția lor, atât în încercarea de a ocupa atât suprafețe de pădure, cât și livezi, iar mai târziu în privința exploatării petrolului.

Documentele din 25 noiembrie 1858 și 6 decembrie 1858, se referă la călcarea contractelor dintre Mănăstirea Mărgineni și arendași care au tăiat lemne din pădurile acestei mănăstiri să le ducă la povarna arendașului40.

Se menționează că, în virtutea contractului ce-l are arendașul, nu are voie să facă negoț cu lemne decât să ia pentru foc, pentru trebuința casei, conacului de pe moșie, și aceste lemne se iau numai din „islazul de lemne al locuitorilor iar nu din pritura'. La fel nu are drept pentru deschiderea de puțuri de păcură. În urma unei reclamații a locuitorilor din Moreni că islazul de lemne al satului a rămas puțin pentru că s-au înmulțit locuitorii și pentru că s-au strâmbat „decurăturile' se hotărăște să li se dea câte pogoane li s-ar cuveni „pentru a le fi deajuns, însă în partea unde pădurea e mai proastă sau crâng după ce silvicultorul Scarlat Presnea va face măsurătorile de față cu un reprezentant al mănăstirii'41.

Alt fapt interesant este că din pădurea „Moreni au fost ceruți copaci și arbuști pentru a fi plantați în grădina publică de pe șoseaua Kiseleff'. Numeroase documente din 1844-1845 confirmă ridicarea unui număr mare de paltini de grosimea unui braț, plute, mesteceni, cireși sălbatici, iar sorbii, scorușii, măcrișii, cătina, să aibă grosimea de 1-3 degete42. Se mai sublinia să se „rânduiască paznici pentru a păzi lemnele și să nu se taie decât cât trebuie'43.

Cu ajutorul lemnelor de pe moșiile Moreni și Verbila s-a stârpit și balta Cișmigiu unde s-a ridicat un frumos parc cu același nume. Lemnele erau folosite la ridicarea podurilor iar pentru înfrumusețarea „ în lucrarea grădinii Cișmigiu' se cer la 29 septembrie 1850, 600 de paltini, 300 de dârmoxini (probabil arbust), 1800 măcriș, 500 cătină albă și 1800 droți (probabil tot arbust).

Locuitorii se mai ocupau cu dulgheria, brutăria, zidăria și fabricarea varului alb, iar de la sfârșitul secolului al XIX-lea cu extracția petrolului care schimbă complet înfățișarea localității.

Extracția petrolului era o ocupație a locuitorilor de moșia mănăstirii Mărgineni încă din secolul al XVII-lea. Pe moșia Drăgănești-Gura Ocniței, păcura era extrasă prin munca țăranilor dependenți, obligați să sape puțurile și să transporte păcura cu carele'44.

Unii proprietari sunt interesați a cumpăra „fântâni de păcură situate pe apa Cricovului până în apa Văii lui Dan în sus, cum reiese dintr-un document din 15 octombrie 1763, când Dumitru Lungeanu și Bucur Lungeanu vând, prin zapis, vistiernicului Constantin Cantacuzino45.

În Moreni extracția petrolului se face în mai multe „etape', în „Schela Mare' ce se găsea pe moșia Drăgănești, începând cu secolul al XVII-lea, atingând o puternică

înflorire la începutul secolului al XX-lea46.exploatarea începe la jumătatea secolului al XIX-lea atingând cote maxime de exploatare în prima jumătate a secolului al XX-lea47.

Etapa a III-a aparține perioadei de după naționalizare când exploatarea se face rațional pe o suprafață ce cuprinde zone întregi de la Gura Ocniței și până la Filipeștii de Pădure, de la Vârfuri la Lazuri și Caragiale.

În 1850, exploatarea petrolului în Moreni se făcea sporadic pentru interes local. Începând cu 1855, în apropiere, la Colibași, se ivește o puternică schelă care se dezvoltă impulsionată și de distileria de la Râfov.

Arendaşul moşiei Moreni, văzând cât de înfloritoare ajunsese schela Colibaşi, a reluat exploatarea făcută de predecesorii săi, în gropile făcute de aceştia, săpând şi alte gropi noi. Egumenul mănăstirii Mărgineni nu putea privi cu ochi buni scoaterea de păcură de pe moşie, căci aceasta aducea arendaşului mai multe câştiguri decât îi era îngăduit. De aceea i-a pus în vedere să plătească mănăstirii o anumită sumă pe lîngă arendă, pentru păcura scoasă, ori să astupe puţurile. Lăcomia egumenului mănăstirii a făcut să se întrerupă orice activitate de extracţie a petrolului şi locuitorii, deveniţi, mai târziu, prin împropietărirea de la 1864, stăpâni pe pământul ce lucrau, n-au mai reluat activitatea. Încercările făcute de firme străine între 1862-1882 nu au dat rezultate. După 1880 s-au făcut şi încercări cu puţuri, sistem primitiv, săpate de localnici, dar în Moreni petrolul a fost pus în valoare abia în 1904 prin sonda instalată în prunudul Cricovului. În Schela Mare începutul forajului mecanic a permis erupţia naturală a sondelor care puteau da în 1898 zeci de vagoane de ţiţei zilnic. Imboldul intensificării exploatării petrolului în ţara noastră l-a dat, fără îndoială, legea din anul 1887 intitulată „Măsuri generale pentru a veni în ajutorul industriei naţionale'. Această lege prevedea scutirea de impozite directe, de taxele de vamă pentru maşinile şi pentru materia primă necesară procesului de fabricaţie în diferite sectoare ale industriei şi mai ales ale industriei petrolului, punea la dispoziţie pe timp de 90 de ani terenurile necesare construirii unor astfel de inteprinderi, reducea taxele de transport pe CFR. Asemenea avantaje se acordau atât românilor cât şi străinilor care puteau investi în asemenea înteprinderi un capital de 50.000 lei sau întrebuinţau un număr de cel puţin 25 de lucrători. Legea se aplica şi acelor înteprinderi care erau deja în funcţiune şi îndeplineau condiţiile respective. Ea va fi completată în anul 1895 de „Legea minelor' dată de guvernul conservator condus de P.P. Carp, prin care se stabilea dreptul de proprietate asupra substanţelor minerale şi metalifere, ale statului, cu excepţia ţiţeiului, ozocheritei şi asfaltului. Legea a încurajat indirect pătrunderea tot mai puternică a capitalului străin. Societatea „Steaua Romănă' ajunge în numai câţiva ani să-şi ridice capitalul de la 2,4 milioane lei la 10 milioane lei în 1898 începând exploatarea la Schela Mare, la fel ca şi societatea „Internaţionala' cu capital german48; Societatea „Romăno-Americană', fondată în 1905 de Standard Oil Company cu un capital iniţial de de 5 milioane lei ajunge la 12,5. În primă etapă a exploatării petrolului în Moreni, Societatea „Regatul romăn' fosta Câmpina-Moreni (cea care a făcut prima extracţie a petrolului în 1904) avea în 1905 un capital de 24 de milioane de lei. Apoi, până în 1916 numărul societăţilor se află într-o continuă creştere mai ales datorită bogatului rezervor de petrol din zonă, ceea ce permite Schelei Moreni să ocupe în 1910 locul I pe ţară, pe care nu-l mai cedează ani întregi, ajungând în 1925 să realizeze o producţie de 1.073.803 tone de petrol ceea ce reprezenta 46,7% din producția totală de țiței a țării.

Petrolul a reprezentat pentru Moreni și localitățile apropiate elementul care a modificat în totalitate viața și peisajul regiunii.

BIBLIOGRAFIE

1. Mertonne, Emmanuel, - „Valahia, Eseu de monografie geografică', București, 1931;

2. Tufescu, Victor, „România', Ed. Științifică, București, 1974, pag. 111;

3. Sîrcu, Ion, „Geografia fizică a Republicii Socialiste România' Editura Didactică și Pedagogică, București, 1971.;

4. Bugă, Dragoș; Zăvoianu, Ion, „Județul Dâmbovița', Editura Academiei Republicii Socialiste România, București, 1974, p.20-25.;

5. Ibidem - pag. 38;

6. Arhiva școlii nr. 3, Adresa nr. 4742 a Primăriei către școală, dosar 10, fila 18;

7. Harta turistică a județului Dâmbovița;

8. Chițu, Constantin, „Relieful și solurile României', editura Scrisul Românesc, Craiova, 1975;

9. Arhiva Statului, București, ms.466, f.127;

10. Potra, George, „Tezaurul documentar al județului Dâmbovița', Muzeul Județean Dâmbovița, 1972, pag. 118;

11. Ibidem, pag 121;

12. Ibidem, pag 122;

13. Arhivele Statului, București, cond. Mănăstirea mislea, dosar nr. 466, f. 128-129;

14. Mihalea, Mihail, „O simplă ipoteză' în „Arhiva Valahica', vol. 8, Târgoviște, 1976;

15. Arhiva Statului, București, Fond. A.N., pachet XCIV;

16. Chivăran, Ioan, Bucur, Negoescu, „Morenii', Editura „Răsăritul', București, 1926;

17. Manole, Minodora, „Aspecte din situația social-economică a moșiei Moreni', Moreni 1980;

18. Arhiva Statului, București, copie, manuscris, 454, fila 31, 33;

19. Arhiva Statului, București, documente privitoare la familia Cantacuzino, publicate de Nicolae Iorga, București 1902, pag. 14 și 15;

20. Arhiva Statului, București, Mănăstirea Stavropolos, înv. 35, pachet 3, docum. 2;

21. Arhiva Statului, București, copie manuscris, 454, fila 60;

22. Arhiva Statului, București, copie manuscris 454, fila 60;

23. Fond Mănăstirea Stavropolos, înv. 35, pachet 3, document 4;

24. Vezi Manole, Minodora op. Cit;

25. Arhiva Statului, Bucureşti, copie manuscris, 455, doc. 16;

26. Stoica, Ion, „Pagini de monografie şcolară, Şcoala nr. 1 Moreni', 1987;

27. Arhiva Statului, Bucureşti, Mănăstirea Mărgineni, Copie manuscris 454, fila 604;

28. Idem, fila 61;

29. Idem, fila 64;

30. Stoica Ion, „ O comună sub munte - Vişineşti-Urseiu' pagini la o monografie a satului românesc din subcarpaţi;

31. Arhiva Statului, Bucureşti, Mănăstirea Mărgineni, copie manuscris 454, fila 60;

32. Mihordea, V. şi Papacostea S. - „Documente privind relaţiile agrare în veacul al XVIII- în ţările romane', Bucureşti, 1961, vol. I;

33. Arhiva Statului, Bucureşti, Mănăstirea Mărgineni, dosar 473, fila 2 şi 4; dosar 437, fila 3; dosar 168, fila 134;

34. Arhiva Statului, Bucureşti, Mănăstirea Mărgineni, dosar 168, fila 46;

35. Idem, fila 58;

36. Idem, fila 3;

37. Idem, p. 165;

38. Idem, fila 73;

39. Brătescu, Paul şi Moruzi, I. - „Dicţionar geografic al judeţului Prahova', Târgovişte, 1897;

40. Arhiva Statului, Bucureşti, Mănăstirea Mărgineni, Dosar 473, fila 2-4;

41. Idem, fila 3;

42. Idem, dosar 231, fila 13-14;

43. Idem;

44. Potra, George „Tezaur Documentar al judeţului Dâmboviţa', document 808, p. 638;

45. Arhivele Statului, Achiziţii noi, CCXXIV - document 12;

46. Stoica, Ion - „Pagini de monografie şcolară, şcoala nr. 2, Moreni, Schela Mare - „Sirius', Moreni, 1983;

47. Stoica, Ion - „Pagini de monografie şcolară, şcoala nr. 3 Moreni';

48. Mircea, Alexandrescu - „Câteva date inedite privind exportul de petrol din judeţul Dâmboviţa, între 1881-1900', în „Valahica', vol. 3, 1972;

CAPITOLUL II - PETROLUL ÎN ZONA MORENI PÂNĂ ÎN SECOLUL XX

Informații documentare referitoare la petrolul din Țara Românească apar târziu, iar numărul lor este limitat.

Cel mai vechi document este din 27 noiembrie 1517, când Neagoe Basarab întărește „mănăstiri lui Drăghici din Cricov' ocina satului săcuieni, amintind printre hotarele acestei moșii... peste Dâmburi de păcuri.. la păcuri în sus'1. Din hotărnicia făcută mai tîrziu de 6 boieri, rezultă că ocina acestui sat, cu limitele amintite, fusese dăruită de Drăghici, mănăstirii Mărgineni2. Despre zăcămintele din județul Dâmbovița, menționate în harta lui Tolomeo Claudius, în secolul al XVI-lea, ne vorbesc și documentele de mai târziu. La 14 iunie 1691, moșneanul Calotă din Cocorăști-Capli, vindea mitropoliei din Târgoviște parte din moșia Drăgănești (pe raza actualei comune Gura Ocniței), „,...cât se va alege din apă, din pădure...venitul păcurii..'3. În anul 1692, frații și descendenții moșneanului Calotă vând mitropoliei din Târgoviște pământul stăpânit în devălmășie, pe care se aflau bogate zăcăminte de țiței4. Toate zapisele încheiate de moșneni în secolul al XVIII-lea fac afirmații cu privire la existența unor întinse și importante zăcăminte de țiței în această localitate. Despre „păcurile' din Drăgănești amintește și dieta dată de biv-vel-clucerul Gr. Filipescu soției sale Ilinca și fiilor săi Radu și Pană5.

Hotărnicia din 18 decembrie 1704 întărită din porunca voevodului Constantin Brâncoveanul, precizează că moșia din Drăgănești se află în posesia postelnicului Șerban Filipescu, a mitropoliei din Târgoviște și a moșnenilor din Târgoviște. Pe această moșie, cuprinsă între hotarele satelor Sârbi, Răzvad, Moreni și râul Ialomița, cei 12 boieri indică întinse zăcăminte de țiței și precizează modul de posedare6. Apreciind valoarea pământului și profitând de situația materială puțin favorabilă a unor moșneni, boierii, mănăstirile și mai ales Mitropolia reușesc să-și extindă suprafețele7, fapt ce determină mai multe conflicte. Spre exemplu hrisovul prezentat de moșnenii moșiei Drăgănești, de lângă Ocnița, îi determină pe boierii judecători să afirme la 18 decembrie 1704 - că „nu am putut să dăm toată moșia Mitropoliei'8. În ceea ce privește litigiul referitor la „rândul păcurilor", cartea celor 12 boieri hotăra ca produsele extrase „ să fie împărțite după numărul stânjenilor de moșie pe care îi posedă fiecare'9.

Un document datat la 18 ianuarie 1713, amintește de zestrea pe care Neagoe și Badea, fiii lui Udriște Lăzăreanu o dau surorii lor Maria, partea lor din moșie din Gura-Ocniței: „...3 părți din câmp, din pădure, din păcuri și din tot venitul..'10.

La 20 ianuarie 1720, Stanca, fiica lui V. Șonțu, vinde jupânului Constantin o moșioară în satul Drăgănești cu partea păcurii11. La 3 februarie 1733, soția lui Mantea din Câmpina, arată că soțul i-a lăsat o moșie în Drăgănești, cu partea de păcură pentru nepoții lui'12. La 23 ianuarie 1736, Neagu și Ion, vând căpitanului Vasile și fratelui său Toma partea lor de moșie în Drăgănești și partea de păcură13.

Importanța economică a păcurii rezultă și din faptul că în documente ea apare permanent, fie că este vorba de o adeverință dată de Ancuța Filipescu mănăstirii Mărgineni în 1743, fie de o înțelegere cu ceilalți coproprietari devălmași asupra venitului unei fântâni de păcură de pe moșia Drăgănești a aceleiași mănăstiri Mărgineni14 (anul 1747). La 11 iunie 1749, Vasile Căpitan Căplescu, delegatul moștenitor, se învoiește cu Neofit, mitropolitul Țării Românești, ca să ia pe rând câte un an venitul păcurii de pe moșia Drăgănești15.

La 1 iunie 1756, Vasile Căplescu dăruiește mănăstirea Mislea, moșia Drăgănești și partea lui din păcura groasă16. Pentru 15 octombrie 1763, avem un zapis, prin care vel-vistierul Mihai Cantacuzino cumpăra un teren cu fântâni de țiței, situat pe apa Cricovului, extinzând deci aria de extracție a petrolului și la nordul Moreniului.. „...arătându-i și hotarul, din apa Cricovului, pe apa văii lui...

Dar în sus în curmătura călugărului și dreapta în apa Puturosului, apoi în jos iar în apa Cricovului.

Acest cadru de loc și cu patru fântâni de păcură din partea noastră i-am dat în taleri 230..'17.

Sigur, secolul al XIX-lea este cu mult mai bogat în documente privitoare la petrol. În localitatea Gura Ocniței, mănăstirea Mislea construise în 1820, „puțurile de păcură', pe care însă le arendează împreună cu moșia serdarului Teodor pentru a se despăgubi de suma de bani împrumutată de la egumenul mănăstirii18.

Începând din secolul al XVIII-lea, valea Cricovului Dulce şi împrejurimile moşiei Moreni a mănăstirii Mărgineni se afirmă cu importante terenuri, bogate în zăcăminte de ţiţei, mare parte stăpânite de mitropolia Ţării Româneşti, de mănăstirile Mărgineni, Sinaia, Mislea, de boieri şi moşneni.

Odată cu aplicarea regulamentului organic, din 1831 încetează dreptul exercitat de domnie secole de-a rândul asupra zăcămintelor de ţiţei, spre deosebire de cele de sare, au devenit „desăvârşită proprietate a stăpânilor de moşii pe care iese păcură'19. Domnia nu mai exercita dreptul de monopol asupra surselor de petrol, iar produsele obţinute rămâneau în întregime proprietarului. Acesta, afirmă Regulamentul organic, era „slobod să lucreze singur, ori să le închirieze altuia'20.

În contractele de arendare încheiate de boieri în perioada regulamentară, pentru a se evidenţia valoarea moşiilor, se menţionau cu scrupulozitate, în ordinea profiturilor, posibilităţile de exploatare a solului, amintundu-se că pe moşii se aflau şi zăcăminte de petrol. Pe moşia Valea Lungă de Jos, judeţul Dâmboviţa, proprietatea biv-vel comisarului Grigore Cantacuzino, pe care se aflau satele Gheboaia, Frăsinetu, Valea lui Dan, Moşia Mică Nisipoasa, Vatra Satului, Valea Rea, Vişineşti, Puturosu, situate în nordul Moreniului, se aflau „optzeci de fântâni de păcură'. Contractul de arendare încheiat la data de 7 februarie 1834 cuprindea multe detalii cu privire la exploatarea livezilor, fructelor, păşunilor, viilor, fără să fie omis chiar dreptul de a exploata ghinda şi jirul din pădure, în timp ce referitor la extracţia ţiţeiului se arăta că arendaşul este liber să deschidă „şi alte fântâni'21. Cuprinsul altui contract, încheiat după 2 ani, la 17 ianuarie 1836 între aceleaşi părţi, deşi aminteşte despre „...venitul păcurii atât la fântânile cele vechi, cât şi de la cele noi..', subliniază evident că venitul realizat din extracţia ţiţeiului de pe moşia Valea Lungă nu influenţa preţul de arendare al moşiilor; Grigore Cantacuzino oferea dreptul de „...a mai deschide şi alte fântâni de păcură..', fără a majora preţul de arendare acceptat iniţial prin contract22.

Într-un înscris semnat la aceeaşi dată, domniţa Ecaterina Cantacuzino, devălmaşă pe această moşie cu Gr. Cantacuzino arăta că exploatarea moşiei rămânea în continuare pe seama arendaşului, însă îi solicita să dea „din venitul păcurilor cincizeci vedere păcură'23.

Deosebit s-a procedat pe moşia mănăstirii Dealu. La 1 ianuarie 1841, conducerea mănăstirii învoieşte pe logofătul Fotache Manolescu ca dimpreună cu alţi „tovarăşi ce-şi va găsi, ori muncitori sau cu capital..., să facă săpături şi puţuri pentru păcură oriunde va găsi... la Ocniţa... la Colibaşi, cu toată a sa cheltuială', cu obligaţia „să dea pe seama mănăstirii zeciuiala'24. Este prima menţiune în care extracţia ţiţeiului se arendează separat de pământul arabil. Deşi exploatarea se făcea prin investiţii de capital şi de muncă salariată, se păstrau şi relaţii de tip feudal, obligându-l să dea mănăstirii „zeciuială'25.

În general, abia odată cu distilarea petrolului brut şi folosirea petrolului lampant la iluminarea oraşelor, când zăcămintele de ţiţei au fost mult solicitate, de veniturile obţinute din petrol se interesează şi statul. Refuzând să furnizeze anumite date, moşnenii, boierii sau mănăstirile obţineau mari venituri încercând să se sustragă anumitor obligaţii faţă de stat.

Se fac numeroase comisii de anchetă care prezintă referiri şi la petrol. La 4 februarie 1861, Prefectura Prahova comunică Ministerului Cultelor că pe moşiile mănăstireşti se mai extrăgea petrol prin 2 puţuri la Moreni. Deşi Moreni era o regiune bogată în asemenea zăcăminte, cele 2 puţuri din această localitate au fost părăsirte în 1855 „fără a exploata păcura', extracţia fiind reluată după câţiva ani26.

Numeroase zăcăminte de ţiţei aflate pe moşia mănăstirii Dealu încep să fie valorificate. La 5 ianuarie 1841, conducerea mănăstirii învoieşte pe logofătul Fotache Manolescu ca împreună cu alţi „...tovarăşi... cu muncitori sau capital... să facă puţuri pentru păcură oriunde... la Ocniţa şi Colibaşi cu toată a sa cheltuială'. Posibilităţile oferite logofătului de a se asocia cu muncitori sau „capital' subliniază importanţa capitalului şi a forţei de muncă în dezvoltarea industriei petroliere.

(Puţ căptuşit - 1857. Scoaterea ţiţeiului se făcea cu găleata metalică)

Tot pe domeniul mănăstirii Dealu, în anul 1855, Ion Buturugă, născut în comuna Păcureţi, cunoscut şi apreciat pentru iscusinţa lui în această meserie, asociat cu Tudor Ciucan, Petre Grigore, Stan Botezatu şi Zaharia Jilescu din Ploieşti, descoperă noi zăcăminte pe moşia Colibaşi. Cu forţa lor de muncă, puţarii prahoveni extind acţiunea de punere în valoare a zăcămintelor de ţiţei din Colibaşi, asociindu-se cu diverşi posesori de capital, dar le revine meritul de a fi jalonat perspectivele mari de dezvoltare în viitor a acestei localităţi.

În anul 1860, puţarii prahoveni reuşiseră să deschidă 5 puţuri în Colibaşi, 3 la Ocniţa, pe moşia mănăstirii Dealu, iar la Gura Ocniţei şi Gorgota, proprietatea mănăstirii Mislea, se aflau în funcţiune 6 puţuri29.

Tot mănăstirea Mislea în devălmăşie cu mănăstirea Mărgineni şi arendaşul moşiei, extrăgeau ţiţei de pe moşiile din localităţile Săcuieni şi Adânca30. În jurul anului 1860, extracţia de pe moşiile mănăstireşti se extinde şi în Moreni, chiar dacă puţurile fuseseră părăsite încă din 1855. La 18 martie 1859, printr-o adresă a mănăstirii Mărgineni către subadmnistraţia din Filipeşti se fac referiri la săparea şi folosirea puţurilor de păcură ale moşiei Moreni arendată lui George Ion31. Tot în 1860, Raicu Popovici adresează Ministerului Culturii o cerere prin care solicită şi i se aprobă dreptul de a exploata ţiţeiul de pe moşia Moreni a mănăstirii Mărgineni „în modul şi condiţiunile acelea cu care e dată altoru persoane...32; dreptu termen pentru 20 de ani...supunându-mă la deciuala cuvenită proprietăţii33'. Importanţa păcurii crescând, după apariţia „fabricilor de gaz' şi a „iluminării oraşelor' apar noi cereri de concesionări: Popa Hristu din ploieşti, în 1860, „după băgările de seamă ce am făcut pe moşia Moreni..că se poate găsi păcură'34, Luca Chiriachid pentru moşia Colibaşi, în 1862, cu drept pentru a primi zeciuiala de către soţia răposatului Marin Mehedinţeanu35, Costache Sorescu din Ploieşti, pentru 15 ani în moşia Moreni36, martie 1862, F. Ioan; la 29 ianuarie 1863 adresând cerere domnitorului să-I acorde dreptul de exploatare a ţiţeiului de pe moşiile de acum ale statului37 de la moşia Moreni.

Cu toate acestea, treptat, capitalul indigen îndepărtează pe micii producători de ţiţei şi acaparează zăcămintele de petrol de pe moşiile statului.

Burghezia din România cu sprijinul domnitorului A.I. Cuza a reuşit să-şi consolideze poziţia în domeniul petrolului, promiţător de mari profituri. Astfel începe extinderea extracţiei pe baze capitaliste şi îmbunătăţirea tehnicii, micii întreprinzători fiind obligaţi să transmită altor persoane extracţia ţiţeiului, aşa cum procedează Teodor Mehedinţeanu cu moşiile Gura Ocniţei şi Moreni, nereuşind să facă faţă concurenţei38.

În 1885, extracția țițeiului pe moșia Colibași a fost concesionată prin ofis domnesc unor pușari prahoveni pe timp de 15 ani39. Teodor Ciucan asociat cu alți tovarăși prin acțiunea lor face ca localitatea Colibași să intre în circuitul producției petroliere a țării, reușind să producă în 1857, 55 tone de petrol40.

La expirarea concesiunii din 1855, Statul a voit să reintre în dreptul său și a cerut justiției izgonirea acestor concesionari, care concedaseră și dânșii la un însemnat număr de exploatatori acest drept41.

Între concesionari, asociații pușarilor, foștii logofeți, începe un proces care a durat 23 de ani. Pentru a nu renunța la imensele bogății pe care le oferea extracția țițeiului pe moșia Colibași, unul dintre foștii concesionari încerca a se folosi de un act de embatic ce pretindea că fusese eliberat de mănăstirea Dealu în 1841, act ce s-a dovedit a fi fals. Din actele depuse în justiție cu ocazia acestui proces rezultă că un alt concesionar, care construise în Schela Ocnița 60 de pușuri, cerea în justiție ca statul să-i acorde daune 400.000 de franci sau să i se dea în exploatare 30 de pușuri din totalul de 60, pe timp de 20 de ani.

Propunerile făcute de acest concesionar subliniază atât întinderea cât și extinderea impresionantă a extracției într-un timp scurt, într-o regiune în care în 1855 nu se afla nici un puș, cât și importantele profituri acumulate de concesionari. În timp ce foștii logofeți acumulau capital, pușarii cu care se asociaseră la exploatarea țițeiului pe moșiile Colibași și Ocnița abia reușeau să-și câștige existența42.

Deosebită amploare ia extracția țițeiului pe moșia Valea Lungă de Jos, proprietatea Cantacuzinilor. Spre deosebire de contractele anterioare, în care extracția țițeiului era arendată împreună cu moșia, venitul rezultat din extracția acestui produs a fost inclus în arenda moșiei. Odată cu extinderea folosirii petrolului la iluminatul public, Iorgu Cantacuzino, proprietarul acestei moșii, apreciază necesitatea punerii în valoare a zăcămintelor. Profiturile oferite de extracția țițeiului îl determină pe Iorgu Cantacuzino să arendeze, la 23 aprilie 1863, exploatarea zăcămintelor de pe moșiile Valea Lungă de Jos și Edera, separat de pământul arabil. Pe timp de 6 ani, contractantul se obliga să deschidă „40 de pușuri lucrătoare și din câtă sumă, și calitate de păcură voi exploata - se menționează în acest contract - a cincea parte va fi a dumnealui drept avaiatul moșiei', obligându-se să plătească și impozitul stabilit de stat. Construirea pușurilor trebuia să se facă în cazul acestei moșii în pădure, contractul cuprinzând sancțiuni severe dacă se deteriorau semănăturile, fânețele, livezile. Arendașul se obliga să plătească aceste stricăciuni „cu prețu îndoitu', iar pentru fânețe 100 de lei de pogon. Construirea unui număr așa de mare de pușuri într-un timp relativ limitat scoate în evidență zăcămintele bogate de pe aceste moșii și posibilitățile financiare ale burgheziei interne, atrasă de avantajele oferite de extracția țițeiului, dar și profiturile apreciabile realizate de unii moșieri43.

Separat sunt arendate și puțurile din Drăgăneasa și Puturosu de pe moșia Valea Lungă, județul Prahova, care în urmă cu trei decenii erau incluse în arenda moșiei. La 30 mai 1864, Gh. Gr. Cantacuzino arendează, în această veche și bogată zonă petrolieră, extracția țițeiului din 34 de puțuri, pe timp de 5 ani, cu obligația din partea arendașului de a adânci unele din aceste puțuri, iar „a nu le preface în tuneluri', acțiune ce putea periclita zăcământul și extracția. Profiturile mari pe care le realiza moșierul din extracția țițeiului din aceste puțuri rezultă nu numai din arenda de 700 de galbeni anual, dar și din faptul că nu permitea transmiterea contractului fără o prealabilă aprobare, interzicând chiar și deschiderea altor puțuri. De asemenea se interzicea și strângerea „păcurii din vîlcele, gropi, jgheaburi', limitându-i extracția la puțurile arendate. Pentru a garanta realizarea prevederilor din contract, inclusiv impozitul, arendașul se obliga să nu folosească „nici o protecție străină', și „să se supună întru totul legilor țării'44. La 23 aprilie 1864, se realizează catagrafia „puțurilor de păcură aflate la Puturosu și Drăgăneasa"45. Din această catagrafie se constată că, în schelele amintite, se aflau la această dată 51 de puțuri, din care numai 34 fuseseră arendate; între acestea și unele menționate la catagrafie ca fiind „părăsite' cu obligația de a fi adâncite, ceea ce nu include participarea moșierului Gh. Grigore Cantacuzino la extracția țițeiului. Această situație reiese de altfel și din măsura cuprinsă în contractul de arendare în sensul că „băile, magaziile, puțurile în care țin păcura groasă și subțire și toate uneltele exploatării păcurii', aflate în cuprinsul acestor schele rămâneau pe seama proprietății46.

Interesant este și contractul de arendare încheiat la 10 iunie 1865, prin care Iorgu Gr. Cantacuzino arenda o parte din moșia Valea Lungă de Jos, județul Prahova, pe termen de 5 ani, cu mențiunea de a fi folosită la extinderea extracției țițeiului. Arendașul se obligă să deschidă în tot intervalul „de 5 ani numai până la 10 puțuri lucrătoare' cu obligația ca să fie „date bine pe păcură'. Moșierul acceptă să primească a cincea parte din țițeiul extras în acest timp, obligând pe arendaș să achite impozitele prevăzute de lege pentru cantitatea de țiței extrasă. Veniturile realizate din extracția țițeiului erau atât de mari, încât arendașul a acceptat chiar și condițiile riscante. În cazul în care arendașul nu putea construi în fiecare an câte două puțuri „umblătoare', consimțea să fie îndepărtat fără a avea pretenție la restituirea cheltuielilor făcute pentru diverse investiții47. În continuare, după ce se menționa modalitatea predării țițeiului moșiei, se prevedea că, în caz de nerespectare a contractului de către arendaș, să i se ia „puțurile din stăpânire', iar dacă producea avarii culturilor de cereale și livezilor, trebuia să plătească despăgubiri împătrite, iar pentru fânețe 150 de lei de pogon48. Condiţiile grele acceptate de semnatarii acestui contract scot în evidenţă profiturile pe care le realizau atât moşierul, cât şi arendaşul.

După anul 1864, moşierii încearcă să valorifice şi terenurile neproductive pe care socoteau că se află zăcăminte de ţiţei. La 5 iulie 1865, G. Cantacuzino semna, la Bucureşti, un contract prin care arenda, pentru extracţia de ţiţei, pe moşia Valea Lungă de Jos, judeţul Prahova, suprafaţa de 6 pogoane „locuri neproductive'. Spre deosebire de contractele anterioare, odată cu extinderea extracţiei şi utilizarea ţiţeiului, proprietarii pământurilor, în scopul obţinerii de profit, limitează suprafeţele repartizate în acest scop şi indică terenuri neproductive, impunând arendaşilor obligaţii mai mari. Pentru suprafaţa de 6 pogoane, G. Cantacuzino cerea 100 de lei de fiecare pogon pe an şi 30% din cantitatea de ţiţei extrasă pe toată durata aplicării contractului, plătit la preţul pieţei din Ploieşti. Prin acest contract, arendaşul se obliga ca, în termen de 5 ani „să nu deschidă mai mult sau mai puţin de 10 guri de puţuri'49. Bazându-se pe forţa de muncă ieftină a ţăranului rămas fără pământ după aplicarea legii agrare, arendaşul accepta semnarea contractului, iar „în cazul în care arendaşul nu va putea deschide toate puţurile - afirma proprietarul - va fi obligat să plătească câte 10 galbeni despăgubire pentru fiecare puţ'50. Condiţiile din acest contract scot în evidenţă faptul că reprezentantul moşierilor din Prahova, preţuia asemenea terenuri, ale căror profituri începură a fi incomparabil mai mari decât cele rezultate din agricultură. Posibilitatea ca în timp de un an să se construiască 15 puţuri se leagă de recomandarea făcută de proprietar ca deschiderea acestor puţuri să se facă „prin mijlocul sfredelului', deci prin sondaj mecanic51.

Tot pe această moşie din judeţul Prahova arendase extragerea ţiţeiului şi P. Iancovescu, iniţiatorul şi fondatorul primei companii cu capital românesc pentru extragerea şi prelucrarea ţiţeiului52.

Înfăptuirea reformei agrare a dat posibilitatea foştilor proprietari de moşii să investească o parte din capitalul obţinut prin răscumpărarea pământului şi în industria petrolului. Contractele de arendare a extracţiei ţiţeiului de pe moşia Gura Ocniţei sunt garantate şi prin „bonuri rurale', obţinute de moşieri în schimbul pământului cu care fuseseră împropietăriţi clăcaşii. Sumele realizate din răscumpărarea pământului au permis, în 1880, lui Gh. Cantacuzino să înceapă exploatarea ţiţeiului pe moşia Drăgăneasa, pe apa Prahovei, şi după 6 ani să dea în exploatare 6 puţuri53.

Contractele încheiate între proprietarii moşiilor şi locuitorii zonelor sunt extrem de variate. La 24 februarie 1864, se încheie un contract între Iorgu Cantacuzino, proprietarul moşiei Valea Lungă de Jos şi un grup de locuitori din Păcureţi pentru perfectarea lucrărilor la un puţ de păcură şi exploatarea lui, menţionându-se că „dacă la întâmplare nu vom da de vâna cea mare a păcurii până la 30 de stânjeni vom fi datori a lua mai adâncu încă până vom da de dânsa'54.

La 10 ianuarie 1864 tot la Consiliul Valea Lungă se legalizează un înscris prin care doi locuitori stabilesc condițiile săpării unui puț de țiței pe moșia lui Iorgu Gr. Cantacuzino din punctul Drăgăneasa55. În fapt pe această moșie punctele cele mai intens exploatate se găseau la Drăgăneasa și Puturosu. La 23 aprilie 1864 s-a întocmit „Catagrafia pentru puțurile de păcură'. Astfel în „ Vârful Drăgănesii și de la Vale' se găseau 28 de puțuri „umblătorii' sau părăsite cu „păcură subțire numită țițeiu' iar la Puturosu „peste tot douădeci și trei puțuri de păcură umblătoare și părăsite, aflate în Magaziei și Valea Fântânii avându fiecare puțu lângă dânsa balota câte o țambra și la care țambra este o tablă de scânduri scrisă No puțului și firma, proprietar G. și C."56.

Un alt înscris din 30 ianuarie 1868, arată că primăria comunei Valea Lungă legalizează iscălitura dogarului John Valthes care recunoaște că a construit defectuos niște rezervoare de păcură57.

Exploatarea petrolului, așa înfloritoare cum a fost în Moreni, este de dată mult mai recentă chiar dacă subsolul acestei localități ascunde zăcăminte enorme de petrol care au ridicat această așezare pe o treaptă superioară multora cu renume mondial. E sigur că în Moreni se aflau, înainte de începerea săpăturilor de la Colibași, câteva „gropi pentru puțuri de păcuri'. După înființarea distilăriei de la Râfov, arendașul moșiei Moreni, văzând cât de înfloritoare ajunsese Schela Colibași, a mănăstirii Sinaia și Dealu, a reluat exploatarea făcută anterior, săpând și alte gropi noi.

Egumenul mănăstirii Mărgineni nu putea privi cu ochi prielnici scoaterea țițeiului de pe moșie căci aceasta aducea arendașului mai mult câștig decât îi era îngăduit.

De aceea i-a pus în vedere: ori să plătească mănăstirii o anumită sumă pe lângă arendă, pentru păcura scoasă, ori să astupe puțurile. De aici conflictul care a fost deferit spre soluționare subocârmurii în Filipeștii de Târg. Reproducem plângerea făcută de egumenul mănăstirii cu data de 6 decembrie 1858:

„Mai adăugându-se că fără știrea proprietății sapă gropi pentru puțuri de păcuri, mănăstirea dar în virtutea contractului ce are data, neîngădui dl. arendaș a se neguțători cu lemne din pădure asupra interesului dumnealui decât numai pentru foc în trebuința casei conacului după moșie, precum și pentru dreptul de a deschide puțuri de păcuri. Cu onoare este invitată onor subocârmuirea a binevoi să facă cunoscut dl arendaș de a mai reciti încă odată contractul arendării zisei moșii și a vedea cuprinderea condițiilor de pe contract. În viitor a nu mai porunci să taie lemne pentru povarnă și a deschide gropi, căci acele drepturi nu i s-au arendat'58.

Din document ar rezulta că începutul săpării de puțuri petroliere la Moreni s-ar fi făcut în anul 1858, dar se precizează că este vorba de curățirea unor puțuri mai vechi, dovadă că înainte de 1858 se făcea o primitivă exploatare petrolieră59. Puțurile de păcură, după afirmația arendașilor, au fost găsite la intrarea lui pe moșie și arendașul, strângând păcura din ele, a urmat întocmai ca predecesorii săi. Egumenul mănăstirii cerea câte 20 de galbeni pe zi pentru păcura scoasă de pe moșie.

Din corespondența dintre egumen și subocârmuire putem deduce că înțelegerea nu s-a făcut și astfel puțurile au rămas nefolosite. Lăcomia egumenului mănăstirii a făcut să se întrerupă orice activitate în această localitate și locuitorii, deveniți mai târziu, prin împroprietărirea de 1864, stăpâni pe pământul ce lucrau, n-au mai reluat activitatea60.

Pământul se împărțise între foștii clăcași; la Colibași găseau de transportat destul petrol pentru îndeletnicirea lor de cărușași, astfel că locuitorii săraci s-au mulțumit cu ocupația mai rentabilă de mic proprietar de pământ, în special cu fabricarea țuicii care dădea o rentabilitate însemnată, fără mare cheltuială de muncă și capital. A contribuit la această suspendare a activității petroliere și faptul că, la 1862, se încercase de către firma „Valachiam Petroleum C-nie', cu un capital de 7 milioane lei, să se sape prin tuneluri și galerii sistemul Degouzet, la Moreni și în alte două localități, pentru exploatări petroliere mai intense. Încercările nedând rezultat, au fost părăsite orice inovații, după mari cheltuieli61.

În anul 1879 „Compania Suchard' din Viena, cu capital de 2 milioane, instalează 5 sonde la Colibași și Moreni, săpând până la adâncimea de 150-260 metri, fără a obține vreun rezultat. Capitaliștii vienezi s-au retras curând, părăsind lucrările și lăsând neplătite nu numai impozitele, dar și salariile datorate muncitorilor62.

În 1862 se pomenește și de o societate germană, care a ridicat în Moreni sonde mecanice, iar funcționarii ar fi dispărut63 Coroborarea datelor ne îndreptățește să afirmăm că este vorba de societatea „Suchard' care a săpat puțurile de petrol pe dealul numit „Fața'.

În tot acest timp, la Colibași producția creștea și devenea din ce mai însemnată. În 1857 în această Schelă s-au produs 55 tone; pentru ca în 1862, datorită investițiilor de capital să se înregistreze o creștere de 20% a producției 64.

Deși numărul puțurilor nu a fost prea mare, producția de țiței din Colibași a fost în continuă creștere. În 1857 -1873, producția din această schelă a variat între 12,88 hl. și 322 h. pe zi și a depășit de 2 ori producția tuturor schelelor din Prahova. Între 1857 și 1895 se înregistrează o creștere a producției cu aproximativ 300%. Până în 1888 Schela Colibași a fost continuu depășită de producția din Sărata Monteoru. După acest an se extinde forajul mecanic, producţia creşte cu 30% prin comparaţie cu Sărata-Monteoru, situându-se pe primul loc în ţară. În 1892 a produs 47.000 de tone, ceea ce reprezintă 56,97% din producţia României. Rezultatele obţinute la Colibaşi erau atât de mari încât statisticile din acel an menţionează această localitate ca reprezentativă pentru ţiţeiul întregului judeţ.

(Câmp petrolier)

Producția de petrol a cunoscut evoluții interesante și la alte schele din zonă. La Valea Lungă producția ajungea în anul 1830 la 900 de vedre anual. Extracția în această localitate se extinde, producția se mărește, asigurând mari cantintăți solicitate de „fabrica de gaz' a lui Marin Mehedințeanu, care aproviziona iluminarea capitalei cu petrol lampant. La o înregistrare a producției făcută de deputații comunei Valea Lungă de Jos, de care aparțineau cătunele Puturosu și Vârful Drăgănești, la 17 decembrie 1859 s-a găsit depozitată în aceste Schele cantitatea de 2.555 vedre și două ocale de țiței 66. Ridicarea Colibașului a determinat ca investitorii să nu se mai orienteze spre Schela Valea Lungă, cu toate că la 1 iulie 1864 capitalul englez concesionase extracția țiței-ului pe moșia Valea Lungă. Este vorba de prima societate cu capital străin din Muntenia „Valachia Petroleum Company', al cărei conducător Jakson Braun, fost director al Băncii Otomane din țara Românească, folosește capitalul englez și face primele sondaje la Moreni67.

(Instalație aerisire sec XIX, utilaj acționat manual)

Tot în anii marelui domn al Unirii, cea dintâi schelă petrolieră din Dâmbovița, Gura Ocniței, atrage atenția asupra perspectivelor oferite de abundența producției. Astfel că în anul 1897 din 27 de puțuri se extrăgea cantitatea 2.306,09 tone țiței69. În Moreni statistica nu consemnează pentru secolul al XIX-lea producția de petrol deoarece aceasta era realmente neînsemnată.

Utilizarea țițeiului pe scară tot mai variată a contribuit la extinderea extracției și la necesitatea prelucrării lui. Pentru regiunea Moreni documentele nu precizează amănunte semnificative în această direcție. Atras de faptul că petrolul oferea mari posibilități de îmbogățire, Gh. Gr. Cantacuzino își propune în anul 1863 să facă „îmbunătățiri în ceea ce privește exploatarea moșiei Valea Lungă de Jos' subliniind necesitatea „deschiderii de puțuri multe' și precizând „să se așeze o mașină ca să fabriceze gaz'70, proiect abandonat la nivelul inițiativei.

În județul Dâmbovița nu se menționează până în preajma războiului de independență nici o „fabrică de gaz'71, în schimb în județul Prahova apar „societăți pentru fabricarea gazului' încă din 1864, la Doftănești-Scorțeni72. Cât privește prelucrarea aurului negru pe meleagurile dâmbovițene, primele distilării le întâlnim în anul 1882 când în comuna Colanu, pe proprietatea lui G. Gabrilescu se rafinau 400.000 de kilograme de țiței din puțurile de la Ocnița și Glodeni73. Ulterior, la Colanu, Viforâta, Glodeni apar noi „rafinării', cu 3-4 lucrători, care prelucrau petrolul din Ocnița, Gura-Ocniței, Glodeni, Colibași și chiar din Câmpina și Bușteni, cum se întâmpla cu uzina de distilărie a petrolului, proprietatea lui Câmpeanu et. Comp, fondată la Colanu în 189474.

Tot la Colanu ia ființă, încă din 1885, rafinăria lui Rucăreanu, devenită mai târziu, societatea „Aurora'. Rafinăria avea ca personal „un specialist științific', doi tehnicieni, 25 de lucrători. Folosea anual 3,6 milioane kg. țiței, adus de la Gura Ocniței, și nou apăruta „Schela Mare' producea prin sistemul de distilare Popelca și Gugler 540 mii kg. benzină, 720 mii kg. „oleu lampant', 720 mii kg ulei, 900 mii kg. reziduuri75. H. Rucăreanu este primul mare înteprinzător în cartierul Schela Mare, aprținând azi de orașul Moreni. Acesta concesionează de la stat 40 ha. pe care instalează puțuri din care se produc zilnic 6 tone, producția anuală ajungând la 2.200 t. Încurajați de rezultatele obținute în exploatarea petrolului de primele concesionale, o seamă de alți înteprinzători își încearcă norocul în această regiune contribuind la schimbarea numelui în renumita Schela Mare. Astfel, în jurul perimetrului Rucăreanu, statul mai concesionează, pe un termen de 30 de ani, în vederea exploatării țițeiului din această bogată regiune, următorilor: C-tin Vernescu - 90 ha.; Alex. Scorțescu - 40 ha. ; Colonel Constantinescu - 40 ha.; Barbu Marcu - 39 ha.; H. Van Saanen - 26 ha.; N. Cezeanu - 18 ha. 76

În felul acesta, șantierul Schela Mare cunoaște o vie activitate. Producția în creștere și lipsa capacităților de depozitare determină pe Rucăreanu să monteze o conductă de 2 țoli cu o lungime de 12.500 m. care lega exploatarea sa de rafinăria „Aurora'. Dacă ținem cont de faptul că montarea în 1898 a unei conducte de o asemenea lungime reprezintă o investiție mare, vom deduce tot de aici că profitul întrecea orice aşteptare a investitorului.

În acest timp se extinde forajul mecanic ce ameninţă pe micii exploratori care nu aveau posibilitatea investirii capitalului necesar procurării instalaţiilor respective. Prezenţa societăţii „Internaţionala' la Schela Mare stârneşte o adevărată panică determinându-i pe micii înteprinzători să cedeze terenurile petroliere. Anul 1899 va marca astfel începutul forajului mecanic în perimetrul Schela Mare. Prima sondă „304 Banca minelor' erupe cu 60-80 vagoane pe zi, sonda „305' are 10 vagoane pe zi, iar „307 Sirius' dădea 50 vagoane pe zi. Societatea „Internaţionala', apărută în 1899, care exploata petrolul la Gura Ocniţei a fost înfiinţată de Banca „Dis Conta Gesell Schaft' din Berlin78. De fapt, pătrunderea capitalului străin în zona Moreni este din ce în ce mai puternică la sfârşitul secolului al XIX-lea. Societatea „Steaua Română' ajunge numai în câţiva ani să-şi ridice capitalul de la 2,4 milioane lei la 10 milioane în 188879. Potrivit datelor statistice, reiese că în anul de început 1895, Societatea „Steaua Română' concesionase 24 ha. terenuri neproductive, a făcut investiţii de 2.225.019 lei. La sfârşitul anului 1895 se înregistrează un beneficiu brut de 235.051 lei şi net de 38.236 lei80.

Această pătrundere a capitalului străin este datorată noii legi a minelor dată de guvernul conservator condus de P.P. Carp, care, în 1895, stabilea dreptul de proprietate asupra susbstanţelor metalifere ale statului, cu excepţia ţiţeiului, ozocheritei şi asfaltului81.

Acest fapt obligă micii proprietarii la mari sacrificii pentru a supravieţui, ei fiind acum la discreţia capitalului străin. În acest sens, ilustrativ este un document din 28 martie 1899. Fostul asociat al industriaşului Ion Grigorescu din Târgovişte îi scria: „Societăţile care vin şi sunt de mai mult timp venite au făcut cumpărături de terenuri de ţiţei foarte multe şi fac mereu pe capete şi mai cumpără exploatatori pe întrecere, zilnic vin la Tribunal cu ţărani ca şi când ar fi turme de oi'82. Dacă „rafinăria' lui Grigorescu mai rezistă câţiva ani, „maşina de gaz' a lui Talopie din Moreni dispăruse la începutul secolului al XX-lea. Prin 1884-1887, era în partea de nord a comunei Moreni o distilărie de petrol înfiinţată de Radu Talopie, distilărie care s-a ruinat după moartea întemeietorului ei, pe la 1889-1890. Pe şoseaua Moreni - Edera a luat fiinţă altă distilărie a lui Gh. Constantinescu, colaborator cu Alexe Năstase. Locuitorii Ion Voicu, Ghiţă Voicu şi Stan Prighea, au avut şi ei partea lor de merit înfiinţând astfel de rafinării. Cea din urmă distilărie a fost a lui Gh. Călăraşu, instalată în 1904 pe şoseaua Moreni-Ghirdoveni, la punctul numit „în poarta ţarinei'. Instalaţia se întinde pe o suprafaţă de 2.000 m.p. pe care se aflau toate rezervoarele de lemn şi pompele de mână.

În 1905 a izbucnit un incendiu care a distrus majoritatea rezervoarelor şi împrejmuirea, totuşi instalaţia a continuat să funcţioneze până la începutul anului 1908. Concurenţa pe care a început să o facă acestora rafinăriile modern amenajate la Târgovişte, Ploieşti, Câmpina, a pricinuit încetarea lucrului, producţia de ţiţei prelucrat scăzând de la 131.200 kg. în anul 1904 la 44.650 kg. În anul 1907, iar „lampantul pus în consumaţie' apropiindu-se de cota 0, în anul 1908, după ce în 1904 se produceau 67.669 kg. 83

Păcura şi produsele rezultate din prelucrarea ţiţeiului au fost supuse unui intens comerţ din cele mai vechi timpuri, dar în special începând cu a doua jumătate a secolului al XIX-lea, în circuitul comercial incluzându-se şi regiunea Moreni. Astfel, în schelele unde se produceau cantităţi mari, pe moşiile arendate de stat, vânzarea păcurii se făcea prin licitaţie. Spre exemplu, în august 1860, Constantin Papadopol a cumpărat la licitaţie de la Costea George, arendaşul puţurilor de pe moşia Valea Lungă, 4 buţi şi 4 butoaie, în total 711 vedre, 2 ocale şi 300 dramuri ţiţei, pe care le-a vândut lui Marin Mehedinţeanu, proprietarul primei fabrici, pe preţul de 2 sfanţi vadra. În preţul de vânzare era cuprins şi transportul la „fabrică' cu vasele cumpărătorului. Preţul de vânzare a petrolului lampant era de un sfanţ ocaua „la fabrică' 84.

Benzina fabricată în această rafinărie se exporta în anul 1895, în Bulgaria prin firma „Fraţii Dinter' din Rusciuk, în Germania prin „Hinne et. Co.' din Berlin, iar prin casa „Schenker et. Co.' se expedia ţiţei şi benzină la Viena, Adrianopol, Belgrad, Budapesta, Constantinopol, Fiume, Hamburg, Londra, Praga, Roterdam, Salonic şi Sofia96. De asemenea prin agenţia „Sloga' din Brăila se expedia benzina la Smyrna.

După 1896 inteprinderile mici româneşti ţin din ce în ce mai greu piept concurenţei societăţilor cu capital străin. Spre exemplu societatea „Ion Grigorescu' reuşeşte să reziste până la finele secolului trecut, dar intră tot mai mult sub tutela societăţii „Steaua română'. Prin această societate a vândut pentru străinătate 600.000 kg. de petrol. Continuă să mai încheie şi unele tranzacţii directe. În perioada septembrie1899 - februarie 1900, petrolul extras la Colibaşi, Schela Mare, Gura-Ocniţei, Ocniţa şi în alte localităţi se mai exporta la Zurich sau Basel iar prin firma „Lowenbach et. Co.' se expediază circa 60 de vagoane benzină în oraşele KÅ¡ln, Bruxelles, Eislinger, MÅ¸ndenheim97.

Cumpăna dintre secole găseşte zona în plină restructurare, dar aurul negru din subsolul Moreniului încă nu a erupt. Vor mai trece puţini ani până când Moreniul va deveni centru naţional pentru petrolul românesc şi o stea de primă mărime în lume. Apariţia noului centru petrolier într-o aşezare de câteva sute de locuitori va determina transformări sociale incredibile, puţin studiate de istorici, psihologi, etnografi, etc. Aceste schimbări de muncă şi mentalităţi s-au făcut uneori cu conflicte de muncă, s-au reglementat prin acorduri sau legi. Ţinând cont de „experienţa făcută asupra exploatării', arendaşul zăcămintelor de ţiţei de pe moşiile mănăstirilor Dealu, Sinaia şi Mărgineni, a fost nevoit să accepte prin contractul încheiat la 26 octombrie 1863 „unele reguli sistematice'. Aerisirea puţurilor trebuia să se facă în fiecare zi „înainte de intrarea lucrătorilor în puţuri, şi de mai multe ori în timpul desfăşurării lucrărilor, după necesitate'. Infiltraţiile de gaze se făceau însă continuu, aerul alterat fiind îndepărtat cu ajutorul unor foale uriaşe, care pompau aer prin burlane. La unele puţuri se folosea un ventilator pentru a se introduce aerul curat şi altul pentru îndepărtarea celui viciat.

Dificultăţile întâmpinate au arătat necesitatea elaborării unor norme noi care să reglementeze regimul ţiţeiului în cadrul economiei. „Proiectul de condiţii pentru exploatarea petrolului' din 27 septembrie cuprindea în cele 53 de articole principii, norme, reguli privitoare la extragerea acestui produs. Pentru că, uneori, accidentele petrecute în timpul săpării puţurilor erau grave, prin acest proiect concesionarii erau obligaţi să angajeze „un serviciu chirurg, spre a procura lucrătorilor în cazuri de accidente, ajutorul lor'. Nerespectarea acestor dispoziţii soldată cu moartea sau rănirea lucrătorilor era pasibilă de pedeapsă98.

Lipsa materialelor de protecţie, tehnica primitivă de exploatare au contribuit la creşterea numărului de accidente la Colibaşi, schelă exploatată de societatea austriacă „Suchard Co.', la Gura Ocniţei unde Ghiţă Ion din Moreni şi-a găsit moartea prin axfisiere, cu ocazia săpării unui puţ, de pe urma căruia a rămas o văduvă cu 6 copii.

Faţă de numeroasele accidente cauzate de lipsa unor măsuri eficiente de protejare a muncii, Consiliul de Miniştri, în şedinţa din 13 ianuarie 1893, aproba un nou regulament cu precizări mult mai clare faţă de lucrători, mai ales că munca pentru extracţia ţiţeiului era dificilă, se făcea cu riscuri mari, iar desfăşurarea ei cerea calm, voinţă, ucenicie îndelungată şi mult curaj.

Cei mai iscusiţi lucrători de puţuri proveneau din Valea Lungă şi Colibaşi unde pe de o parte extracţia era mai veche, iar pe de alta oamenii obişnuiţi cu astfel de lucrări se aflau în număr mai mare decât cereau necesităţile de extracţie ale acelor localităţi. Spre sfârşitul secolului, cel mai mare număr de puţari îl dau Valea Lungă şi Moreni, lucrători ce se găseau pe cuprinsul întregii zone de extracţie a petrolului din România99. Ca şi în perioada anterioară, ei se asociau în săparea puţurilor, locuiau în bordeie, în vecinătatea locului unde munceau.

Retribuţia acestor munci varia de la o localitate la alta. Astfel, în 1874, la Colibaşi, până la adâncimea de 60 de metri se plăteau 1000 de franci, iar pentru puţurile mai adânci de 120 de metri primeau 3000-3500 franci pe lună şi hrana zilnică, fără a se preciza timpul în care trebuia să se efectueze lucrarea.

O dată cu îndeplinirea angajamentului, mebrii grupării îşi împărţeau banii şi se înapoiau la casele lor.

În mod obişnuit, în a doua jumătate a secolului al XIX-lea puţurile nu au depăşit adâncimea de 120 de metri şi puteau fi săpate în 10-12 luni.

Un alt regim de muncă aveau cei care se ocupau de extracţia petrolului, numiţi „trăgători'. Ei extrăgeau ţiţeiul cu găleata de 4-5 vedre, manual sau cu ajutorul crivacului sau scripetelui, prin mijlocirea hecnei pusă în mişcare prin forţa animală sau prin erupţie. Se pare că trăgătorii erau mai bine salarizaţi decât cei care săpau, adâncitorii. Lucrători se mai găseau în rafinării, la transporturi, dar adevărata revoluţie prin petrol nu a apărut.

Secolul al XX-lea, încă de la începuturile sale, prin petrolul exploatat va schimba complet înfăţişarea aşezărilor de pe Valea Cricovului Dulce, va stabili în regiune un lider de talie mondială - Morenii - va transforma din temelii relaţiile sociale, încadrându-se într-o nouă structură.

Petrolul va face cunoscut Morenii şi nu numai, peste mări şi ţări. Pentru a ajunge aici trebuie să înţelegem opera de pionierat din zonă şi evoluţia economică-socială pe care am prezentat-o sumar în rândurile anterioare.

BIBLIOGRAFIE

1. Documente privind istoria României, veacul XVI, B, Ţara Românească, vol. I (1501-1525) p.131;

2. Arhivele Statului, Bucureşti, Condica Mănăstirii Mărgineni, ms. N. 454, f. 142-143;

3. Arhivele Statului, Bucureşti, Mitropolia Bucureşti, ms. 173/76 Original, Semnături autografe;

4. BONCU, Constantin, „Contribuţii la istoria petrolului românesc', Ed. Academiei Republicii Socialiste România, Bucureşti, 1978, p.27;

5. Ibidem;

6. Ibidem;

7. Ibidem, p.27-28

8. Arhivele Statului, Bucureşti, Ministerul Agriculturii, Bunuri mici, dosar 7/1858, f.6;

9. Ibidem;

10. Arhivele Statului, Bucureşti, Condica Mănăstirii Mislea, ms. nr. 466, f.130;

11. Ibidem, f. 136;

12. Ibidem, f. 135;

13. Ibidem, ms. 454, f.245;

14. Ibidem, ms. 466, f.134;

15. Arhivele Statului, Bucureşti, Mitropolia Ţării Româneşti,ms. 127, f.

150, ms. 134, f. 170. Condica Mănăstirii Mislea, ms. 466, f. 134;

16. Arhivele Statului, Bucureşti, Condica Mănăstirii Mislea, ms. nr. 466, p. 136

17. Arhivele Statului, Bucureşti, Achiziţii noi, CCXCIV/1

18. Arhivele Statului, Bucureşti, Ministerul Agriculturii, Bunuri mici, dos. 346/1866. f.48-49;

19. Boncu, Constantin, Ibidem. p.70;

20. Ibidem, p.70;

21. Arhivele Statului, Bucureşti, Achiziţii noi, CCXCVIII/21;

22. Ibidem, CCXCVIII/29.

23. Ibidem, CCXCVIII/30.

24. Arhivele Statului, Bucureşti, Mănăstirea Dealu, pachetul IV/3;

25. Boncu, Constantin, Ibidem, p. 72;

26. Ibidem, p.77.

27. Arhivele Statului, Bucureşti, Mănăstirea Dealu, pachetul IV/3;

28. Idem, Bunuri mici, 5/1860, f.16;

29. Boncu, Constantin, Ibidem, p. 78;

30. Cojocaru, Ion, „Documente privitoare la economia Ţării Româneşti, 1800-1850', vol. II, Bucureşti, 1959, p. 908.

31. Arhivele Statului, Bucureşti, Mănăstirea Mărgineni, dosar 473/1858, f. 11-12;

32. Boncu, Constantin, Ibidem, p. 425;

33. Ibidem, p. 426;

34. Ibidem, p. 424;

35. Arhivele Statului, Ploieşti, Tribunalul Prahova, secţia II, înv. 8/1862, f. 6;

36. Boncu, Constantin, Ibidem, p. 432;

37. Ibidem, p. 438;

38. Arhivele Statului, Bucureşti, Ministerul Agriculturii, Bunuri mici, dos. 455/1867, f. 5;

39. Ibidem, dosar 740/1867, f. 1-229;

40. „Dicţionar istoric al judeţului Dâmboviţa', Târgovişte, 1983, p. 142;

41. Boncu, Constantin, Ibidem, p. 149;

42. Ibidem, p. 150;

43. Arhivele Statului, Bucureşti, Achiziţii noi, CCCIII/34;

44. Ibidem, CCC/138;

45. Ibidem, CCC/133;

46. Ibidem, 132, 138;

47. Boncu, Constantin, Ibidem, p. 158;

48. Arhivele Statului, Bucureşti, Achiziţii noi, CCIII/162;

49. Boncu, Constantin, Ibidem, p. 158;

50. Arhivele Statului, Bucureşti, fond Cantacuzino, CCC/163;

51. Boncu, Constantin, Ibidem, p. 158;

52. Ibidem, p. 159;

53. Ibidem;

54. Arhivele Statului, Bucureşti, Achiziţii noi, CCCIII/67;

55. Ibidem, CCCIII/64;

56. Ibidem, CCC/133;

57. Ibidem, CCC1/141;

58. Chivăran, Ioan, Negoescu-Bucur, „Morenii, Institutul de arte grafice' , „Răsăritul', 1929, p. 106;

59. Ibidem, p. 107;

60. Ibidem, p. 108;

61. Ibidem, p. 109;

62. Boncu, Constantin, op. cit., p. 164;

63. Chivăran, Ioan, Noegoescu-Bucur, op. cit., p. 109;

64. Boncu, Constantin, op. cit., p. 116;

65. Ibidem, p. 188;

66. Arhivele Statului, Bucureşti, Achiziţii noi, CCC1/71;

67. Pizanty, Mihail, „Industria petrolului în România', Bucureşti, 1909, p. 69;

68. Ibidem, p. 54;

69. Puscariu, V., Filiti, Gr. „Statistica industriei miniere din ţară', Bucureşti, 1899, p. 9;

70. Arhivele Statului, Bucureşti, Achiziţii noi, CCC/110

71. Boncu, Constantin, op. cit., p. 174;

72. Ibidem, p. 172;

73. Dumitrică, Florica, „Date noi privind dezvoltarea industriei petroliere la sfârşitul secolului al XIX-lea şi începutul secolului al XX-lea în judeţul Dâmboviţa', în „Valachica', Târgovişte, 1969, p. 107;

74. Camera de Comerţ şi Industrie Ploieşti, înv. 1/1900, p. 210, 212;

75. Ibidem;

76. Date oferite autorului de regretatul Preda Octavian ce strângea material pentru o lucrare documentară.

77. Stoica, Ion, „Pagini de monografie şcolară - Şcoala nr. 2 Moreni - Schela Mare, Sirius', Moreni, 1983, manuscris;

78. Răvaş, Gheorghe, „Din istoria petrolului românesc', Bucureşti, 1955, p. 52;

78. Ibidem, p. 51;

80. Hanganu, Ecaterina, „Istoricul societăţii Steaua Română în cifre', în „Pagini din trecutul istoric al judeţului Prahova', Muzeul de istorie al judeţului Prahova, Ploieşti, 1971, p. 203;

81. Traian, Lungu, „Viaţa politică în România la sfârşitul secolului al XIX-lea', Ed. Ştiinţifică, Bucureşti, 1967, p. 32-40;

82. Arhivele Statului Dâmbovița, Înteprinderea Ion Grigorescu, Târgoviște, dosar 1/1899, f. 305;

83. . Chivăran, Ioan, Negoescu-Bucur, op. cit., p. 113;

84. Boncu, Constantin, op. cit., p. 122-123;

85. P.S. Aurelian, „Opere economice', Ed. Academiei, București, 1967, p. 164;

86. Arhivele Statului Dâmbovița, Înteprinderea Ion Grigorescu, Târgoviște, dosar 1/1898, f. 124-130;

87. Statisticile Companiei anonime pentru exploatarea și comerțul cu păcură, București, 1867, p. 3;

88. Arhivele Statului Ploiești, Camera de Comerț, dosar 1/1887, f. 225, 287, 288;

89. Alexandrescu, Mircea, „Câteva date inedite privind exportul de petrol din județul Dâmbovița între anii -1881-1900', în „Acta Valachica', Târgoviște, 1972, p. 285-294;

90. Arhivele Statului Dâmbovița, fondul Înteprinderilor Ion Grigorescu, dos. 3/1893, f. 13;

91. Ibidem, f. 6;

92. Ibidem, dosar 7/1891, f. 31;

93. Ibidem, dosar 3/1893, f. 74;

94. Alexandrescu, Mircea, op. cit., p. 285-294;

95. Ibidem;

96. Ibidem;

97. Ibidem;

98. Boncu, Constantin, op. cit., p. 201-209;

99. Negulici, Radu „Accidente în puțurile la mină', Ploiești, 1900, p. 268.

CAPITOLUL III - ZONA PETROLIERĂ MORENI PÂNĂ LA MAREA UNIRE

Sfârşitul secolului al XIX-lea deschide un nou capitol în istoria petrolului. De-a lungul secolelor era bun la toate sau la nimic, liant în construcţii, balsam pentru bolnavi, armă incendiară pentru combatanţi... L-am văzut în secolul al XIX-lea găsindu-şi o primă vocaţie ce nu-i poate fi disputată, metamorfozarea în petrol lampant şi nu este un merit minor să lumineze oamenii care au atâta nevoie de lumină, chiar dacă flacăra lămpilor cu petrol pâlpâie. 1900, începutul de veac este încă marcat de domnia calului. 1914, ascensiunea automobilului este consemnată drept un fapt împlinit. Între 1900-1914 evoluţia motorului cu petrol marchează perfecţionări cu caracter hotărâtor care vor duce la răsturnarea raportului de forţe pe arena mondială.

Suveran între combustibili, materie primă râvnită şi răsfăţată pentru sectoare de vârf ale industriei, omniprezent în viaţa de toate zilele a omului, important factor al prosperităţii popoarelor, „aurul negru' va domina cu autoritate economia şi civilizaţia contemporană, dând naştere unei adevărate „epoci a petrolului'. În acest fel creşte necontenit interesul pentru cunoaşterea bogăţiilor subsolului nostru, pentru exploatarea petrolului. Din nefericire, capitalul românesc nu face faţă concurenţei străine, legea din 1895 favorizând şi mai mult apariţia marilor concerne internaţionale. În anul 1896 ia fiinţă „Steaua Română', societate petrolieră cu capital predominant german şi care, în anul 1903 devine exclusiv germană, iar după încheierea primului război mondial devine anglo-franco-română.

În anul 1904 este construită societatea „Româno-Americană' de către „Standard Oil', în înţelegere cu un grup german, societate devenită ulterior exclusiv americană.

În 1907 ia naştere, cu capital german, societatea „Concordia', care în

1919 ajunge în mâini franco-belgiene, iar în timpul celui de-al doilea război mondial redevine germană.

(*Atelierele Astra 1922*)

În 1908 se înființează marea societate „Astra' de către concernul Royal Dutch-Shell, societate transformată în 1910 în „Astra Română', la care participă și „Standard Oil'. Primul președinte al „Astrei Române' este H. Deterling, stăpânul lui Royal Dutch-Shell1.

Capitalul francez a întemeiat în 1904 societatea „Aquila franco-română', în 1905 societatea „Columbia', iar în 1906 societatea „Alfa', toate trei aparținând sferei de interese a vestitei case „Rotschild' din Paris2.

Un capitalist olandez, R. Von Sycle, care preluase concesiunile petroliere de la Moreni ale exploatatorului H. Economos, a întemeiat în anul 1906 societățile „Moreni-Băicoi by Ltd.' și „Băicoi Company'. În 1910 ia ființă un capital englez „Romanian Oilfields Ltd.' care a preluat și o parte din firma „Câmpeanu et. Co.' și care prin concentrarea capitalului englez și preluarea inteprinderilor „Sykle', devine „Roumanian Consolidated Oilfields Ltd.'. După primul război mondial, în jurul acestei societăți se vor concentra principalele interese engleze în industria petrolieră românească, alcătuindu-se astfel una din cele mai mari înteprinderi din țară, societatea „Unirea'.

Cu capital olandez, în colaborare cu capitalul englez, s-a construit în 1910 o înteprindere importantă sub denumirea Orion.

În regiunea petrolieră Moreni mai apar înainte de primul război mondial și alte societăți: „Internaționala' în 1899 cu capital olandez; „Moreni-Ghirdoveni' în 1908; „Creditul petrolifer' în 1905, cu capital româno-german; „Moreni-Filipești' în 1906, fiind singura nouă societate cu capital integral românesc dar care nu a rezistat concurenței3; „Moreni et. Bordeni Oil Lands' în 1914; „Câmpina-Moreni' în 1904 având 5 milioane capital, vândută în 1906 Creditului Miner și care a jucat un rol însemnat în istoria petroilără a localității; „Regatul Român'4, apărut în 1905, etc.

Dacă în anul 1906 capitalul român se plasa pe locul 4 cu 16 milioane lei investiți în petrol, având în față capitalul german (74 milioane), olandez (32,6 milioane), francez (31,4 milioane) dar devansând capitalul italian (15 milioane), american (12,5 milioane), belgian (5 milioane), austriac (5 milioane), englez (3,07 milioane)5 în ajunul primului război mondial 47,9% din capital aparținea grupurilor anglo-olandeze, 27,3% grupurilor germane, 8,6% celor franco-belgiene, 6,2% americanilor, 1,9% italienilor și numai 8,1% românilor 6.

Încă din 1905 majoritatea terenurilor petroliere cunoscute atunci în România se aflau în mâinile marilor monopoluri internaționale, ajungând ca trei grupuri monopoliste să dețină 37.700 ha. din cele 44.000 concesionate7. Țițeiul românesc încăpuse în stăpânirea aproape exclusivă a monopolurilor de peste hotare.

Primul mare înteprinzător în „Schela Mare' a fost H. Rucăreanu care concesionează de la stat 40 ha. pe care instalează puțuri din care se produc zilnic 6 tone. Încurajat de rezultatele obținute în exploatarea petrolului de primele concesionale, o seamă de alți înteprinzători își încearcă norocul în această regiune contribuind la apariția pe harta României a unei noi așezări: „Schela Mare' 8. Astfel, în jurul perimetrului Rucăreanu, statul mai concesionează pe un termen de 30 de ani, în vederea exploatării țițeiului în această bogată regiune următorilor: Constantin Vernescu - 90 ha., Alex Scorțescu - 40 ha., Col. Constantinescu - 40ha., H. Van Saanen - 26 ha., Barbu Marcu - 39 ha., N. Cezeanu - 18 ha. În felul acesta șantierul Schela Mare cunoaște o vie activitate. Producția va crește și lipsa capacităților de depozitare determină pe Rucăreanu să monteze o conductă de 2 țoli cu o lungime de 12.500 m. care leagă exploatarea sa de rafinăria „Aurora' din Târgoviște, căreia îi vinde întreaga producție a șantierului. Dacă ținem cont de faptul că montarea în 1898 a unei conducte de o asemenea lungime reprezintă o investiție mare, vom deduce tot de aici că profitul întrecea orice așteptare 9.

Cert este că, în prima parte, întreprinzătorii individuali concesionau teren de la stat. Societățile cu capital particular exploatau tot zonele aparținând statului. Astfel, societatea „Internaționala' concesionase 40 ha.

pe Valea Pâscovului, societatea „Dâmboviţa' concesionase 26 şi 30 ha. pe versantul sudic de la „Măgura Ungureanu' etc. Treptat capitalul societăţilor crescând, acţionarii solicită concesionări pentru suprafeţe mai mari de teren, terenul aparţinând în acest caz şi locuitorilor din satele Pleaşa, Stavropoleos, Ţuicani, Colibaşi sau Moreni pe Valea Cricovului10. Astfel, în Stavropoleos „Economos a Ghirdoveni' concesionează 120 ha., iar „Franco-Română' în Colibaşi 216 ha. Este momentul în care întreprinzătorii particulari români sunt obligaţi să cedeze concurenţei străine, puţini reuşind să mai reziste cel mult 10 ani, ca de exemplu Grigorescu la Colibaşi unde concesionase 40 ha. sau „Tomescu şi Ceseanu' care concesionaseră în 1905 o suprafaţă de 13,56 ha. pe Valea „Puturosu' la N.E. de „Internaţionala'11.

Înghiţirea întreprizătorului român de capitalul străin se poate exemplifica cu situaţia „Constantinescu' ce concesionează 39 ha. pentru Van Saanen et Scoreanco12.

Regiunea petrolieră Moreni continua să fie o prezenţă deosebită prin exploatările din Colibaşi. În 1904 se găseau aici 23 de puţuri productive şi 3 sonde; dintre acestea din urmă, una era în producţie şi două părăsite. Adâncimea sondelor varia între 21-482 m. Producţia totală în acest an era de 5.970 tone13 şi se afla într-o scădere continuă ajungând în 1906 la 3.800 tone, ceea ce reprezintă numai 0,42% din producţia ţării14.

În 1908 erau părăsite 11 sonde şi 43 de puţuri, erau suspendate 2 sonde şi 10 puţuri, se mai aflau în lucru doar 5 puţuri, dar nu se fora cu nici o sondă. Producţia era asigurată de 4 sonde şi 14 puţuri, adâncimea maximă de exploatare fiind de 485 m. la sonde şi 165 m. la puţuri, iar cea minimă varia între 107 m. la sonde şi 3 m. la puţuri15. Căderea şantierului de la Colibaşi era reliefată şi de lipsa de interes a întreprinzătorilor pentru dotarea tehnică, fiind folosite numai 11 maşini cu aburi şi patru alte sisteme16.

Producţia medie a coborât de la 1806 tone în anul 1903, la 124 tone în 1905, întreprinzătorii îndreptându-se spre regiunile apropiate de la Gura Ocniţei şi Moreni16.

Şantierul Gura Ocniţei a fost pus în valoare prin exploatări sistematice în zona actuală a comunei, dar şi în spaţiul teritorial aflat acum în perimetrul oraşului Moreni, graniţa definitivându-se mult mai târziu, după împărţirea teritorială din anul 1968. Cerinţele ridicate de petrol de la începutul secolului XX au impus o intensă activitate în zonă. Multe încercări au fost încununate de succes, dar puteau să apară şi nereuşite cum a fost cazul societăţii „Sindicat' care obţinând 2 concesionări de 40 ha. şi având 3 sonde în lucru nu reuşise până la 300 m. să găsească petrolul atât de căutat17. În schimb tot în anul 1905, „Internaţionala' avea 51 de puţuri şi 10 sonde extrăgându-se petrol de la o adâncime de 350-450 m. Banii puţini sau alte condiţii impuneau societăţii „Dâmboviţa' să abandoneze 2 sonde şi 6 puţuri în timp ce „Economos' obţinea o însemnată producţie de la singura sondă ce o avea în activitate18. Acesta este motivul pentru care producţia a coborât la 13.369 tone în 1906 în timp ce în 1904 era de 19. 738 t, ceea ce reprezenta 3,4% din producţia ţării19.

În anul 1908, pe şantierul Gura Ocniţei erau 2 sonde părăsite, 10 suspendate, 7 în lucru şi 11 în producţie în special în regiunea „Schela Mare'.

Extracţia petrolului prin puţuri este abandonată în 1908 fiind părăsite 33 de puţuri şi 45 fiind suspendate20. Adâncimea medie a sondelor în producţie era în anul 1908 de 137 m. în timp ce maximum pentru această categorie de sonde era de 352 m.

La sondele suspendate, adâncimea maximă de foraj ajunsese la 598 m., în timp ce puţurile au fost săpate până la 150 m. La 31 martie 1908 în Gura Ocniţei se foloseau 22 maşini cu aburi, 60 motoare cu petrol, un cazan cu abur şi 14 alte sisteme arătând amploarea luată de şantier după 1906, cu toate că Schela Moreni făcea o concurenţă deosebită21.

În 1912 numai la şantierul societăţii „Internaţionala' se forează 132,2% faţă de anul precedent (adică 2.434 m.), producţia creşte la 110,7% ajungând la 71.703 tone. Puţurile de mână devenite nerentabile sunt părăsite (49 în 1911 şi 60 în 1912), deasemenea sondele - 10 în 1912. Arătând că producţia societăţii se obţinea din 13 sonde şi că în lucru erau încă 18 sonde, realizăm intensa activitate în şantierul Gura Ocniţei.

Regiunea Moreni a fost pusă în valoare prin sonda nr. 1, instalată în prundul Cricovului, pe proprietatea statului concesionată societăţii „Regatul român'. Această sondă de o adâncime de 236 m., a dat prin erupţii continue din septembrie 1904 până în aprilie 1907, aproape 70.000 tone şi continua să producă zilnic 60-70 t22.

Credem că interesant de precizat este felul în care se analizează în 1905 regiunea petroliferă Moreni de specialiştii timpului23. Societatea „Câmpina-Moreni' a început cea dintâi lucrările cu sonda nr. 1. Straturile străbătute sunt conglomerate, nisipuri, argile nisipoase, caracteristică fiind existenţa stratului de argilă plastică deasupra petrolului, strat de circa 30 m. grosime, foarte avantajos pentru închiderea apelor. Sonda nr. 2 aşezată la V de nr.1, cam la 500 m. depărtare, a întâlnit stratul petrolifer la adâncimea de 211 m. deşi nivelul ei nu e mai jos ca nivelul sondei nr. 1. Această sondă străbate cam aceleaşi straturi ca şi sonda nr. 1 şi dă deasemenea o producţie de 8-10 vagoane pe zi.

Totalul sondelor instalate şi aflate în lucru acum în regiune este de 12. Adâncimea lor variază între 230-250 m. Din acestea, 4 sunt în producţie, 2 în sapă, 2 în lăcărire de apă, 4 sunt părăsite, iar în afară de acestea se montează alte 2. Producţia lunară este actualmente de circa 300 de vagoane.

Interesante sunt sondele așezate pe partea stângă a Cricovului...

„Toate aceste sonde din stânga Cricovului, deși au ajuns la adâncimi cu mult mai mari decât cele din dreapta, nici una nu a atins stratul petrolifer, săpăturile fiind făcute mai toate în sare; s-ar putea să fi avut loc o deplasare aproape perpendiculară pe zonă, în care să se fi format un masiv mare sare și prin acesta stratul de petrol să trebuiască a fi căutat la adâncimi mai mari'24.

Așa arătau Morenii petroliferi în anul 1905. Pentru a crea o atmosferă mai aproape de realitatea începutului de secol, iată și situația unei sonde a societății „Româno-Americană' din 1905...'Societatea Româno-Americană a răzbit sonda nr. 18 situată pe dealul Lazului, lângă Țuicani. La 200 metri a întâlnit un strat de păcură care a dat câte 2 vagoane pe zi, timp de 4 luni, când s-a epuizat. La 272 m. a întâlnit stratul de argilă cu gresii fine, albicioase, fosile. Gaze puternice s-au exaltat și au fost fost aruncați bolovani de 20 cm. mărime. În urmă începu erupția păcurii care curge liniștit peste gura burlanului, apoi se lasă în jos'25.

Anul 1904 marchează practic intrarea Moreniului în rândul producătorilor de petrol chiar dacă, spre exemplu, societatea „Steaua Română' extrăgea încă din 1901 o cantitate de 85.285 kg. păcură26.

În anul 1904 cele 4.314 tone obținute în Moreni reprezentau numai 0,8% din producția țării, iar statisticile din 1903 nici nu amintesc de această schelă.

În 1905 sondele productive sunt în număr de 8, adâncimea minimă fiind de 215 m., iar cea maximă fiind de 238 m. În acest an erau în lucru 21 de sonde iar producția ajunsese la 55.970 tone, ceea ce reprezintă deja 7,8% din producția țării26.

În 1906 producția crește spectaculos ajungând la 162.806 tone adică 18,3% din producția țării, iar în 1907 producția era de 299.663 tone. Sondele productive sunt în număr de 45, comparativ cu 20 în anul anterior.

În Moreni erau în anul 1905, 2 puțuri părăsite și 3 suspendate pe proprietățile particulare și 12 puțuri părăsite pe proprietatea statului, dar nici un întreperinzător nu mai sapă puțuri în Moreni. Sondele în lucru erau în 1907 în număr de 54, adâncimea maximă la foraj fiind de 422 m, iar cea minimă fiind de 169 m. Producția medie pe sondă fiind în 1906 de 8.212 tone, anul ulterior înregistrează o anumită scădere deoarece nu toate sondele au o producție ridicată28.

În 1907, din 20 de sonde mai însemnate, cuprinse în 13 zone de petrol și din care numai Buștenari-Câmpina-Băicoi și Moreni, au fost intensiv exploatate, producția medie pe sondă o reprezintă pentru anii 1904-1907 sondele Schelei Moreni, cifra cea mai ridicată care s-a atins în România29.

Pentru 1905-1907 pe proprietățile particulare se găseau numeroase exploatări dar în Schela Moreni numai societățile puternice ce exploatau pe proprietățile statului au cunoscut succese remarcabile30.

În 1906 în Vârfuri erau 2 sonde care dădeau 60 tone, dar în 1907 mai rămăsese o singură sondă, lipsa de rentabilitate ducând la abandonarea șantierului pentru multă vreme31.

Tot în 1907 începe forajul la Dițești-Filipești, iar în 1912 societatea „Concordia' încearcă să-și extindă aria exploatării forând la Vișinești32, încercare făcută și de societatea „franco-română' în anul 1905, dar tot fără succes33.

Prelucrarea aurului negru pe meleagurile dâmbovițene o întâlnim din 1882 la Colanu, Târgoviște și apoi la Câmpina, capacitatea de rafinare fiind sporită. De aceea rafinarea petrolului la Moreni nu mai reprezenta interes acceptându-se varianta, considerată mai economicoasă, de a transporta petrolul prin conducte. În anul 1905, din Moreni plecau 2 conducte de 75. mm până la stația Băicoi - 22km. - și până la rafinăriile Găgeni Bereasca - 46 km.34

În același an „Conducta Grigorescu', de 50 mm. în diametru, pornea de la Colibași cale de 23 de km. până la rafinăria „Aurora'. Societatea „Internaționala' a montat o conductă de 50 mm. și una de 75 mm. de la Gura Ocniței până la „Aurora' din Târgoviște'. Tot din Gura Ocniței, o conductă de 23 km., lega Schela de Gara Băicoi35.

Atelier Societate Internațională, Schela-Mare. Gura-Ocniță Dâmbovița 1924

(Atelier Schela Mare - Gura Ocniței 1924

În anul 1908, la 1 martie, statistica consemnează apariția de noi conducte şi diametrul total raportat la nivelul societăţilor. Astfel „Româno-Americană' avea o conductă de 30.173 metri, până la staţia Găgeni, conducta având diametrul de 150 milimetri; întreprinzătorul „Grigorescu' sporeşte capacitatea de transport de la Schela Colibaşi spre Târgovişte la diametrul de 350 milimetri, pe o distanţă de 25.000 de metri. Din Schela Moreni, „Internaţionala' pompează petrolul pe o conductă de diametrul de 50 milimetri la „Aurora Târgovişte' şi tot din Moreni o conductă de 65 de milimetri diametru, ajunge la Gura Ocniţei, distanţa fiind de 3.750 metri.

Din Moreni, „Regatul roman' îşi transportă petrolul cu două conducte de câte 102 şi respectiv 115 milimetri, la gara Băicoi, pe o distanţă de 22.980 metri, de unde apoi, cu trenul, ajunge la rafinăria „Steaua Română' de la Câmpina36.

Tot în anul 1908 apar şi primele conducte de apă de la Cricov la Schela Moreni (1.000 metri), de la satul Colibaşi la Schelă (conducta „Grigorescu' - 2.200 metri) de la Ialomiţa, la Schela Gura Ocniţei (conducta „Internaţionala' -8.160 metri) şi chiar una particulară, la Gura Ocniţei cu un diametru de 50 milimetri, de la „Rezervor' la Casa Popii Starostescu, pe 570 de metri lungime37.

Petrolul obţinut din straturile de miocen şi levantin38 era de foarte bună calitate, prelucrarea făcută la Câmpina, Târgovişte sau Colanu, dând derivate petrolifere apreciate în toată lumea. În anul 1899, în judeţul Dâmboviţa funcţionau 16 fabrici de petrol care prelucrau petrolul de la Colibaşi, Ocniţa, Gura Ocniţei etc., ce însuma peste 16,3 milioane litri, producând 2.700 tone benzină, 5,9 tone petrol, 968 tone uleiuri, 8.771 tone reziduri.

Dintre acestea se foloseau pentru export 749 tone benzină, 12 tone petrol şi 421 kg. ulei39.

Locuitorii din Moreni au încercat şi ei să înfiinţeze „maşini de gaz'. Prin 1884-1887 era în partea de nord a comunei o distilărie de petrol a lui Radu Talopie. Această distilărie s-a ruinat după moartea întemeitorului ei, pe la 1889-1900.

Cea din urmă distilărie a fost a lui Gh. Călăraşu, instalată în 1904 pe şoseaua Moreni-Ghirdoveni, la punctul numit - „în poarta ţarinei'. Instalaţia se întindea pe o suprafaţă de 2.000 de metri patraţi, pe care se găseau toate rezervoarele de lemn şi pompele de mână. Lampantul fabricat era vândut cărăuşilor care veneau din Dâmboviţa şi îl duceau până în părţile Bărăganului40.

În anul 1905 a izbucnit un incendiu care a distrus majoritatea rezervoarelor şi împrejmuirea, totuşi instalaţia a continuat să funcţioneze până la începutul anului 1908, cantitatea de ţiţei „pus în fabricaţiune şi lampant pus în consumaţiune, scăzând treptat până la închiderea definitivă'

Numele proprietarului rafinăriei Gh. Călărașu	Țițeiul pus în fabricație kg.	Lampantul obținut kg.
anul 1904/1905	131.200	67.669
1905/1906	94.612	42.410
1906/1907	44.6501	3.765

Astfel a căzut învinsă în lupta cu uriașele rafinării străine înființate la Ploiești, Câmpina, rafinăria întreprinzătorului român.

Concurența pe care au început să o facă marile rafinării modern amenajate, a pricinuit încetarea lucrului în micile rafinării aproape primitive.

Odată cu dispariția acestor distilării încetează și cărăușia legată de petrol, deoarece până atunci cărăușii anume întrebuințați la acest transport aveau butoaie speciale, în căruțe, cu ajutorul cărora făceau transportul păcurei sau produselor derivate.

Anul 1907 marchează momente deosebite pentru istoria petrolului românesc în general și pentru zona Moreni în particular.

Pentru producțiile ei spectaculoase, România este aleasă să organizeze al III-lea Congres Internațional al Petrolului. Din partea română prezintă comunicări interesante geologii Murgoci, Ștefănescu și Mrazek. În zilele de 5-7 septembrie 1907 s-au făcut o serie de excursii cu toți participanții la Congres. Au fost vizitate Schelele Buștenari, Moreni, Câmpina ca fiind în acea vreme cele mai importante exploatări petrolifere41. Toți participanții au cuvinte de laudă față de cele văzute42, în special pentru moderna rafinărie construită de „Steaua Română' la Câmpina, în anul 1906, an când societatea „Romāno-Americană' aplică pentru prima oară la Moreni sistemul hidraulic rotativ în săparea sondelor43, metodă preluată rapid și de alte societăți precum „Astra română', care experimentează în anul 1912, la Filipeștii de Pădure, prima sondă rotativă44.

Începuturile forajului și extracției petroliere se pierd în negura timpurilor. Cu cât adâncimea puțurilor creștea, cu atât erau obligatorii modernizări de foraj și de extracție. Întrucât la extracția prin puțurile cu crivac, solicitarea de efort fizic era prea mare și în creștere continuă în raport cu adâncimea, s-a impus necesitatea găsirii unor posibilități de ușurarea a muncii depuse. Astfel meșterii puțari au adaptat puțului o instalație „hecnă', care prelua funcțiile crivacului și care, fiind acționată de cal, înlocuia efortul uman, accelera operațiile de săpare și permitea săparea unor puțuri de adâncimi mai mari.

Hecna se compunea din două părți dinstincte:
- porumbarul
- grătarul.

Porumbarul era un dispozitiv care servea ca tobă, pe el înfășurându-se frânghiile care susțineau hârdaiele.

(Hecna cu cal)

Porumbarul era fixat pe un ax de lemn vertical, așezat în lagăre de metal. Frânghiile se înfășurau în sens contrar, una în partea superioară și una în partea inferioară, astfel ca, prin învârtirea porumbarului în jurul axului vertical, prin forța unui cal, un hârdău să coboare, iar celălalt să se ridice puțin. Frânghia de pe porumbar era condusă în puț de niște scripeți montați pe un grătar, care era un cadru de lemn de stejar. Pentru scoaterea afară a lucrătorului și a materialului săpat, ca și a țițeiului extras, hecna era pusă în mișcare cu ajutorul unui cal, care făcea o mișcare de rotație în jurul axului vertical al hecnei.

Pentru efectuarea muncii la un puț erau necesari cinci sau șase lucrători, care constituiau un taraf sau o ceată.

Pentru o cât mai justă repartizare a muncii, se făcea o rotație între muncitori, astfel încât fiecăruia îi venea rândul să efectueze toate operațiile ce necesitau săparea unui puț, până la extracția țițeiului.

Săparea unui puț se executa în acord, luându-se ca bază un preț unitar de fiecare metru săpat și mărindu-se acest preț cu o rație fixă, după adâncimea la care se executa lucrarea. Când nisipurile întâlnite erau îmbibate de apă sau de petrol, ca și în terenuri pietroase, prețul se putea dubla sau tripla.

Prin greutățile întâmpinate în exploatările manuale de petrol, alături de duritatea și riscurile muncii, trebuie amintită necesitatea rezolvării aerajului şi iluminatului în puţ. La început, aerajul se realiza prin agitarea în fundul puţului a unui mănunchi de ramuri, legate de o funie.

Mai târziu aerisirea puţurilor s-a făcut cu ajutorul foalelor; într-un stadiu mai evoluat aerisirea puţurilor s-a efectuat cu ajutorul unor ventilatoare aspiratoare.

Iluminatul natural, la puţurile mai adânci era suficient ca lucrul în puţ să decurgă normal.

Cu cât adâncimea puţului creştea, iluminatul natural devenea insuficient şi între 50-60 metri, fundul puţului era complet în întuneric. Deoarece iluminatul artifical cu diferite lămpi nu a dat rezultatele scontate, din cauza pericolului de explozie în contact cu gazele, s-a generalizat iluminatul de profunzime cu ajutorul unor oglinzi care reflectă razele solare până în fundul puţului. Aceste oglinzi de formă dreptunghiulară, lungi de 350 de milimetri şi late de 200 de milimetri, erau fixate pe un ax mobil, ce-i permitea să se încline şi să se menţină în poziţii diferite. În aceste condiţii de iluminat, timpul de lucru era foarte restrâns, limitându-se numai la zilele însorite.

În timpul săpatului, omul era coborât cu hârdăul până la adâncimi mai mici, iar la adâncimi mai mari, unde exista pericolul unei emanaţii gazoase, lucrătorul cobora legat de o frânghie înfăşurată pe un crivac separat, numită crivac de siguranţă. De asemenea, în puţurile unde exista pericolul unei surprinderi a muncitorului prin erupţii de gaze, apă sau ţiţei, se instala şi o a doua hecnă de siguranţă, care în caz de erupţie era gata să intervină pentru scoaterea lucrătorului la suprafaţă. Utilizarea hecnei s-a generalizat în toată ţara, datorită eficacităţii în extracţie. Astfel, într-un puţ cu o adâncime de 200 de metri, se puteau scoate până la trei tone ţiţei în 24 ore.

Exploatarea petrolului prin puţuri săpate manual a continuat să fie practicată, paralel cu mijloacele de foraj mecanic, încă multă vreme.

Astfel pentru perioada 1903-1907, în regiunea Moreni avem următoarea situaţie45:

Schela	Puţuri în producţie						Puţuri părăsite	Puţuri suspendate	Puţuri în lucru	Adâncime minimă	Adâncime maximă
An	1903	1904	1905	1906	1907	1908	1908	1908	1908	1908	1908
Gura Ocniţei	27	33	33	31	30	28	33	45	14	2	77
Moreni	-	1	-	-	-	-	9	-	-	34	115
Colibaşi	41	70	70	73	73	14	43	10	5	3	189

În această perioadă, în special în zona Moreni se introduc şi sisteme de foraj moderne, în special de provenienţă canadiană. Sistemul pensilvan săpa cu ajutorul unui balansier, de care erau prinse prăjiniile cu garnitură de sapă şi care imprimau mişcarea sus-jos a sapei, de unde şi denumirea de foraj percutant. Acest foraj se numea și foraj uscat, deși pentru lucrul sapei se vărsa în fundul puțului o cantitate de apă, care forma o coloană de circa 10 metri înălțime.

Primele prăjini folosite la forajul canadian erau confecționate din lemn. La forajul pensilvan, s-a folosit la început o funie groasă pentru bătaia sapei, apoi un cablu de oțel. Cablul era agățat la balansier cu ajutorul așa numiților „papuci'.

Forajul percutant uscat era repede depășit de forajul „Alianța', caracterizat prin aceea că în afară de bătaia sapei se executa spălarea continuă a fundului găurii (prin capul perforat al sapei), realizată printr-un circuit închis de noroi. Noroiul încărcat cu sfărâmăturile rocii continua circuitul prin spațiul dintre exteriorul prăjinii și peretele puțului și revenea prin gura puțului la suprafața unui batal, unde se depuneau părțile grele ale noroiului. Circuitul se continua prin pompă. Pentru punerea în mișcare a troliilor se foloseau mașini cu aburi (cu un cilindru), motoare termice de 30-40 C.P. și mai târziu motoare electrice.

La 31 martie 1908, în regiunea petrolieră Moreni erau următoarele cazane și motoare de petrol:

Schela	Cazane cu aburi	Alte sisteme	Mașini cu abur	Motoare cu petrol
Moreni	17	29	87	76
Gura Ocniței	1	14	22	60
Colibași	-	4	11	-

În anul 1904, Anton Raky a adus o îmbunătățire importantă sistemului de foraj hidraulic prin suspenia elastică a balansierului și a prăjinilor, ceea ce a permis să se mărească numărul de bătăi, deci de avansare a sapei, în același timp micșorându-se și numărul de instrumentații, deoarece sapele nu se mai înțepeneau în teren și prăjinile erau mai puțin solicitate.

În anul 1910, a fost experimentat la o sondă sistemul de săpare cu apă, al inginerului român Beldiman, sistem care consta dintr-un motor situat la talpa sondei, acționat de curentul de apă pompat în prăjini, care transmitea sapei până la 200 de bătăi pe minut.

În 1912 se experimentează dispozitivul de săpare Cantili, care săpa ușor cu ajutorul unui motor electric. Tubarea sondelor s-a făcut până în anul 1897 cu burlane din lemn, fie că erau confecționate prin strunjirea interioară și exterioară a copacilor, fie că erau construite din scânduri de lemn tare. Legătura dintre aceste burlane lungi de 3 metri se făcea prin filet.

În paralel s-au folosit burlane din tablă nituită, care se legau între ele prin cercuri nituite, iar pentru sondele puțin adânci s-au folosit un timp burlane de fontă. După ce se termina forajul unei sonde urma exploatarea stratului atins.

Exploatarea progresivă a stratelor de ţiţei se a punându-se în producţie stratele succesive de sus în jos. După epuizarea unui strat se introducea o coloană pentru izolarea stratului respectiv şi se repunea sonda în sapă, până se întâlnea stratul următor.

Astfel, instalaţia de foraj rămânea pe loc până la epuizarea sondei, mai ales că şi lăcăritul de exploatare folosea aceeaşi instalaţie.

Transportul utilajelor de foraj se făcea cu forţă animală, înjugându-se 6-10 perechi de boi, pentru transportul unui cazan cu aburi sau a altor piese grele.

La începutul activităţii de foraj mecanic, zăcămintele erau bogate şi extrem de productive.

Uneori la adâncimi de 200-300 metri se produceau erupţii violente care aruncau cu mare putere gaze, ţiţei, nisip şi chiar diferite roci la înălţimi de 2-3 ori cât turla sondei; uneori erau aruncate prăjinile de sapă şi chiar burlanele ce fuseseră tubate. Ţiţeiul şi nisipul se depuneau la câţiva zeci de metri distanţă în jurul sondei. O parte a ţiţeiului era captată în batale săpate în pământ, iar la marginea batalului se monta o pompă cu abur, cu care se pompa ţiţeiul în rezervoare, prin conducte special montate.

Mare parte din ţiţeiul provenit din erupţii se scurgea pe văile din apropiere, pierzându-se. Pentru a opri parţial pierderile de ţiţei din cauza frecventelor erupţii, s-au construit dispozitive pentru captarea ţiţeiului şi gazelor.

Se căptuşea turla sondei pe înălţimea de circa 4 metri cu un perete dublu din scânduri, spaţiul dintre pereţi fiind umplut cu nisip şi se fixa către partea superioară un fel de clopot, numit liză, care primea şi respingea fluxul de ţiţei spre bază, unde era dirijat printr-un şanţ într-un batal dinainte săpat, iar gazele erau aspirate şi conduse la gazometre.

În anul 1903, s-a încercat să se folosească ca dispozitive pentru închiderea sondelor, nişte ventile mari, care în timpul erupţiilor violente erau împiedicate să mai funcţioneze, umplându-se cu nisip.

Inginerii români Tacit şi Puşcariu au construit în anul 1912 un ventil cu pistol cilindric acţionat hidraulic de la distanţă, care a dat rezultate excelente, fiind patentat în toate ţările producătoare de petrol, acesta putând fi considerat ca precursor al prevenitorului de erupţie.

Dacă sonda avea debit redus şi presiune mică, exploatarea ţiţeiului se făcea prin lăcărit cu lingura, care are un burlan de fier lung de 5-10 metri, prevăzut în partea inferioară cu un ventil, care se deschide singur atât la lăsarea lui pe fundul puţului cât şi la golirea ei în habă. Această lingură era manevrată cu un cablu ce se înfăşura pe toba troliului.

Sondele care nu porneau eruptiv, se puneau în producţie în afară de lăcărit cu lingura şi prin pistonat cu ajutorul pompelor canadiene. La începutul secolului al XX-lea s-au făcut noi paşi pe calea perfecţionării utilajului şi a metodelor de foraj iar după săparea completă a unei sonde de 700 metri adâncime la Bana, în anul 1914, în timp de 16 zile, a impus definitiv forajul rotativ, ca cel mai rapid şi mai eficace sistem, pentru săparea de sonde în terenuri moi şi dure46.

Pentru exploatările de petrol ca şi pentru celelalte obiective, era necesară energia electrică. În anul 1905, societatea „Electrica', (fostă'Lahmayer'), a construit la Câmpina, pe râul Prahova o puterncă termocentrală, cu o putere instalată iniţial, de 470 kw., fiind considerată la timpul ei, ca cea mai mare din ţară. Ea va furniza energia electrică schelelor din regiune, inclusiv din Moreni47, începând cu anul 1907, an de referinţă pentru schela Moreni, care se impune prin creşteri semnificative, în special în domeniul producţiei de ţiţei în sectorul proprietăţii particulare, ajungând să se dubleze producţia48. În anul 1908, societăţile petroliere încurajate de reuşita sondei nr.1 a societăţii „Câmpina-Moreni' (care în perioada 10 august 1904-1908 a produs peste 100.000 de tone petrol), continuă exploatarea terenurilor reuşind să extragă 359.784 tone, cu care se menţine pe locul 2, după schela Buştenari49. Trei societăţi se impun decisiv în zonă, producţia acestora fiind semnificativă, aşa cum se poate observa50.

Numele	Prod. anuală	PUŢURI			SONDE		
societăţii	în tone	părăsite	în lucru	în prod.	părăsite	în lucru	în prod
Regatul român	176.277	5	-	-	20	17	20
Româno-Americană	107.138	1	-	-	26	6	20
Astra	84.990	1	1	-	3	5	1
Câmpeanu	587	-	-	-	-	2	1
Compania Moreni	800	2	-	-	3	1	-
TOTAL	369.784	9	1	-	52	31	42

Micii întreprinzători încearcă să-şi menţină activitatea, dar concurenţa nemiloasă şi lipsa fondurilor băneşti îi va înlătura treptat. Semnificativ este faptul că la Gura Ocniţei se mai aflau 14 puţuri iar la Colibaşi 5, în schimb, la Moreni fenomenul obţinerii petrolului prin puţuri este inexistent. Începând cu anul 1908, societatea „Regatul român' avea numeroase sonde productive, cea cunoscută sub numele de „Regatul 6' dând până la 30 de vagoane pe zi. Sonda făcea dese şi puternice erupţiuni şi dacă lingura era în sondă, o arunca afară cu putere. În ziua de 27 august 1909, în timpul unei asemena erupţii, sonda s-a aprins, focul extinzându-se şi la sonda nr.4. În ziua următoare, erupţia devine tot mai puternică, cauzând o revărsare de ţiţei aprins printre sondele de pe coasta Ţuicanilor. Au ars 15 sonde, mai toate productive, trei rezervoare de lemn, pentru depozitat ţiţei, precum şi o cazarmă de locuit51.

În trei ore numai, această coastă, unde cu un an înainte, dominse atâta activitate, se transformase acum într-un adevărat pustiu52.

(Sondă în erupție în Exploatarea Concordia)

Anul 1910 a adus, mai ales către sfârșitul său, o însemnată extindere în exploatarea petrolului în zona Moreni, prin punerea în valoare a regiunii Bana.

Ultima sondă răzbită a dat un țiței mai ușor, deci mai benzinos, ceea ce va face să se întărească buna părere despre petrolul românesc. Această zonă a dat în primele zile peste 100 vagoane pe zi, de la o adâncime relativ mică.

În luna mai a anului 1910 s-a constituit societatea „Astra-română', care va ocupa de aici înainte primul loc între societăţile petroliere din Moreni. Societatea s-a format din fostele societăţi: „Astra' şi „Regatul român' la care s-au adăugat şi „Geeoconsolideerde - Hollandsche C-vie', societate anonimă, cu sediul în Haga şi patru acţionari români. Capitalul social era de 29.400.000 lei, „Regatului român' revenindu-i 56,1%. În 1910, Schela Moreni trece pe primul loc între Schelele ţării53, loc care nu va mai fi părăsit ani buni. Producţia ajunge la 438.475 tone, din care 327.527 tone, pe proprietăţi particulare.

În anul 1911 societatea „Astra română' răzbeşte la Bana, sonda nr. 2, cu mari erupţii ce dădeau producţii zilnice neaşteptat de mari şi care face din Moreni şantierul cu cele mai mari producţii şi cu cel mai semnificative creşteri din ţară. Sonda nr. 7 „Astra' a societăţii „Astra română', instalată la Bana, a luat foc, în momentul când făcea erupţii foarte mari de petrol şi gaze. Coloana de flăcări avea peste 150 de metri înălţime. Focul a durat 22 de zile, cauzând victime omeneşti şi pierderi considerabile pentru societate54.

Ca urmare, la Moreni, apar primele forme de organizare muncitoreşti. Lucrătorii din petrol constituie asociaţia „Sondorul', în anul 1911, urmată de organizarea cercului „Tânărul Muncitor', în 1911-1912. Formele de organizare se radicalizează, apărând în anul 1913 „Sindicatul petroliştilor din Moreni'55.

După evenimentele din sângerosul an 1907, când ţăranii deveniţi muncitori au luat parte la acţiuni semnificative, la Gura Ocniţei, Ocniţa, Valea Lungă56, momentul apariţei sindicatului la Moreni marchează o creştere a combativităţii sociale.

În anul 1912, regiunea Moreni s-a remarcat prin producţia sondei nr.1 a societăţii „Columbia', Ţuicani, care în ultimele 6 luni ale anului, a dat prin erupţii liniştite şi regulate aproape 22.000 vagoane ţiţei. A mai avut sonde bogate şi „Astra Română-22', în erupţie regulată, începând din iunie 1911, şi care dă până la sfârşitul anului 1912, peste 15.000 de vagoane de păcură. În Stavropoleos a avut sonde productive „Româno-americană' iar în Schela Mare, Gura Ocniţei societatea „Internaţionala', care forează în anul 1912, cu 594 metri mai mult decât anul anterior, ajungând la 2.434 metri. În acest an, numărul societăţilor petroliere se măreşte.

„Steaua română', care a pus în valoare regiunea „Câmpina', înregistrează la Moreni producţii nesemnificative.

„Columbia', datorită sondei nr.1 are o producţie superioară societăţii „Româno-americană', iar „Concordia' încearcă să-şi extindă aria investigaţiilor, forând în anul 1912, o sondă în Vişineşti57.

Concurenţa dintre „Astra română' şi „Româno-americană' se menţine şi va continua în condiţiile în care prima foreză în anul 1912 un total de 7.302 metri, iar cealaltă 5.360 metri, firma „Roumanien Consolidated...' având 3.660 metri foraţi58.

(Primele ventile de siguranţă)

În mod logic „Astra română' continua să ocupe primul loc dintre exploatările de la Moreni, cu o producţie mult superioară, dând singură jumătate din producţia întregului şantier59.

Şantierul Moreni atinge în anul 1912 o producţie de 878.101 tone, cu un spor de 293.109 tone, faţă de anul precedent, reprezentând 48,6% din întreaga producţie a ţării 860.

Câteva incendii ale unor sonde cu producţie mare cauzează în acest an pagube mari societăţilor, cum a fost sonda „1 Concordia' care a ars 13 zile, păgubind societatea cu 40.000 tone ţiţei care a fost distrus. Uneori focurile au cauzat şi suferinţe umane, înregistrându-se morţi şi răniţi. În anul 1913, la 5 martie, se declanşează greva muncitorilor de la Bana, prima formă de manifestare ad-hoc îndreptată împotriva neglijenţelor în exploatare. Din cauza nerespectării de către autorităţile societăţii a normelor de lucru la sondele 8 şi 11 Bana s-a produs un accident care a cauzat moartea a 11 muncitori, mulţi alţii suferind arsuri grave. Muncitorii din toată schela Bana se ridică împotriva abuzurilor exploatatorilor şi declară grevă generală. Greva a fost completă, cuprinzând şi alte schele, participând peste 5.000 (!?)

de persoane care ocupă platoul din fața Spitalului (?) 61.

Era de admirat cum greviștii care pentru prima oară umblau cu această „armă' au format echipe dintre ei pentru ordine și paza schelelor62.

Imediat au sosit la Moreni, dr. Pușcariu - directorul serviciului „Mine' din minister și a umblat printre greviști să-i convingă să înceapă lucrul „căci vor fi satisfăcuți după aceea'. Greviștii nu au acceptat și au ales pe loc o delegație compusă din Ilie Gheorghiu, Purcel Dumitrescu, Jan Ular, M. Georgescu63 care să se prezinte d-lui ministru Xenopol cu următoarele cereri:

- scoaterea personalului din schelele petroliere de sub prevederile legii meseriilor;

- aplicarea legii minelor din 1895;

- nici un lucrător care a luat parte la grevă să nu fie concediat sau să i se facă vreun rău;

- despăgubirile ce se acordă accidentaților să fie făcute după noile deziderate cerute în memoriu;

Dl. Xenopol nu a vrut să primească delegația fiind ocupat la... „Cameră' și a lăsat vorbă ca delegația să se prezinte d-lui Pușcariu sau Casei Centrale. În urma tratativelor duse între delegații muncitorilor din Moreni și reprezentanții societății, în ziua de 12 martie, s-a reluat lucrul iar revendicările au fost admise64.

Solidari cu muncitorii morenari au fost lucrătorii din toată Valea Prahovei care au organizat demonstrații, mitinguri, petiții65.

Lupta din 1913, continuă și în anii 1914 și 1915, când funcționarii din petrol protestează că nu li se acordă ajutor familiilor celor mobilizați și nici ajutor de concediere celor care-și pierdeau serviciul66.

Incendiul din anul 1913 a distrus 17 sonde, între care și marea sondă eruptivă nr.1 a societății „Columbia', care dăduse peste 36.000 vagoane până atunci. Se înțelege că producția a suferit foarte mult din această cauză. cu toate acestea, în acest an, Șantierul Moreni, nu numai că și-a menținut locul de frunte, dar a înregistrat un avânt considerabil, producând 981.953 tone, adică peste 52% din producția totală a țării, Câmpina producând abia 13% din producția țării67.

În 1913, în Moreni erau 15 firme exploatatoare68.

Așa cum se vede „Astra romană' rămâne cea mai bună societate, devansând societatea „Româno-americană'.

Societatea „Concordia' înregistrează în acest an o producție inferioară prin faptul că sonda de la Țuicani nu a mai produs nimic. Celelalte societăți fiind la începutul exploatării au producții modeste69.

Putem spune că anul 1913 a fost pentru Moreni anul în care s-a înregistrat cea mai mare producție ce va atinge acest șantier până la intrarea noastră în război.

În anii următori, din cauza izbucnirii primului război mondial, producția este în scădere simțitoare, prin reducerea lucrărilor de foraj și suprimarea exportului pe mare. Într-adevăr, în anul 1914, cu toate că stă în fruntea celorlate șantiere, producția de țiței de la Moreni a fost foarte mică față de anii precedenți.

Morenarii au avut o producție de 896.096 tone, deci cu 85.857 tone mai puțin decât cea din anul 1913. Sonda societății „Columbia' care produsese o cantitate considerabilă, a încetat erupțiile și aceasta a influențat mult asupra producției totale.

„Româno-americană' ajunge datorită sondei „74 Țuicani', la o producție aproape egală „Astrei române'.

Ca fapt mai important în acest an, citam „Astra-română' cu răzbirea sondei „28 Bana', a dovedit că zona petroliferă se întinde la est spre Piscuri și spre Filipeștii de Pădure. De asemenea „Roumanian Consolidaded Oilfield ltd.' a răzbit sonda nr. 30, sub formațiunea pontică, nepătrunsă până acum la Moreni, în punctul „La Ogradă', în partea de vest a vechiului șantier Bana, ceea ce dă o foarte mare dezvoltare a acestei schele în ambele direcții70.

Reușita de la Filipești determină o concurență acerbă pentru concesionarea terenurilor, reușita aparținând numai acelora care aveau un capital rezonabil. Cele peste 100 de hectare concesionate de particulari determină modificări majore în relațiile și structura socială a localității, aspect ce va trebui analizat cu mai mare atenție. În Schela Colibași, singurul întreprinzător care rezistă concurenței este Ion Grigorescu care reușește să scoată cu puțin sub 1.000 de tone, încercând să continue exploatarea. Treptat, marile întreprinderi îl vor obliga să-și înceteze activitatea ca persoană particulară, acest întreprinzător parcurgând „calea clasică' a integrării în coloșii ce apăruseră la Moreni.

Încercările de extindere spre Nord și Vest, la Vârfuri, Ocnița, Vișinești nu reușesc din cauza cunoștințelor geologice limitate din vremea aceea privitoare la această zonă geografică. În schimb forajul în zona Ochiuri pare promițător și va face din această Schelă principala concurență a Șantierului Moreni la producția de petrol, cu toate că Buștenarii și Câmpina vor menține o producție ridicată. Statistica din anul 1914 menționează aceeași preocupare pentru săparea de sonde și părăsirea puțurilor71, precum și încercările unor societăți cu capital modest de a da la Moreni „marea lovitură'.

Pentru anul 1915, se remarcă creșterea producției realizate de „Steaua română' prin erupția violentă a sondei nr.6 și primul succes apreciabil al societății „Aquila franco-română' a cărei sondă, nr. 101, a dat în câteva luni

35.000 de tone ţiţei.

Începe să se simtă o mare lipsă de materiale şi unelte în condiţiile în care majoritatea se importau din străinătate, import imposibil în vremea războiului, fapt ce face ca producţia să scadă. Marile societăţi acceptă şi o restrângere voită a producţiei justificând cu lipsa de spaţiu pentru depozitare dar fiind foarte atente şi la evoluţiile politico-militare din Europa. Şantierul Moreni rămâne cel mai mare producător de petrol din toată ţara, relizând 44% din producţia totală a ţării iar „Astra-română' continuă să fie cea mai bogată în producţie72.

Numele şantierului	Prod. anuală în tone	PUTURI			SONDE		
		părăsite	în lucru	în prod.	părăsite	în lucru	în prod
Moreni	878.101	-	9	-	70	68	70
Buştenari	301.638	199	45	85	291	78	474
Câmpina	295.405	39	4	8	43	38	137
Gura Ocniţei	71.703	60	3	17	9	14	13

(Erupţie în zona Moreni)

În anul 1916, producţia este în scădere simţitoare.

Restrângerea continuă a activităţii de foraj, în ultimii doi ani, a pricinuit reducerea producţiei.

Intrarea României în război, chemarea sub drapel a unei părţi însemnate din personalul exploatărilor, dificultăţile de transport, au contribuit de asemenea la stagnarea producție73.

În primele șase luni ale anului 1916 producția totală a șantierului a fost de 416.663 tone, celelalte șantiere din zonă având producții nesemnificative.

În această perioadă, în zonă erau aproape 5.000 de muncitori, o cifră apreciabilă pentru timpul acela. Marea majoritate a personalului muncitor era de origine română, inginerii și funcționarii străini îndeplineau rolul de supervizori și reprezentau interesele adevăraților stăpâni ce se aflau la Londra, Paris sau pe continentul american. Șantierul Moreni rămâne visul multor români și nu numai, cu toate că personalul muncitor era recrutat de obicei din comunele apropiate. Semnificativ ar putea fi și aspectul că printre salahori nu e nici un străin, în schimb, inginerii străini reprezintă 28% din totalul celor cu studii superioare care lucrau pe Șantierul Moreni74.

Retragerea armatelor române în tot largul țării, între munți și Dunăre, este însoțită de distrugerile fatale. În urma cererilor făcute de Guvernul englez, susținut de celelalte guverne aliate, s-a decis distrugerea tuturor instalațiilor petrolifere din Prahova și din județele vecine.

Această distrugere s-a făcut după un plan sistematic și a fost condusă de colonelul englez G. Griffith. Sondele au fost astupate prin aruncarea și înțepenirea de obiecte de metal sau de alte tuburi mai strâmte în lumina lor. După aceea s-a dat foc tuturor instalațiilor externe: turnuri, rezervoare, rafinării75.

La Moreni au fost incendiate 10 rezervoare având între 250 și 1.000 tone. Printre rezervoarele distruse la Moreni de autoritățile române în retragere se poate menționa și unul cu o capacitate de 100.000 de tone care era cel mai mare din Europa76.

Toată Valea Prahovei era o mare de foc. Flăcările se înălțau ca limbi roșii și șerpuitoare spre cer și se întindeau la suprafața pământului umplând pâraiele de păcură ce se scurgea la vale. Nori groși și negri se ridicau deasupra flăcărilor, ei învăluiră întreaga regiune într-un zăbranic negru, atât de gros, încât întunecară lumina soarelui.

Trei zile de-a rândul, Valea Prahovei a fost cufundată în întuneric. Prin negura deasă se zăreau din când în când limbile de flăcări strălucitoare ale metalelor ce se topeau, iar trăznete și bubuituri anunțau prăbușirea ori aruncarea în aer a rezervoarelor pline. Prin mijlocul acestui groaznic tablou de Sodomă treceau cu greutate trenurile de transporturi militare, coloanele de trupe ori jalnicele convoiuri de refugiați.

În trei zile cea mai înfloritoare și bogată regiune industrială a țării noastre devenise o ruină jalnică.

În teritoriul părăsit de armată și administrația română s-au instalat germanii care au început organizarea teritoriului în vederea exploatării acestei zone, evident de pe poziția a ocupantului. La Târgoviște s-a instalat

Comandantul Etapei 226 al trupelor de ocupație de sub comanda maiorului Dietrich77.

Acest comandament avea în subordine județul Dâmbovița, inclus în districtul X al zonei de ocupație. În principalele centre economice, ocupanții au instalat comandamente locale78. (ex. Gura Ocniței, Moreni) iar în comune (Ocnița, Colibași, Dițești, Filipești) subunități cu efective mai mici, numite posturi de gardă79.

Îndată după instalarea sa, administrația militară germană a început febrile operațiuni de repunere în funcțiune a instalațiilor, a sondelor, a conductelor și rafinăriilor, a drumurilor de acces, a întreprinderilor distruse de specialiștii englezi în timpul retragerii române. Exploatarea și valorificarea zăcămintelor de țiței era de o importanță vitală pentru puterile agresoare, depinzând de el, însăși posibilitatea de a duce războiul. Așa se explică de ce, încă din primele zile ale invaziei, șantierele din Moreni și împrejurimi au fost invadate de maiștri și ingineri germani care prin ruinele fumegânde ale instalațiilor distruse căutau izvoarele prețiosului lichid. Cu această ocazie aveau să constate că cele mai afectate de distrugeri erau schelele din zona Moreni. Cea mai grea operație a fost destuparea sondelor care, la început, fusese considerată de unii specialiști ca imposibil de executat. Corpurile străine - linguri de sonde, tuburi de calibru mic, pietre, lemne, bucăți de fier - înțepenite în lumina sondelor, ajungeau uneori până la 600 de metri adâncime. Scoaterea lor se făcea cu ajutorul unor clești speciali; uneori era nevoie să li se determine forma cu ajutorul tiparelor de ceară și parafină, ca să poată fi apucate.

Pentru unele sonde operația curățirii a durat o săptămână-două, pentru altele câteva luni.

Multe dintre ele nu au putut fi destupate și s-a renunțat la punerea lor în exploatare80.

Un sergent român din regimentul 67 infanterie, evadat din captivitatea inamică, trecut la armata română declară că, pe 28 februarie 1917 a fost trimis cu un convoi de 300 de oameni, la Câmpina, cu trenul. Fiind repartizat la Moreni, a lucrat acolo la desfundare și punerea în funcțiune a sondelor petrolifere.

Sondele cu izvor mai puternic au fost desfundate în 10-15 zile încât la sfârșitul lunii martie la Moreni a avut loc o serbare pentru că a reînceput producția de petrol. Poliția e făcută în comune de un german și 2 români localnici și e foarte aspră; pentru orice lucru ascuns oamenii sunt amendați, închiși, bătuți.81

La Moreni sunt mulți soldați germani, aici tensiunea socială fiind și mai puternică. Pentru „nesupunere la ordine' și „refuz de muncă' au fost arestați numeroși locuitori printre care și Ion Șerban din Moreni82, Andrei

Pătrașcu din Dărmănești. Pentru motivul că „ ar fi lucrat în contra inamicului „ este arestat Ion Ristea din Moreni83 ca și profesorul Ion Agraru din aceiași localitate84 comercianții Dumitru Moreanu și Stan Moreanu au fost arestați „deoarece n-au procurat alimente pentru germani'.85

(Instrument cu petească, insfrumentație la o sondă în jurul anului 1920)

În intenția lor de a exploata pe scară largă țițeiul de la Schelele Moreni, Ochiuri, Gura Ocniței, ocupanții germani au adus o serie de utilaje perfecționate. Dar pentru ca acestea să poată fi transportate la Moreni trebuia construită o linie ferată îngustă. Proiectul întocmit de specialiștii germani prevedea ca linia ferată să fie construită într-o lună de zile. Cu toată insistența administrației de ocupație, construirea acesteia, datorită încetinelii cu care lucrau muncitorii români, a fost terminată în 5 luni.86

Dar abia construită, calea ferată nu a putut fi folosită deoarece au fost demontate mai multe șuruburi care susțineau tronsonii produsului de lemn de peste râul Cricovul Dulce, peste care trecea această cale ferată îngustă.

Din această cauză un tren de marfă încărcat cu materiale pentru schela Moreni, s-a prăbușit, iar podul, deteriorându-se și mai rău, a putut fi reparat abia după alte câteva luni.87

Așa cum se poate vedea, obiectivul numărul unu al ocupanților în zona Moreni l-a constituit exploatarea petrolului. Unitățile germane se străduiau să asigure, pe lângă buna funcţionare a utilajelor, concentrarea masivă a forţei de muncă şi a mijloacelor de transport. În acest scop, prin ordinul nr.585/17.02.1917 adresat primăriilor din perimetrul petrolifer al zonei, comandantul german al Etapei 266 dispunea ca „ ... pe lângă cantităţile de petrol deja rechiziţionate şi rechiziţionarea oricăror cantităţi ce s-ar extrage din noile sondaje sau din puţuri', precizând şi sancţiuni pentru neconformare.88

Prin aceleaşi dispoziţiuni, Comandamentul german ordona ca toată lumea, inclusiv femeile şi copiii între 12-16 ani, să lucreze şi duminica şi sărbătorile legale sub controlul soldaţilor şi consilierilor germani.89

Proprietarii de atelaje au fost declaraţi mobilizaţi, iar vitele lor rechiziţionate pentru nevoile de război.

De la Gorgota, Ochiuri, Ocniţa petrolul era transportat la rafinării cu atelajele locuitorilor, pentru fiecare comună existând o strânsă evidenţă a căruţaşilor care erau organizaţi pe coloane de transport, însoţite de santinele germane.90

Exploatarea terenurilor petrolifere din ţară a fost încredinţată unei organizaţii monopoliste creată în acest scop „Oellandereienpacht - Gesellschaft m.b.H' care grupa toate întreprinderile cu capital german din ţara noastră, în frunte cu „Steaua română'; s-au înfiinţat societăţi pentru exploatarea conductelor şi a transportului produselor petroliere.

Terenurile petrolifere ale satului, care fuseseră în trecut obiectul unor înverşunate dispute, au fost transferate societăţii noi create, cu dreptul de a le exploata timp de 50 de ani.91

La sfârşitul războiului, datorită capitalului german, societatea „Steaua română' a fost pusă sub sechestru. Cu această ocazie au fost întocmite rapoarte amănunţite privind pierderile suferite de concern în toate schelele.

Un astfel de raport format din 37 de file, cuprinzând distrugerile provocate la Moreni stabilite de Comisia de Expertiză aduse societăţii „Steaua Română' se păstrează la Arhivele Statului Prahova.92

Din studiul documentelor aflate în dosar rezultă că producţia zilnică a sondelor la Moreni şi Ţuicani varia între 566 şi 3117 kg, iar cantitatea de ţiţei în iulie 1916 aflată în rezervoarele societăţii se ridică la 2.168.727 kg.

La sfârşitul războiului toată această cantitate avea să fie trecută la capitolul pierderi. La Moreni societatea deţinea la începutul războiului un număr de 11 sonde, din care 6 în exploatare, iar 5 în curs de forare. După retragerea ocupantului, la sfârşitul anului 1918, acelaşi raport consemnează că din cele 11 sonde, 9 sunt înfundate. În continuare sunt înregistrate distrugerile la fiecare sondă în parte, piesele componente, ansamblele şi subansamblele lipsă, deteriorate sau distruse şi costul în lei al reparaţiei.93

Actele de expertiză făceau referiri şi la alte schele din zonă, stabilind categoriile de bunuri distruse şi sumele de bani necesare refacerii lor, sumele pretinse de proprietari ca despăgubire.

În actul întocmit de comisie firmei succesorilor lui Ioan Grigorescu la Schelele Colibaşi, se arată că instalaţiile au fost distruse în două rânduri: odată în cursul retragerii armatei române, la ordinul autorităţilor române, care au distrus 165 tone ţiţei, din care 90 provenind de la Roşca, şi a doua oară la retragerea nemţilor. La Colibaşi germanii au extras în perioada ocupaţiei 804.942 kg. ţiţei94.

Distrugerile suferite de schelele petroliere ale lui Henry van Saanen din Gura Ocniţei au fost stabilite de comisia judeţeană pentru evaluarea pagubelor prin hotărâre judecătorească la 18 dec.1920. Pagubele au fost provocate ca urmare a nefolosirii a 2 sonde şi 4 puţuri, distrugerea completă a unei sonde prin foc şi înfundare, cu o producţie de 2 vagoane pe lună şi 4 puţuri astupate, săpate la adâncimi diferite, incendierea a 75 tone de ţiţei înmagazinat în 3 rezervoare, etc. 95

(Gara Moreni)

Ca să reconstituim cel puţin în parte, în ce măsură a fost jefuit petrolul din judeţul Dâmboviţa de către ocupanţi, trebuie să amintim că, potrivit statisticilor, între 1916 - 1918, producţia de petrol a României ajunsese la circa 5.000 tone zilnic, iar judeţul Dâmboviţa se situa în acei ani pe locul II în ceea ce priveşte producţia medie pe ţară: cam 37,2% fără Moreni. 96

În 1917 germanii au scos din Moreni 224.350 tone, aproape jumătate din producţia totală de 461.491 tone. Activitatea desfăşurată de Administraţia germană a făcut ca în 1916, producţia să crească simţitor înregistrând

494.650 tone. În noembrie 1918, când trupele germane au părăsit teritoriul ocupat, Moreni aveau în producție 45 sonde și în foraj 37 sonde.97

Cu 1918 s-au sfârșit grelele încercări prin care trecuse poporul român în ultimii ani, fiind anul în care aspirațiile noastre seculare s-au împlinit cu jertfe și sacrificii imense.

BIBLIOGRAFIE

1. Ravaș, Gheorghe, „Din industria petrolului românesc', Editura de Stat pentru literatura politică, bucurești, 1955;

2. Buzatu, Gheorghe, „România și trusturile petroliere internaționale până la 1929', Ed. Junimea, iași, 1981, p. 80;

3. Solomon Pierre, „Romania românilor și petrolul românesc românilor', București, 1918;

4. Solomon, Pierre, „Donnees statistiques sur industrie du petrol en Roumanie', p. 273-277;

5. Ibidem, p. 278;

6. Dobrovici, Gheorghe, „Istoria dezvoltării economice și financiare a României', București, 1934, p.244;

7. Ravaș, Gheorghe, Ibidem, p. 87;

8. Stoica, Ion, Pagini de monografie școlară, Școala nr.2 Moreni - Schela Mare „Sirius', Moreni, manuscris, 1983;

9. Preda, Octavian, Schela Mare (?),materiale rămase în manuscris și care nu au fost puse la dispoziția autorului.

10. Travaux de la comission du petrole - vol. I, București, 1905, p.49-54;

11. Ibidem, p. 49-51;

12. Ibidem

13. Chivăran, Ioan; Negoescu - Bucur, „Moreni' Institutul de arte grafice „Răsăritul', București, 1926, p.111;

14. Alimășteanu, Ibidem, p. 278-282;

15. Ministerul Industriei și Comețului „Industria petrolului din România în 1908', București, Tipografia Curții Regale, Gobl și și fii, 1909, p.82-118;

16. Ibidem;

17. Travaux de la Comision de Petrol, vol. I, București, 1905, p.49-51;

18. Ibidem;

19. Alimășteanu, Ibidem, p.282;

20. Băicoianu, Constntin, „Monopolul petrolului în Germania în raport cu interesele petrolifere românești', Institutul de arte grafice „Eminescu' „Elisabeta', 6, Sărindar 7, București, 1913, p. 114-115;

21. Ibidem;

22. Chivăran, Ibidem, p.113;

23. Iscu, Victor, Regiunea petroliferă Moreni în „Petrolul românesc', anul I, Nr.

24. Ibidem;

25. „Petrolul Român', Anul II, nr. 2;

26. Ministerul Industriei şi Comerţului, „Industria petrolului din România', Tipografia curţii regale, F. Gobe şi fii, 19, 1909, p. 82-109;

27. În prezentarea cifrelor s-au comparat mai multe surse urmând ca cel care citeşte acest studiu să vadă şi anexele lucrării.

28. *** „Industria petrolului din România', 1909, p.82-109;

29. Moniteur du petrole:1907;

30. Anexa 1;

31. xxx Industria petrolului din România', Ibidem;

32. Băicoianu, Constantin, Ibidem;

33. Travaux de la Cimission du Petrol, Vol. I, Bucureşti, 1905, p. 57;

34. Alimăşteanu, Ibidem, p.282;

35. „Industria petrolului din România', Ibidem;

36. Ibidem, p.260-268;

37. Ibidem, p.270;

38. Anexa 2 travaux de la Comission du Petrol, vol. I, Bucureşti, 1905, p. 53-54;

39. Dumitrică, Florica, „date noi privind dezvoltarea industriei petroliere la sfârşitul secolului al XIX-lea şi începutul secolului al XX-lea în judeţul Dâmboviţa', în „Valachica', Târgovişte, 1969, p. 107-111;

40. Chivăran, Negoescu - Bucur, Ibidem, p.112;

41. Anexa 3, „Industria petrolului din România', p. 82-109;

42. Cratochvil Silviu Dan, Monografia oraşului Câmpina, Comitetul de cultură al judeţului Prahova, casa de cultură a oraşului, Câmpina, 1990, p. 81;

43. xxx „Istoria României în date', Editura Enciclopedică română, Bucureşti, 1971, p. 280;

44. Ibidem, p.291;

45. „Industria petrolului din România în 1908', p.82-109;

46. Ministerul Minelor, Petrolului şi Geologiei, „Muzeul republican al Petrolului Ploieşti', Bucureşti, 1980.

47. Cratochvil Silviu Dan, Ibidem, p. 81;

48. Ministerul Industriei şi comerţului, „Statistica mineră a României pe anii 1913-1914-1915/1916, Bucureşti, Tipografia Curţii regale, 1920, p.38-41;

49. Chivăran, Ibidem, p.119;

50. Ibidem;

51. Ibidem, p.121;

52. Monitor du petrole, 1909, nr. 26;

53. Anexa nr. 4 Statisitica minieră a României, p. 39-41;

54. Chivăran, Ibidem, p. 124;

55. Mihăiescu, Gabriel, Manolescu Constantin, Zăvoianu Ion, „Dâmbovița, ghid turistic al județului', Editura Sport-turism, bucurești, 1978, p. 31;

56. Culegere de documente privind răscoalele țărănești din anul 1907 în județul Dâmbovița, Târgoviște, 1977;

57. Băicoianu, Constantin, „Monopolul petrolului în Germania în raport cu interesele petrolifere românești', București, Institutul de arte grafice „Eminescu', 1913;

58. Ibidem;

59. ANEXA NR.5;

60. Chivăran, Ibidem, p.125;

61. Bucur, pleșeanu Emilia, „Din monografia orașului Moreni și a mișcării muncitorești', Moreni, manuscris, 1972;

62. „Roumania muncitoare', nr. 78, foi 14, III, 1913;

63. Ionescu, V.G., „Mișcarea muncitorească din Valea Prahovei, 1880-1921', Ed. Politică, București, 1971, p. 16;

64. „Sondorul', organul muncitorilor din petrol, Câmpina, 1913, p. 48-49;

65. „România muncitoare', nr. 20, joi 14 martie 1913;

66. „Organul Asociației Funcționarilor din industria română de petrol', Câmpina, 4 martie 1916, p. 10-11;

67. Chivăran, Ibidem, p.127;

68. Anexa Nr. 6;

69. Chivăran, Ibidem, p.127;

70. Ibidem;

71. Anexa nr. 7;

72. Anexa nr. 8;

73. Anexa nr. 9;

74. Anexa nr. 10;

75. Kirițescu, Constantin, „Istoria războiului pentru întregirea României', vol. I, Ed. Științifică și enciclopedică, București, 1989, p. 520;

76. Constntinescu, Șerban, Coroană, Radu, „Noi mărturii documentare referitoare la regimul de ocupație în timpul primului război mondial în Muntenia cu referire la județul Dâmbovița', în „valachica', vol. 10-11, Târgoviște, 1978-1979, p. 49.

77. Arhivele statului, Filiala Dâmbovița, Fond Prefectura Județului Dâmbovița, dosar 45/1917, fila 50;

78. Idem, „Fond Primăria orașului Târgoviște, dosar 6/1917, f. 16-19;

79. Idem Fond Prefectura județului Dâmbovița, dosar 45/1917, f. 34-39;

80. Kirițescu, Ibidem, vol. 2, p.293-294;

81. xxxMărăşti, Mărăşeşti, Oituz, Ed. Militară, Bucureşti, 1977, p. 70;

82. Deac, Augustin, Toacă Ion, „Lupta poprului român împotriva cotropitorilor 1916-1918', Editura Militară, Bucureşti, 1978, p.114;

83. Ibidem, p. 129;

84. Ibidem, p. 151;

86. Arhiva Institutului de studii istorice şi social-politice, fond Problema naţională, fond 3, dosar nr. 74, f. 30;

87. Ibidem;

88. Arhivele statului, filiala Dâmboviţa, fond Prefectura judeţului Dâmboviţa, dosar nr. 45/1917, f. 32;

89. Idem, dosar 40/1917, f. 32;

90. Angelescu, Dumitru, „Judeţul Dâmboviţa în timpul ocupaţiei germane din 1916-1918', în „Biblioteca Valachica', vol. 7, Târgovişte, 1975, p. 205-214;

91. Ravaş, Gh. Ibidem, p. 122;

92. Arhivele Statului Prahova, fond Steaua Română, dos. 19/1918;

93. Vlăsceanu, Georgeta, Niculăescu Mihai, „Date privind pierderile suferite de industria petroliferă a judeţului Dâmboviţa, în timpul primului război mondial' în „Valachica', vol. 10-11, Târgovişte, 1978-1979, p. 53-56;

94. Ibidem;

95. Arhivele Statului Dâmboviţa, fond I.C. Alexandrescu, dosar 98/1920, f. 13;

98. Chivăran, Ibidem, p. 129-130.

CAPITOLUL IV - ZONA PETROLIERĂ MORENI ÎN PERIOADA INTERBELICĂ

Primul război mondial a scos în mod limpede în evidență importanța extraordinară a țițeiului ca nerv principal al întregii activități economice și militare a puterilor mondiale.

Problema petrolului este o problemă vitală, deoarece de cel care avea mai mult petrol depindea cine va comanda industria, comerțul mondial, cine va comanda în viitorul război mondial.

Îndată după eliberarea țării de sub ocupația germană, o întreagă armată de oameni de afaceri și specialiști din toate țările „aliate' a năvălit în țară pentru a lua în primire vechile întreprinderi aparținând capitalului englez, francez, american, belgian, italian, etc.

Întreprinderile petroliere aliate, pe care ocupanții germani le trecuseră sub stăpânirea lor, au fost redate vechilor lor proprietari în starea în care se găseau. Rămânea să se cerceteze și să se evalueze pagubele suferite de fiecare întreprindere în parte, ca urmare a distrugerilor provocate în retragerea din 1916, pentru a se putea stabili despăgubirile ce urmau a fi plătite întreprinderilor.

Cu toate că, după cum s-a arătat în capitolul precedent, guvernul englez își luase obligația de a plăti despăgubiri pentru distrugerile efectuate în retragerea din 1916, totuși, când s-a pus chestiunea plății acestor despăgubiri, aliații au refuzat să recunoască dreptul statului român la despăgubiri reale, suma oferită urmând să fie scăzută din datoria de război pe care România o avea față de „aliați'.

O serie întreagă de întreprinderi cu capital românesc s-au desființat îndată după război. În 1919 s-a constituit societatea „Creditul Miner', înființată de un grup de aproape 100 de ingineri petroliști și geologi români ce a obținut concesionarea exploatării unor întinse terenuri petroliere ale statului la Moreni, Mărgineni, Gura Ocniței etc.

Sub auspiciile societății'Creditul Miner' s-au înființat apoi o serie de întreprinderi petroliere între care mai importante erau „Petrolul românesc' și „Petrolul Govora' care obțin concesiuni pe terenurile statului în zona Moreni-Gura Ocniței.

O întreprindere căreia statul îi rezerva un rol deosebit în acțiunea de exploatare a petrolului românesc era societatea „Industria Română de Petrol'.

Înființată în aprilie 1920 de către un grup de ingineri români sub auspiciile finanței liberale, societatea era destinată să pună mâna pe o parte însemnată din acțiunile societății „Steaua Română' care urma să fie preluată de la învinșii germani, încercare eșuată datorită interesului capitalului străin.

Tot cu capital în majoritate românesc s-a înființat încă din 1918 societatea „Petrol Blok' ce va avea strânse legături cu IRDP.

O altă întreprindere cu capital românesc era societatea „Revedența'. Înființată în 1918, încă sub ocupație germană, de către un grup de capitaliști români care colaborau cu ocupanții germani, societatea a fost reorganizată după război, în vederea dezvoltării afacerilor. Societatea a obținut terenuri petroliere în zona Moreni, a construit o rafinărie proprieși a participat la constituirea unor noi întreprinderilor cu capital românesc, societățile „Forajul' și „Păcura românească'.

O luptă concurențială deosebit de puternică s-a dat pentru a pune mâna pe întreprinderile petroliere, foste germane, care de drept trebuiau să intre în proprietatea statului român ca pradă de război. În joc erau unele din cele mai mari întreprinderi petroliere din țară: „Steaua Românească (ale cărei acțiuni aparțineau aproape în totalitate grupului „Deutsche Bank), „Concordia', „Volga', și „Creditul petrolifer' (care aparțineau grupului „Disconta Gesellsehaft' - „S Bleichroder'). În jurul acțiunilor deținute de germani a început după război o puternică luptă de culise între marile trusturi internaționale și în primul rând între „Standard Oil' și „Royal Detch-Shell', care urmăreau să pună mâna pe ele și să intre astfel în stăpânirea societății. În cele din urmă s-a stabilit o înțelegere potrivit căreia acțiunile societății petrolifere germane din România să fie împărțite în felul următor: 51% România, 24,5 % Anglia, 24,5 % Franța, dar prin manevre incredibile abia 1/5 din capitalul întreprinderii revine României.

Societatea „Steaua Română' a intrat sub controlul grupurilor financiare americane care depindeau de Rockeffeler, societatea „Concordia' a fost trecută în 1918, puțin înainte de capitularea Germaniei, sub controlul societății „Terra' din Elveția, care a preluat 98% din acțiuni, operație fictivă, trustul franco-belgian „Petrofină' controlând în fapt „Concordia' care în

1922 a absorbit prin fuziune societăţile „Vega' şi „Creditul petrolifer'.

Cele mai multe intreprinderi înfiinţate în primii ani de război provin de fapt din centralizarea capitalurilor existente. Într-o măsură mai restrânsă au fost create întreprinderi noi, pe bază de import de capital. Societatea „Unirea' a fost înfiinţată după acest model tipic, începând din februarie 1922 şi până în dec. 1922, vechile societăţi franceze „Columbia' şi „Alpha' se unesc şi formează societatea nouă sub numele „Colombia' care încorporează după 1920 „Aquila franco-română', etc. În 1920 apare, cu capital englez, societatea „Sospira' care a preluat vechile exploatări ale întreprinderii „Drăgăneasa', care avea terenuri petroliere la Vârful Drăgă-neşti. În scurtă vreme societatea şi-a dezvoltat activitatea într-o măsură considerabilă, ajungând să deţină concesiuni petrolifere de peste 21.000 ha, în Gura Drăgănesii, Cerveni, Valea Ursului, Filipeşti, Moreni.

În regiunea petroliferă Moreni, pe lăngă marile întreprinderi amintite, apar unităţi petroliere mici care vor fi subordonate marilor trusturi sau vor juca un rol minor în exploatarea zonei.

Ca urmare a lichidării capitalului german, repartizarea capitalului din industria petrolieră pe grupuri de capital s-a schimbat simţitor, cel mai numeros fiind cel anglo-olandez care în 1921 deţinea 44,3 %, urmat de cel franco-belgian 25,7%, românesc 24,3% şi american 5%.

Un rol însemnat în industria petrolieră morenară l-au avut prevederile Constituţiei din martie 1923 care stabilea principiul că „toate zăcămintele miniere de orice fel sunt şi rămân proprietatea statului.' În baza acestei dispoziţii a fost întocmită, în 1924, legea minelor, care înlătura cea mai mare parte a acestui excepţional articol prin precizarea că se recunoşteau „drepturile câştigate', cu alte cuvinte concesiunile acordate, până la apariţia legii „societăţilor străine deţinând în România peste 25.000 ha de rezerve, adică aproape totalitatea terenurilor petrolifere cunoscute până în prezent la noi'. De altfel, la închiderea discuţiilor asupra legii minelor, Tancard Constantinescu, autorul legii se simţea obligat să afirme: „Trebuie să mena-jăm capitalul străin, să-l facem să vină în ţară, să-i dăm posibilitatea să câştige mult, să-l punem în condiţii egale cu cel românesc, să-i acordăm toate menajamentele cu putinţă; să nu avem nimic contra lui nici noi, nici toate guvernele din Ţara Românească'.

Cu toate acestea, trusturile internaţionale, guvernele străine au intervenit energic în treburile interne româneşti, obligând introducerea în lege, la 6 dec. 1925, a unui aliniat nou, prin care se renunţa la principiul favorizării exclusive a capitalului românesc.

În baza legii minelor din 1924, statul a acordat numeroase permise de prospecţiune, dar regiunea Moreni, atât de bogată în petrol, nu mai interesa decât sub aspectul exploatării sigure. Ideea de a dispersa cât mai mult exploatările nu a fost încurajată în nici un fel, iar urmarea a fost că toate cererile de exploatare s-au grupat în jurul cererilor făcute de cele câteva societăți despre care se știe că executaseră lucrări serioase de prospecțiune.

Formalitățile de concesionare, de la cerere până la obținerea decretului regal, erau îndelungate, spre exemplu societății „Steaua Română' trebuindu-i 29 de luni pentru un teren din zona Dițești, soc. „Creditul Miner' obținea concesionarea în 1932 pentru un teren din Ghirdoveni- Mărgineni după 24 de luni, iar „Revedența' în 1934, obținea după 30 de luni o concesionare la Haimanale.

Concesionările nu respectau prevederile în spiritul legii, eludându-se prin „chichițe' avocățești, articole ce sprijineau politica națională de petrol a statului.

Astfel „Petrolul românesc' a obținut, în calitatea ei de întreprindere „curat românească', deci favorizată de lege, perimetre petrolifere de expolatare în suprafață totală de peste 800 ha., pe terenurile statului, la Moreni, Ochiuri, Piscuri, Viforâta, dar nedispunând de capital suficient, a cerut să se permită interesarea capitalului străin în exploatare. Cu alte cuvinte, firma „românească' era doar un simplu paravan, menit să camufleze interesele capitalului străin.

(Valea Bâscov)

Prin noua lege a minelor din 1920 se prevedea deplina egalitate între capitalul străin și cel românesc, fapt ce permitea marilor trusturi internaționale, cu mijloace financiare puternice, obținerea tuturor terenurilor cu potențial bogat în petrol, care erau scoase la licitație. Urmează o aprigă concurență între trusturile „Royal Dutch Shell', „Sospira', „Româno-Americană'; „Standard Oil' pentru a obține o parte financiara mai mare din petrolul românesc, pe atunci România fiind a 4-a mare producătoare de petrol din lume. Această concurență a mers atât de departe, încât a luat forme necunoscute în țara noastră. Semnificativ în această privință este incendiul sondei 160 Moreni care aparținea societății „Româno-Americană'. Istoricul acestui incendiu vestit a făcut înconjurul lumii întregi și a ocupat multă vreme primele pagini ale ziarelor.

- Focurile de la Moreni! Întâmplările din lumea petrolului capătă un caracter senzațional...

Valea Pâscovului a rămas celebră prin incendiile din zonă...La fel ca și platoul Țuicanilor... La fel ca și dealul Bana... La fel... Peste tot, de jur împrejur sonde, de toate vârstele și soiurile posibile - unele din lemn, înalte, suple, sistem „Rotary'; altele tot din lemn, joase, boante, greoaie, sistem „Alianța', altele metalice cu trei picioare, ca trepiedul unui aparat foto; altele cu două picioare, ancorate în cabluri, numite „masturi', în fine, altele, cele mai caraghioase, construite dintr-un singur picior metalic, ca un băț înfipt în pământ și o scară.

Focurile de la Moreni! Cel mai important centru al țării și totodată locul celor mai îngrozitoare incendii. Oare ar putea cineva să înșire toate sondele incendiate? Cărțile consemnează numai marile calamități. Însă focul ce avea să aducă celebritatea mondială Morenilor izbucnește în dimineața zilei de 28 mai 1929, la sonda 160 Româno-Americană. Sonda se afla cu sapa rotativă și prăjinile în plină activitate. Se fora la adâncimea de 1455 m, ajungând la cel de-al treilea strat al neoliticului. După ce s-au extras 23 de prăjini, se observă o mică erupție de noroi.

Era ora 9 dimineața. Oamenii nu pot monta însă dispozitivul de siguranță, căci viitura devenită puternică, îi împiedică să lucreze, se precipită să închidă celălalt dispozitiv de prevenire a erupției, dar filetele unor piese nu se potrivesc. Și de aici înainte se dezlănțuie stihia. Gazele și țiteiul izbucnesc cu violență și aruncă afară prăjinile si sapa. Acestea lovesc gemblacul sondei pe care-l proiectează la peste 200 m depărtare. Toată garnitura, în lungime de 662 m este aruncată în exterior, printr-o violentă erupție de gaz. Scânteile, provocate de ciocnirea elementelor garniturii, incendiază brusc sonda. La ora 9:30, când s-a produs explozia, turla masivă e proiectată în aer ca un cocoloș de hârtie.

Purtate de vânt, flăcările s-au întins cu repeziciune, cuprinzând și alte sonde, precum și patru rezervoare de păcură aflate în imediata vecinătate.

„La un moment dat - scria ziarul „Universal', într-o corespondență specială din 30 mai - platoul Țuicani părea o mare de limbi de foc care amenința să cuprindă, din clipă în clipă, tot ce mâna omenească a clădit pe aceste meleaguri. Cu forțe unite, localnicii, muncitori, specialiști, au reușit să localizeze incendiul. Spre seară, ardea la fel de vijelios, numai sonda 160: „Se apreciază a fi un foc de lungă durată' încheia „Universul' corespondența sa. Într-adevăr, incendiul sondei 160 a durat până la 10 0ct,1931. A pricinuit mari pagube materiale. Despre incendiul de la Moreni a aflat întreaga lume. Au început să curgă de peste tot, de prin țări străine, gazetari, fotografi, până și cineaști de la Hollywood (oare unde or fi aceste documente?!) și tot felul de curioși. S-au consumat aici multe kg de peliculă, milioane de clișee fotografice, vagoane întregi de hârtie și râuri de cerneală.

Numeroși tehnicieni din țară și din străinătate au avansat propuneri de stingere. Soluțiile lor au fost aplicate pe rând sau concomitent.

Prima încercare a aparținut fraților Andreescu din Târgoviște. Aceștia au început, la 2 iunie, lucrările de montare, la gura sondei, a unui aparat conceput de ei. După o lună, la 8 iulie, aparatul „Andreescu', a fost aruncat de violența erupției, obligând autorii să renunțe pe moment la o nouă încercare.

Societatea proprietară a optat atunci pentru aplicarea metodei clasice, folosite în străinătate și probate cu succes la stingerea incendiului de la sonda 1 Pleașa - Moreni, din septembrie 1925. A fost aleasă o cale de atac indirect, prin învăluire și anume: săparea unei galerii subterane până în dreptul coloanei, unde să se reteze afluxul de gaz către colosul de flăcări. Ca să sape tunelul la o adâncime de 30 m, oamenii lucrează goi până la brâu, răcoriți de un curent de aer. Galeria nimerește însă alături de țintă. Al doilea tunel săpat sub primul face explozie. Victime: 5 muncitori și 2 ingineri. Al treilea tunel e de acum o adevărată galerie de mină: lungimea 242 m, 60 m adâncime. Se lucrează cu 4 ventilatoare. Din nou o explozie teribilă, care ucide 3 lucrători și 2 ingineri.

În urma acestor nereușite, Ministerul Industriei a dispus numirea unei comisii, care să studieze și să aplice cele mai indicate metode de stingere. Între timp, societatea proprietară a conceput și executat, în atelierele sale, un „captator' de gaze numit „Potcoava', prevăzut cu două coșuri metalice pentru devierea gazelor. La 20 ianuarie 1930, se încearcă fixarea acestei potcoave la gura puțului. Tentativă nereușită nici după mai bine de o lună de zile.

Inginerul V. Lazăr, Președintele comisiei ministeriale, are o altă idee; perforarea coloanei cu o freză-burlan prin care să se devieze erupția la adâncime. Dispozitivul respectiv a fost încercat la 27 mai 1930, în prezența numeroșilor „excursioniști' veniți de la mari depărtări să admire coloana de flăcări şi fum care, şi după un an de la declanşare, ardea cu aceeaşi intensitate. Şi această încercare a eşuat.

În lunile următoare, s-a adoptat propunerea unor specialişti americani: aceea de a se pompa barită. S-a încercat inundarea stratului petrolifer cu noroi de sondă, pentru înfrângerea erupţiei. Eforturi zadarnice. S-a mai încercat montarea unui

„clopot' cu ajutorul căruia să fie captate gazele. În luna august 1931, doi ingineri americani au făcut mai multe dinamitări la gura puţului. Din nou fără rezultate. În urma acestei intervenţii nereuşite şi neinspirate, la gura sondei s-a format un crater impresionant, cu diametrul de 30 m, făcând imposibilă apropierea.

Alte şi alte încercări, efectuate în timp, au propus retezarea coloanelor sondei complicând şi mai mult situaţia.

Cu timpul, aşa cum s-a întâmplat cu orice eveniment, localnicii s-au obişnuit şi cu zgomotul şi cu lumina. Cu timpul i-au găsit şi întrebuinţări folositoare. În toamnă, odată cu răcirea vremii, şomerii fără posibilităţi de locuinţă, au început să-şi încropească colibe. În câteva săptămâni s-a format o adevărată colonie care şi-a atras o denumire proprie „Flacăra' luată în evidenţă şi de autorităţi.

În plus, aceşti nevoiaşi ai vremii, puteau să se hrănească gratuit. Raţele şi gâştele sălbatice, atrase de lumina puternică, se apropiau prea mult de focul nimicitor şi ajungeau pe pământ, gata fripte. Focul de la Moreni a atras numeroase comentarii, unele de un sarcasm cum este prezentat acest eveniment în viziunea lui George Topârceanu: „Focul de Moreni e cel mai venerabil incendiu din Europa. Totuşi acest Matusalem al nostru e încă verde, se ţine drept ca o lumânare şi dacă i s-ar îngădui să se dea pe lângă vreo sondă re, ar fi în stare să facă pui.

Guvernul a instituit pe lângă Focul de la Moreni o comisie permanentă de oameni serioşi, care veghează să nu i se întâmple nimic rău. Dar cum românul se naşte pompier, nenumăraţi cetăţeni de prin toate unghiurile ţării îşi bat capul să născocească vreun mijloc prin care să atenteze la existenţa lui. Se zice că un domn grefier, având toată ziua şi toată noaptea Focul de la Moreni în cap, a propus autorităţilor să vâre pe gura sondei aprinse un şomoiog de ţiţei, îmbibat în oţet aromatic; iar un părinte călugăr, în care nimeni nu bănuia că dormitează un pompier de rasă, s-a oferit să-i citească la cap o molitvă... Dar aceste mijloace patriarhale, cu care altădată orice foc se stingea la sigur, nu mai au nici o trecere pe lângă incendiile din zilele noastre. S-a stricat lumea şi s-a păcătoşit. Focul de la Moreni, după părerea mea, nu mai poate fi potolit astăzi decât prin persuasiune. Ar trebui să-l luăm pe departe, cu vorbă bună să-l convingem c-a ars destul, că ne vede lumea şi că e ruşine să se mai dea în spectacol.

(Sonde în erupție)

Ar fi însă păcat să rămânem fără el, căci Focul de la Moreni a început să facă parte din peisajul țării noastre.

Călătorii din trenurile care se abat noaptea de-a curmezișul câmpiilor întunecate ale Munteniei spre strălucirea Capitalei priveau cu spaimă, la început, în zarea Bucegilor, răsfrângerile imobile și roșii ale acestui pârjol modern, ca printr-o ocheană întoarsă spre nopțile de groază din vremea nu tocmai depărtată când dădeau tătarii-n țară.

(Tunel de stingere și captare la sonda 298AR)

Acum nimeni nu se mai sperie. Născut și crescut în țară, neaoș ca o înjurătură aruncată admirativ progresului tehnic abătut pe plaiurile lui Tugomir Basarab, Focul de la Moreni s-a încrustat în obișnuințele noastre și a devenit pentru străini culoare locală, ca o datină străbună.

Diamant uriaș arzând în inima țării, piatră scumpă cu lumini schimbătoare, văpaie de rubin în faldurile nopții și floare de topaz în purpura dimineții, flacăra lui, înaltă și dârză, în chip de morcov cu durități albastre de metal în miez și moliciuni galbene de petale în vârf, fulgeră îndelung atmosfera virgină din apropierea brazilor, ca o nouă impulsie arteziană și fierbinte a geniului nostru național.

Câtă vreme să fi trecut oare de când primele sonde au sfredelit țărâna pietroasă a Prahovei, făcând să țâșnească din bezna subsolului având izvoare impetuoase de întuneric lichid? Și iată, cu ajutorul lui Dumnezeu, am izbutit să realizăm la fața locului o mândrețe de incendiu național, înaintea căruia străinii rămân cu gurile căscate.

La drept vorbind, Focul de la Moreni aduce și oarecare câștig, încălzind regiunea la vreme de iarnă și atrăgând pe Valea Prahovei sute de vizitatori străini.

(Erupţie)

Dar aceasta este prea puțin.

Gândiți-vă numai ce chilipir ar fi fost pentru elvețieni să aibă ei, la ei acasă, Focul nostru de la Moreni. Ce hoteluri somptuoase ar fi răsărit în preajma lui ca din pământ, ce ascensoare, ce funiculare, ce trenuri electrice! Încăput pe mâna unui consorțiu italian - „Societatea del Fuoco di Moreni', sau englez „The Fire of Moreni Company Ltd.' - focul nostru prahovean ar fi ajuns până acum să nu-l mai cunoști, să crezi că ai a face cu cine știe ce foc de viță nobilă de pe vreme cruciaților, care în viața lui nu a semănat la culoare cu mămăliga și n-a urlat la stele ca un câne ciobănesc, care cobește tot a pagubă. Amenajat, sclivisit, scos ca dintr-un institut de frumusețe, el ar fi fost dresat până acum să scoată numai note, ba poate chiar nici să te frigă când te apropii de el.

Într-adevăr, ce nu s-ar putea face când ai la dispoziție asemenea foc!

O reclamă bine întreținută, cu fotografii și prospecte, cu emisari răspândiți în toată lumea, ca să momească turiștii, și mai ales cu articole alarmante prin gazetele noastre și cele străine (că nu degeaba avem atașați de presă), ar atrage necontenit atenția Europei asupra dezastrului care ne-a lovit.

Când ar simți că dezastrul cam amenință să se potolească, societățile petrolifere din Valea Prahovei, înțelegându-și interesul, ar pune mână de la mână contribuind cu benzină, fiecare cu cât poate, la întreținerea acestei catastrofe luminoase. Un sistem de conducte subterane bine dosite, cu debit mai mare sau mai mic, după sezon și împrejurări, ar alimenta pe furiș incendiul, punându-l la adăpost de orice surpriză. Să presupunem acum că un personaj de marcă se îndreaptă spre țara noastră. Imediat un emisar de-ai noștri ar telegrafia Direcțiunii incendiului (sau la rigoare actualei comisiuni, care se ocupă cu el): „Mâine sosește regele Alfonso, incognito. Întețiți focul'.

Și ce bănet ar curge pe Valea Prahovei! Câți americani doldora de dolari și câte americance amatoare de senzații tari n-ar veni să se prăjească nopți întregi la focul nostru românesc.

Dar englezoaicele? Când ar face cunoștință englezoaicele cu ciobanii noștri din partea locului, nici n-ar mai vrea să mai audă de elvețieni, de napolitani și de alte focuri tocite la contactul cu civilizația. Și în scurtă vreme n-ai mai prinde un cioban pe Caraiman; toți s-ar coborî să dea târcoale cu turmele numai pe lângă sonde. Și fiecare englezoaică s-ar întoarce acasă cu miros tare de jitniță în nări și cu câte o fotografie de cioban în poșetă - „Cioban of Romania'... Of! A oh!

Dar toate aceste nu sunt decât un vis. Visul unui patriot pe care îl doare inima când vede cum, după ce ne-a pus Dumnezeu mâna în cap cu acest foc, noi îl lăsăm să se stingă de la sine și să se prăpădească astfel un izvor de bogăţie naţională...'.

În cele din urmă, probabil din cauza unor surpări produse în adâncimea stratului de nisip, sonda s-a stins de la sine, la 10 octombrie 1931.

Cauzele incendiului n-au putut fi stabilite cu precizie. Oficial s-a declarat că incendiul ar fi izbucnit din cauza unei scântei care s-ar fi produs în timpul erupţiei, prin ciocnirea unei pietre de părţile metalice ale sondei. Ziarele scriau însă fără ocol că incendiul fusese provocat. Se constată că focul a fost declanşat de o mână sabotoare.

Făptuitorul, un oarecare Frank Henings, un agent al lui Standard Oil, a intrat în istoria petrolului. Oricât ar părea de straniu, deşi sonda aparţinea trustului american, aceasta avea tot interesul să menţină incendiul care distrugea, de fapt, zăcămintele trustului englez „Royal Duch'.

Criza economică a avut urmări interesante pentru industria petrolului în general, şi pentru zona Moreni în special. Ca urmare a crizei şi a concurenţei, uneori sălbatice preţurile produselor petroliere scad cu aproape un sfert, în schimb producţia creşte în mod constant. Astfel, dacă la începutul crizei de pe proprietăţile particulare de la Moreni se extrăgeau 523.964 tone, în 1930 producţia ajunge la 903.178 tone. Mai interesantă apare situaţia de pe proprietăţile private de la Gura Ocniţei, unde în 1930 nu se extrăgea nici o tonă de petrol, ca peste 2 ani producţia să ajungă la 1.243.116 tone. În schimb pe proprietăţile statului ajungea în 1929 la 1.029.431 tone, după o creştere semnificativă anul următor, ajunge în 1932, la numai 952.404 tone. Fenomenul este contradictoriu şi la alte schele. Schela Colibaşi-Reşca nu mai producea în anul 1932 nici o tonă de ţiţei, la fel ca şi Schela Malu Roşu din Ocniţa. Schela Gura-Ocniţei cunoaşte în schimb creşteri semnificative şi pe proprietăţile de stat ajungând la 1.810.461 tone în 1932, de la numai 769.518 tone în 1929.

O încercare de restrângere a producţiei în vederea stăvilirii preţurilor a fost făcută în anul 1930 prin încheierea unei convenţii între 18 mari întreprinderi.

În baza acestei convenţii, societăţile au trecut la restrângerea producţiei şi la concedieri masive. Convenţia a fost însă denunţată de „Steaua română' după numai 4 luni de la semnare. Au dispărut, e drept, societăţile mici, în timp ce, spre exemplu, „Concordia' Schela Mare şi-a sporit activitatea construind o mare termocentrală, o mare debenzinare ce întrecea pe toate celelate din regiune, alte două enorme staţii de compresoare, parcuri mari de rezervoare, staţii de pompare, clădirea unui luxos cazinou, etc. Societăţile aduceau mereu echipamente pentru foratul sondelor, din cele nou apărute, Oli Well şi Westinghouse.

Aşadar perioada marii crize mondiale s-a manifestat în regiunea Moreni. Într-un mod contradictoriu, reflectat în viaţa economică, socială, a locuitorilor.

(Oprirea unei sonde în erupţii în 1930-1935, instalaţie de prevenire şi captare)

Ca urmare a scăderii preţurilor prin sporirea neaşteptată a producţiei s-a ajuns la o asemenea situaţie că din anul 1931 trusturile petroliere americane găseau mai convenabil pentru ele să aprovizioneze chiar piaţa americană cu produse aduse de la mii de km., din România.

În urma tratativelor duse la Paris în 1929, România a aderat la „acordul pentru conservarea zăcămintelor de ţiţei'. Potrivit acordului, producţia de ţiţei a României trebuia să fie redusă cu începere de la 1 ianuarie 1933 cu 30% zilnic, 25% din muncitori trebuiau concediaţi iar salariile celor rămaşi trebuiau reduse la jumătate., fapt ce va determina apariţia unor puternice mişcări sociale.

În industria petrolieră din ţara noastră, criza economică a avut ca urmare disparţia a numeroase întreprinderi mici şi mijlocii şi concentrarea producţiei la marile întreprinderi. În felul acesta producţia de ţiţei a României a sporit până la 8.703.497 tone în 1936, când a atins cel mai mare nivel, aportul societăţilor din Moreni-Gura Ocniţei şi împrejurimi fiind hotărâtor.

După 1933 în România reapare capitalul german care sporeşte de la 3,4% până la 15,6%, în 1938, cu consecinţe în special în domeniul politico-militar care nu fac obiectul prezentei lucrări.

Se realizează colaborări monstruoase între trusturi care aprțineau statelor adversare în război (ex. „Standard Oil' -'I.G. Farbenindustrie' își reîmpart sferele de influențe) dar petrolul continuă să fie extras din zona Moreni, fapt ce plasează regiunea într-o situație specială în lume. Petrolul din Moreni și împrejurimi mai reprezintă un pion principal în politica mondială a celui de al doilea război mondial, așa cum s-a întâmplat și în timpul primei confruntări mondiale.

În noiembrie 1918, când trupele germane au părăsit teritoriul ocupat, Morenii aveau în producție 45 de sonde și în foraj 37. Începând cu anul 1919, refacerea gospodăriei țării, pustiită de urgiile războiului și ale armatei de ocupație, ocupă un loc prioritar8.

Din cauze diferite, activitatea în schelele petroliere stagnează. Materialele de foraj nu se puteau aduce din străinătate, astfel că nu se puteau pune noi sonde în lucru. transporturile se făceau anevoie, dată fiind lipsa de material rulant a căilor ferate; exportul de asemenea se făcea cu multă greutate, fără să mai vorbim de pretențiile mereu crescute ale muncitorilor care, prin greve repetate, încetau lucrul cerând sporiri de salarii.

Înainte de acel 13 decembrie 1918 din capitală, muncitorii din Moreni, alături de muncitorii din alte schele au declarat grevă de o zi cerând îmbunătățiri ale condițiilor de viață. Greva a continuat și a doua zi, 9 decembrie, în schelă având loc mari adunări și întruniri prin care muncitorii insistau să fie satisfăcute cererile (reducerea zilei de lucru, o mai bună aprovizionare, etc.). Numărul participanților la aceste manifestări a fost apreciat în presa vremii la aproape 7.000 de lucrători9. anterior, la 2 decembrie 1918, muncitorii de la schelele petrolifere din Câmpina, Moreni și Ochiuri au declarat grevă de o zi. De teamă ca greva să nu se extindă, întreprinderile au acceptat să aprobe o parte din revendicările muncitorilor.

Prin această acțiune de luptă în fruntea căreia s-au găsit socialiștii: Ion Neagu, Ion Sion, Constantin Ambrozie, I. Jipa și alții10, muncitorimea de la Moreni, Ocnița, Gura Ocniței și Schela Mare au cucerit câteva revendicări importante: reducerea zilei de lucru la 8 ore, majorarea salariilor, recunoașterea organizațiilor muncitorești ș.a.

Timp de un an, între muncitori și patroni a fost o situație încordată. Conflictele anului 1919 din întraga regiune se vor încununa cu organizarea la Moreni a secției partidului Socialist unde Petre Georgescu și C. Ambrozie fac expuneri amănunțite despre programul partidului. Darea de seamă despre situația morală și materială a secțiunii partidului Socialist din Moreni s-a ținut la 17 iulie 1919. Din darea de seamă rezultă următoarele:188 de membrii înscriși, 100 de membrii la zi cu cotizația, 4 abonați la „Lupta Socialistă', 200 broșuri diferite vândute pentru propagandă în județul Prahova. Venitul material rezultă din cele 188 cărți de membru, 681 de cotizații de 1 leu, 10 cotizații cu 2 lei, 8 cotizații cu 5 lei, remiza de 20% de la serbarea dată de organizația secțiunii partidului11.

La sfârșitul anului ia ființă și U.T.S. care va avea o bogată activitate politică și culturală sub îndrumarea vârstnicilor12.

De la 17 iulie când s-au pus bazele secțiunii socialiste de la Moreni și până la sfârșitul anului, s-au creat subsecțiuni în comunele: Valea Lungă Cricov, V.L. Gorgota, Vișinești, Gura Ocniței13 ș.a. ceea ce a contribuit la creșterea popularității și rolului mobilizator al Partidului Socialist.

În lunile iulie-august, când scumpirile și criza de alimente s-au resimțit cel mai mult, în zonele petroliere s-a declanșat o nouă grevă care, așa cum apreciază presa vremii, a cuprins pe toți petroliștii și a fost „cea mai mare din câte s-au produs până acum în țară"14. Această grevă, care a cuprins pe toți petroliștii, s-a desfășurat de fapt în două faze. Prima, între 21-25 iunie, când începându-se tratativele și având promisiuni că cererile lor vor fi rezolvate, muncitorii au reluat lucrul. Faza a doua a durat de la 27 iunie și până la 20 august 1919. În câteva zile schelele petrolifere din Gura Ocniței, Moreni, Ocnița, etc. și-au încetat activitatea, peste 21.000 de muncitori au intrat în grevă15.

În fruntea muncitorilor se aflau Alex. Dunăreanu, Dumitru Aricescu, Constantin Mănescu (Moreni)16. Important de reținut că în afară de revendicările de ordin economic pe care le-au obținut, greviștii au cucerit recunoașterea consiliilor muncitorești, ceea ce înseamnă un succes aparte al luptei lor.

Vara anului 1919 se mai caracterizează și printr-o lărgire a mișcării sociale de tip sindical. Sub influența succeselor obținute de petroliști, numărul membrilor din sindicatul muncitorilor sondori de la Moreni a crescut în septembrie la 2.000 de persoane17. Până în noiembrie 1919, când s-a constituit Consiliul general al Partidului Socialist al Sindicatelor, Secțiunea socialistă din Moreni avea în evidența sa un număr de 2.100 muncitori industriali și agricoli, reprezentând nu numai o importantă forță politică, ci și o atracție pentru locuitorii așezărilor vecine18. La 16 noiembrie 1919, la Ploiești, s-a deschis conferința de constituire a Federației Socialiste din Prahova, la care au participat 43 de delegați. În comitetul de conducere al Federației au fost aleși și reprezentanți ai secțiunii de la Moreni: Ștefan Urlățeanu, I.V. Dorobanțu și Adrian Georgescu19. Delegați ai muncitorilor din Moreni participă în zilele de 7-8 martie 1920 la Congresul muncitorilor din industria petroliferă care a avut loc la Câmpina, cu care ocazie se hotărăște constituirea „Uniunii muncitorilor din petrol'20. Crearea acestui organism a avut o mare însemnătate în pregătirea grevei generale din octombrie 1920 și în demascarea „sindicatelor naționale' create de organele locale cu scopul de a exercita „o intensă acțiune de contrapropagandă'.

(Muncitori greviști)

Un asemenea sindicat a apărut și la Moreni, dar a avut o scurtă existență (3 iunie-31 octombrie 1920)21.

În aceeași lună, martie 1920, clubul socialist de la Ochiuri cuprindea 500 de muncitori industriali permanenți și 300 de țărani și muncitori agricoli, iar cel din Moreni - 1.040 de muncitori industriali permanenți și 260 de țărani și muncitori agricoli22.

În lunile aprilie și mai, se organizează la schela Mare (Gura Ocniței), în casa Dumitrei Ghiță Popa intruniri săptămânale la care participă și muncitori din Ochiuri și Moreni, prin care se pregătesc grevele muncitorilor din această regiune petroliferă23.

La 8 mai 1920, 57 de membri ai organizației Partidului Socialist din comuna Vișinești, propuneau comisiei electorale centrale județene candidaturile lui Gh. Cristescu, Ion Sion, Dumitru S. Aricescu (din Moreni) pentru Adunarea deputaților.

Alți 26 de socialiști din Vișinești declarau candidaturile lui Alex. Dobrogeanu (Gherea), Gheorghe Hampel (din Gura Ocniței) pentru senatul României.

Deși propunerile erau însoțite de certificatul eliberat de Primăria comunei Vișinești, prin care se atesta înscrierea propunerilor pe listele electorale, tribunalul a respins inițial candidaturile, sub pretextul unor vicii de formă24.

Cu privire la rezultatul alegerilor, documentele au păstrat numai puține date, cert este că Alexandru Dobrogeanu-Gherea a fost ales ca deputat de Prahova, sprijinit fiind și de socialiștii morenari25.

În zona Moreni-Gura Ocniței, precum și în comunele apropiate, ideile socialiste erau răspândite de numeroși militanți din care amintim pe Gheorghe Cristescu, viitor secretar general al P.C.R., Dumitru Aricescu, maistru sondor la Moreni, Dumitru Ghiță Popa din Gura Ocniței, Gheorghe Marinescu și C. Ambrozie din Moreni, etc.26.

În luna iunie 1920, au loc câteva greve la schelele petrolifere din județ, care se încheie prin mărirea salariilor. Pentru aplanarea grevei de la Gura Ocniței, vine de la Amsterdam însuși directorul administrativ al societății „Internaționala românească"27.

În luna iulie, muncitorii schelelor din Gura Ocniței, Ochiuri, Moreni, Ocnița sunt în fierbere.

Conducerea societăților petrolifere încearcă să producă sciziuni în rândul muncitorilor, să împiedice izbucnirea simultană a grevelor în toate schelele. Au loc greve spontane, se organizează întruniri, se reorganizează activitatea sindicală, se poartă tratative cu conducerile societăților28.

Principalul rezultat al grevei din iulie 1920 de la „Internaționala română', Gura Ocniței, a fost sporirea salariilor, fapt menționat în monografia schelei, redactată în septembrie 1921, de inspectoratul muncii din Târgoviște29.

Proiectul declarării unei greve generale în zona Moreni-Gura Ocniței formează obiectul unor corespondențe ale prefectului cu Ministerul de Interne și cu organele subordonate din teritoriu30. Ziarul „Socialismul' din data de 1 octombrie 1920, menționa că sute de sonde din Moreni nu funcționează și producția este sub jumătate din normal din cauză că greva de la Uzina electrică din Câmpina durează deja de 13 săptămâni.

Ideea grevei generale care circula în vara anului 1920 printre muncitorii din zonă s-a dezbătut mai pe larg în ședința Consiliului general al Partidului Socialist. Deși în această perioadă în întreaga țară exista un adevărat tumult revoluționar, deși Partidul Socialist și sindicatele reprezentau o mare forță politică și organizatorică, totuși, datorită poziției unora dintre elementele reformiste, muncitorii n-au fost pe deplin informați și educați în sensul unei acțiuni comune și unice de mare amploare revoluționară.

Momentul începerii grevei generale în județul Dâmbovița este considerat ca fiind ziua de 21 octombrie, la ora 5 dimineața, când „muncitorii au părăsit lucrul în liniște după ce au dat concursul pentru paza instalațiilor și a atelajelor (Schela „Internațională Gura Ocniței')31. „Lupta socialistă' din

Ploieşti (care circula în toate schelele petrolifere din jur) anunţa la 21 octombrie 1920: „Acum toţi petroliştii sunt în grevă generală şi încă de la miezul nopţii o mare linişte s-a aşternut peste toată Valea Prahovei'32.

Din analiza datelor şi documentelor existente rezultă că în judeţul Dâmboviţa greva generală a durat mai mult ca în alte centre industriale, dar şi aici s-a terminat cu aceleaşi slabe rezultate ca şi în restul ţării. La Moreni, unde îşi desfăşura activitatea un puternic Sindicat petrolist, sosesc muncitori din toate schelele din zonă. Aici ei află că s-au făcut arestări, s-au devastat sediile sindicale, s-au făcut presiuni asupra conducătorilor sindicali33.

Din statistica făcută de inspectorul muncii, la unităţile petrolifere, au fost în grevă, în primele zece zile, un număr de 1.011 lucrători34, greviştii dovedindu-se a fi foarte rezistenţi, greva durând peste 10 zile la anumite societăţi. Dacă greva generală a încetat în mod oficial la 28 octombrie, lucrul nu a fost reluat în mod normal. Există încă o stare de „grevă pasivă', muncitorii manifestând „o atitudine de răceală faţă de dispoziţiile primite'35.

În timpul şi după înfrângerea grevei, principalii conducători ai mişcării sociale au fost arestaţi şi deferiţi tribunalelor militare pentru a fi condamnaţi. Conducătorii muncitorilor petrolişti din Moreni şi împrejurimi au fost trimişi în faţa „Tribunalului civil' din Ploieşti, procesul desfăşurându-se la sfârşitul anului 1920 şi la începutul anului 1921.

În acest timp, la Moreni s-a alcătuit un comitet de acţiune care a adunat peste 1.500 de semnături pe un protest care a fost înaintat tribunalului36.

După înăbuşirea grevei, represiunile s-au îndreptat mai ales împotriva conducătorilor greviştilor, care sunt concediaţi şi care cu greu reuşesc să se mai angajeze. Totodată, în scurt timp, se reuşeşte decapitarea organizaţiilor muncitoreşti şi deci dezorganizarea pentru un timp a activităţii sindicatelor. În acelaşi timp se radicalizează activ Partidul Socialist unde ideea transformării acestuia în partid comunist se conturează tot mai pregnant.

La congresul general al Partidului Socialist din 8-13 mai, ca urmare a orientării pronunţat comuniste şi a organizaţiei socialiste din Moreni, se hotărăşte crearea P.C.R. şi afilierea la Internaţionala a III-a. Printre cei care votează în acest mod se numără şi delegatul din Moreni, Dumitru Aricescu, care a criticat activitatea de până atunci a partidului, el fiind printre cei arestaţi de Siguranţa statului.

Măsurile de ordin social, economic dar şi politic fac în aşa fel, încât după 1921 mişcarea muncitorească din Moreni să cunoască un recul evident, ea revigorându-se în timpul marii crize economice din 1929-1933.

Conflictele sociale deosebit de active până în toamna anului 1920, situaţia grea rezultată în urma pustietorului război a determinat o stagnare economică pe şantierele petrolifere din Moreni.

Dacă în finalul războiului la Moreni se produceau 494.650 tone, cu puţin inferioară celei din 1916, în 1919 producția este cu mult mai scăzută situându-se la 285.955 tone, produsă în 9 șantiere din Moreni37. De altfel nici celelalte șantiere din țară nu au înregistrat producții mari, numai Băicoiul reușind 127.989 tone, care nu reprezintă nici jumătate din producția Schelei Moreni. Perioada de refacere este mai rapidă pentru Buștenari și Băicoi, unde nici mișcarea socială nu ia amploare, fapt ce permite acestora să producă în 1920 mai mult petrol decât Schela Moreni, în condițiile în care producția se dublează față de anul precedent, ajungând la 477.647 tone.

La finele anului se aflau în Moreni 63 de sonde productive și 40 în lucru38.

În sfârșit, cu anul 1921, Morenii reia locul de frunte între șantierele productive ale țării. În acest an producția a fost de 516.454 tone, participând cu 44% la producția totală a țării. Cele mai semnificative rezultate sunt obținute pe proprietățile particulare, unde se obțin 63,2% din producția șantierului Moreni. Între timp, Schela Colibași-Reșca nu extrage decât 265 de tone, dovadă a epuizării treptate a resurselor cunoscute, precum și a scăderii interesului pentru această regiune.

La Schela „Malu-Roșu' de la Ocnița nu se extrage încă petrol, același lucru întâmplându-se și pe proprietățile particulare de la Gura-Ocniței. Pe proprietățile statului de la Gura Ocniței se extrăgeau 51.696 tone ceea ce reprezintă 31,4% din totalul producției județului Dâmbovița.

Suntem încă departe de o refacere totală a instalațiilor și o intensificare a producției, dar plusul înregistrat an de an permite Moreniului să realizeze producții ce-l impun în atenția marilor societăți din întreaga lume39. În fapt șantierele din Moreni își sporesc contribuția la producția de petrol a țării, în 1922 se obțin 44,6% din producția rezultată în perimetrele de exploatare Stavropoleos, Bana, Țuicani, Cricov, Pâscov, Pleașa. Producția se obține de către 19 societăți din cele 94 sonde productive, dovedind o producție medie pe sondă de 5.487.531 kg., fapt ce impunea prezența în zonă a multor investitori. Dacă numărul sondelor părăsite în 1922 era cifrat la 93, numărul sondelor în lucru pentru acest an era de 108, multe din societăți fiind la începutul activității40.

Viața socială intră în normalitate, nemaiînregistrându-se conflicte sociale ca în anii precedenți. Astfel că la Moreni, cei peste 200 de petroliști întruniți la data de 21 aprilie 1922 au hotărât ca protestul lor social să se manifeste printr-o intensă propagandă și moblizare cu scopul marcării zilei de 1 Mai41.

În 1923 producția de petrol ajunge la 343.522 tone pe proprietățile particulare, cu creșteri deci nesemnificative, un salt mai evident fiind pe proprietatea statului de unde schelele de producție extrăgeau 322.536 tone.

În acest an „Astra Română' cu o producție de 248.282 tone, reprezintă 37,3% din totalul producției șantierului, după care urmează „Româno-Americană' cu 123.407 tone sau 18,5% și „Creditul Miner' cu cele 92.381 tone sau 13,9% din totalul producției Moreniului. Se mai remarcă I.R.D.P., „Columbia', „Unirea' (care reușește să descopere petrol în Stavropoleos) etc.

Sunt în șantier 110 sonde în lucru și 117 productive42.

În 1923 de pe proprietățile statului din Ocnița se extrag 63 de tone, la Ochiuri 75.366 tone, iar la Gura Ocniței 102.943. Schela Ochiuri producea pe terenurile proprietăților particulare 127.150 tone dar la Gura Ocniței pe aceste proprietăți nu se producea nimic. Schela Colibași-Reșca realizează 162,5% din producția anului 1921 dar valoarea reală a producției se cifra la modesta cifră de 430 tone.

În anul 1924 producția de petrol reușește să ajungă producția anului 1912, înregistrând 877.927 tone43 după anumite surse, sau 878.517 tone, după alte informații44.

Marea contribuție la această însemnată producție o dă tot „Astra Română' cu 310.919 tone, pierderi neașteptate înregistrând „Româno-Americană' depășită și de „Creditul Miner' și „I.R.D.P.'. Cele 135 de sonde în lucru și cele 134 productive reprezintă o imagine reală a muncii, tot mai intensă în zonă.

„Stavropoleos' intră în rândul producătorilor de petrol pentru Moreni, în regiune apărând și alte zone valoroase care devin cu timpul adevărate cartiere ale Gurii Ocnița sau Moreniului (Pâscov Schela Mare, Colonia).

Pentru 1924, Schela Gura Ocniței cu 57.292 tone, înregistrează o cădere a producției neașteptată la fel ca și Schela Colibași-Reșca, ce nu mai producea decât 68,8% din anul precedent. Dacă pentru Schela Colibași se remarcă o scădere a producției din cauza epuizării straturilor productive, pentru Gura Ocniței scăderea este conjuncturală și accidentală. Așa se explică creșterea, în 1924, a numărului de muncitori în Schela Gura Ocniței.

La 10 septembrie 1924 cu ocazia unui control făcut de către Inspectoratul Muncii Târgoviște, la Societatea petrolieră „Lemoine' se constată că lucrau 178 de muncitori față de numai 12 lucrători câți avea la înființare45, în 1923.

Întreprinderea petrolieră a „Băncii Minelor' de la Schela Gura Ocniței, avea de asemenea, în 1923, numai 3 lucrători, ca în 1924 să aibă 146 de muncitori46.

Dezvoltarea economică și progresul realizat, precum și măsurile hotărâte, luate de autorități au dus la o îmbunătățire a situației maselor și la o scădere semnificativă a agitației comuniste, chiar dacă legiunea de jandarmi mai preciza că „sunt informațiuni că în comuna Valea Lungă din acest judeţ există o organizaţie comunistă, deasemena în Vâfuri sunt câţiva comunişti'47.

Anul 1925 aduce pe şantierul Moreni modificări semnificative în ierarhia Schelelor din localitate.

(Biserica)

În acest an, „Astra Română', deşi produce 259.319 tone, este întrecută de „Creditul Miner' care din cele două schele ale sale, „Cricov' şi „Pâscov', dă 313.339 tone, „Romăno-Americană' cu 125.691 tone este întrecută şi în acest an de „I.R.D.P.', în timp ce în zonă sunt înregistrate 30 de firme, din care 25 productive48. În acest an, la 15 aprilie, s-a pus în funcţiune prima fabrică de gazolină a societăţii „Gazolina' care a contractat cu societăţile „Columbia', „I.R.D.P.' şi „Steaua Română', livrarea de gaze din sondele lor49. Din anul 1926 Societatea „Unirea' a transportat gaz pentru rafinării, iar în 1928, o conductă în lungime de 12.820 metri leagă Schela Moreni de capacităţile de prelucrare din Ploieşti. În anul 1931 lungimea conductelor ajunge la 59.930 metri50, fapt ce ilustrează elocvent creşterile productive la Schela Moreni.

În luna august a anului 1925 a fost incendiată sonda nr.1 „Romăno-Americană', incendiu fără precedent în industria petroliferă de până atunci, care a fost stins cu mare greutate, abia după 50 de zile şi împotriva căruia chiar şi tunurile au fost neputincioase.

(Cazinoul societăţii Creditul Minier)

Cele mai mari firme cu capitaluri româneşti sau străine au găsit un vast câmp de activitate în Moreni şi i-au schimbat considerabil înfăţişarea.

Populaţia stabilă a Moreniului se ridica în 1925 la totalul de 5.078 de suflete faţă de cele 1.350 ale anului 1897. În 1925, în Moreni s-au înregistrat 214 naşteri, 130 decese şi 39 de căsătorii în rândul localnicilor, dar realitatea era alta la nivelul localităţii unde numărul flotanţilor era de 18.081, adică de aproape 4 ori superioară localnicilor.

Cei 18.081 de flotanţi reprezentau 20 de naţionalităţi, ceea ce dă o imagine mai clară pentru acest „El Dorado' românesc.

Total	Români	Evrei	Ucrain.	Unguri	Austr.	Germ.	Bulg.	Sârbi	Turci	Greci	Alban.	Polon.	Ceh.-Slov	Ital	Elveț.	Franc.	Oland.	Engl.	Americ.	Brazilieni
18081	16500	132	210	250	180	215	41	50	8	22	5	80	86	70	12	35	18	56	43	5

Se conturează apariţia unui centru petrolifer puternic în jurul căruia va gravita viaţa social-economică a localităţilor de pe Valea Cricovului Dulce şi nu numai. Aşa că Schela Moreni este centrul activităţii pentru şantierele din comunele: Filipeştii de Pădure, Diţeşti, Vornicu Mărgineni, Colibaşi-Iedera, Valea Lungă,Vişineşti.

Apare un element interesant prin crearea unui alt centru petrolier pe raza comunei Gura Ocniţei (actualul cartier Schela Mare din Moreni) în jurul căruia gravitează Schelele Ochiuri, Gura Ocniței, Malul Roșu, etc. În această perioadă Schela Vârful Drăgănesii, care producea, în anul 1925, o cantitate de 3.848 tone petrol, a fost preluată de centrul de la Câmpina.

Producția în anul 1925 marchează creșteri semnificative pe proprietățile statului din Moreni, unde se extrag 673.899 tone, ceea ce reprezintă 354% din producția anului 1921. Salturi mai puțin semnificative s-au produs pe proprietățile particulare unde s-au extras 400.125 tone, ceea ce reprezintă numai 122% față de producția din 1921.

Schela Moreni este de departe cea mai mare producătoare de petrol prin cele 1.073.803 tone de petrol, reprezentând 46,7% din producția totală a țării, care este de 2.316.504 tone, comparând această producție cu cele 288 tone obținute de Schela Colibași-Reșca, de doar 117.787 tone ale Schelei Gura Ocnița, 31 de tone de la Malul Roșu-Ocnița și 182.929 tone ale Schelei Ochiuri.

Creșterea producției a determinat o corelare cu nivelul de trai al muncitorilor. Îmbunătățirile de salarii, permanente și numeroase, au acoperit în mare parte nevoile minime ale muncitorilor chiar dacă procesul inflaționist a mai coborât cererile de salarii.

Parlamentul țării votează la 18 iunie 1925 „Legea repausului duminical', Lege care în mare parte este respectată, dar se poate să apară și situații în care „Nerespectarea legii repausului duminical se face cu acordul tacit al conducătorilor politici din fruntea județului și a unor localități'51. O asemenea afirmație, emanată din partea unor instituții oficiale ale statului (este vorba despre Inspectoratul Muncii, era o dovadă că se sfidau legile țării) cu îngăduința organelor de ordine.

Pentru o bună perioadă de timp, concedierile de personal sunt numai temporare și în general sunt cauzate de situații obiective („la cerere', „neprezentare la lucru', încălcări ale reglementărilor în vigoare). Până în anul 1928 necesarul de personal este în creștere și chiar disponibilizările de moment erau anulate imediat de angajările de la altă unitate. Marile societăți petroliere „Astra Română', „Steaua Română', „Sirius', lucrau în anii 1927-1928 cu câte 6.700 de lucrători, ultima trecând chiar de 1.100 de salariați, o cifră impresionantă pentru acea vreme52.

Este perioada când începe construirea a numeroase colonii pentru muncitori și clădiri aspectuoase pentru personalul local de conducere.

Multe din aceste clădiri, apărute până la începutul războiului au creat viitoarele cartiere ale orașului Moreni, ca de exemplu: „Schela Mare', „Pietriș', „Colonia Stavropoleos', „Steaua Română', „Pâscov', „Creditul Miner', etc.

Producția cunoaște cifre mereu ascendente.

Incontestabil se pot face numeroase analize referitoare la sporurile de producție, urmărindu-se fie evoluția pe societăți, fie evoluția pe schele, șantiere sau județe. Pentru perioada 1925-1929 interesantă este evoluția producției petroliere pe schele petrolifere raportată la nivelul județului, în regiunea petrolieră Moreni, cea mai cunoscută din țară.

Schela Colibași-Reșca din comuna Colibași, cunoaște un declin evident, gândindu-ne ce reprezenta această schelă la mijlocul secolului al XIX-lea. În 1929, Schela Colibași mai producea doar 169 de tone, ceea ce reprezenta 0,013% din producția județului Dâmbovița. În 1925 producția era de 288 tone, obținută numai pe proprietățile statului, reprezentând 0,14% din producția obținută de Schelă în 1923, pentru perioada interbelică.

Schela Ochiuri era atunci dependentă de comuna Răzvad, teritoriul devenind cu timpul o localitate de sine stătătoare, apoi o colonie a comunei Ocnița, astăzi fiind aproape de dezafectare.

Schela cunoaște o dezvoltare apreciabilă după primul război mondial, când, de la 136.356 tone, în anul 1921, ajunge la 842.076 tone, în anul 1928, reprezentând 77,9% din totalul producției județului Dâmbovița. Semnificativ pentru această Schelă este creșterea lentă, uneori contradictorie pe proprietățile particulare și dezvoltarea formidabilă apărută după anul 1926 pe proprietățile statului. Anul 1926 marchează creșteri cu 252% față de anul precedent pe proprietățile particulare (cel mai mare salt din perioada interbelică), cu 145% pe proprietățile statului. În fapt creșterile de pe proprietățile statului s-au datorat concesionărilor făcute în special în zonele de pădure, neafectate de reforma agrară din 1921, unde vechea pădure forestieră este înlocuită cu una de sonde. Așa se explică faptul că pe proprietățile particulare din Gura Ocniței, primele exploatări apar începând cu anul 1930, în timp ce pe proprietățile statului se produceau atunci 71,04% din totalul producției județului Dâmbovița. Și la Schela Gura Ocniței saltul cel mai semnificativ este tot pentru anul 1926 când producția ajunge la 424.609 tone; cu 306.822 tone mai mare decât în anul precedent.

Începând cu anul 1926 își încetează activitatea Schela Malul Roșu-Ocnița care, în 1925, abia mai producea 31 de tone.

În județul Prahova, Moreniul își menține de departe poziția de lider autoritar. La nivelul proprietății statului, producția crește de la 673. 899 tone, în 1925, la 1.120.304 tone, în 1928, an în care această producție reprezintă 96, 02% din producția județului pe proprietățile statului, singura care mai extrage de pe asemenea proprietăți fiind Schela Scorțeni.

Pe proprietățile particulare, exploatările se întind spre est tinzând să se contopească cu exploatările de la Câmpina-Băicoi. Chiar dacă Schela Cervenia, comuna Dițești, produce doar 184 tone, în 1928, anul primei producții și 6 tone, în anul următor, când își încetează activitatea, Schela Filipești de Pădure realizează producții ascendente, an de an până în 1926, valoarea acestei producţii fiind extrem de modestă, cifrându-se la 19.911 tone. După 1926 producţia este în scădere ajungând ca în 1932 Schela să-şi înceteze activitatea.

Schela Moreni cunoaşte o scădere cu 57.602 tone, în 1927, faţă de anul precedent, anul următor schela producând, tot pe proprietăţile particulare, 463.918 tone, adică cu 101.858 tone mai mult decât în precedentul an, ceea ce reprezintă un sfert din producţia judeţului pe acest tip de proprietate. În schimb Moreniul producea, în 1927, pe proprietăţile de stat, 1.054.251 tone, ceea ce reprezintă 42,5% din totalul producţiei judeţului. În anul 1928 Moreniul producea în total 1.584.222 tone, ceea ce reprezintă 52,4% din producţia anuală extrasă în judeţul Prahova. Această cantitate este mai mare decât întreaga producţie a judeţului Dâmboviţa, arătând în mod elocvent rolul de lider al localităţii la nivel naţional.

În industria de ţiţei a României, criza economică s-a manifestat contradictoriu. Ca urmare a crizei şi a concurenţei acerbe dintre trusturi, preţul produselor petrolifere româneşti destinate exportului au scăzut aproape la un sfert (exemplu: preţul benzinei uşoare a scăzut de la 5,92 lei/kg. în septembrie 1929, la 1,57 lei/kg. în aceeaşi lună)53.

(Colonia Societăţii Astra Română)

Un fenomen economic care ar părea curios la prima vedere este că, în pofida scăderii considerabile a preţurilor, producţia de ţiţei a României nu numai că nu a scăzut, ci a crescut în proporții însemnate, în special ca urmare a aportului adus de zona petroliferă Moreni-Gura Ocniței54.

Această creștere este determinată de marile trusturi internaționale, care, urmărind să cruțe în perioada crizei rezervele de țiței din propriile lor țări, secătuiau în schimb rezervele României și se concurau între ele pe piața mondială, cu produse petrolifere românești pe care, în condițiile date, le puteau vinde la prețuri coborâte. Importanța petrolului românesc este apreciată și de contactele extrem de dese dintre mari personalități ale lumii și oficilaități române, vizitele fiind îndreptate preponderent pe Valea Prahovei. Astfel în anii crizei sosesc în țară Sir Henry Detering, conducătorul trustului „Royal Dutch Shell', Gustav Nobel, asociat al lui Rockefeller în afacerile trustului „Standard Oil', David Brown - colaborator apropiat al președintelui Hoover, bancherul Albert Stern, proprietar al Băncii „Stern Brothers' din Londra și vicepreședinte al societății „Steaua Română', Mac Arthur, șef al Statului Major al armatei SUA, reprezentând interesele băncii „National City Bank', care aparținea tot grupului Rockfeller-Morgan. Printre altele, vizitele au concretizat precizările „Planului de la Geneva' întocmit de experți financiari din Occident și care prevedeau scoaterea României din criză pe baza așa-ziselor „Curbe de sacrificu' sau „Acordului Petrolifer de la Paris' care prevedea restrângerea producției de petrol. Dacă în primii ani ai crizei, producția petrolieră cunoaște salturi incredibile, începând cu 1933 se poate observa o anumită diminuare a producției, în special pentru Moreni, compensată de excepționalul avânt luat de Schela Gura Ocniței. În 1932 Schela Filipești de Pădure își încetează exploatarea pentru 2 ani, abia în 1934 revenind în statisticile oficiale cu o producție redusă, de numai 305 tone. Oricum această schelă avea o pondere scăzută în producția țării, reprezentând numai 0,135%, în 1930, când s-au forat doar 2.049 metri, fiind o singură sondă în lucru și una în producție55. În anul 1931, o firmă particulară mai fora „o sondă nemecanică' reușind numai 9 metri de foraj56, producția de 9.320 tone fiind obținută din sondele aflate în producție din anii anteriori. O situație asemănatoare este și la Schela Colibași, care deși avea în 1930, încă trei sonde în producție, nu producea decât 19 tone, ca apoi, în 1931, să mai producă insignifianta cantitate de doar 6 tone, dispărând din statistici în anul următor. În schimb schelele Moreni și Gura Ocniței cunosc producții deosebit de mari. În 1929 Moreniul contribuie cu 30,7% la producția țării, procentaj ce crește la 42,94% anul viitor, creștere evidentă și la schela Gura Ocniței când pentru aceeași perioadă saltul este de la 15,89% la 18,08% din totalul de țiței extras în România. Creșterile de petrol sunt înregistrate atât prin sporirea numărului de sonde productive, cât și prin modernizările aduse sistemului de foraj sau de extracție. Faptul că se sapă tot mai adânc descoperindu-se noi resurse, atrage în continuare investitori străini. În cutele diapire de tip Moreni-Gura Ocniței în care sarea în mișcarea ei a străbătut seria pliocenă, se întâlnesc zăcăminte de petrol atât în nisipurile meotice cât și în cele daciane57. Zăcămintele secundare se apreciau ca fiind existente în această zonă în tot miocenul58, exploatarea lor începând însă cu mult mai târziu.

În fapt, regiunea se pare că este cea mai bogată din țară Moreniul extrăgând între 1904-1930, o cantitate de 24,3 milioane tone, o cifră apreciabilă pentru economia mondială a timpului respectiv. Producția cea mai mare înregistrată de șantierul Moreni în anii crizei este pentru anul 1930, când se extrag 2.677.966 tone, în timp ce pentru Gura Ocniței creșterile productive sunt permanente (chiar și după depășirea crizei) ajungând pentru ultimul an al crizei la 341.040 tone. Șantierul Gura Ocniței înregistrează creșteri semnificative în anii crizei atât pe proprietățile particulare cât și pe cele de stat. Dacă în anul 1929 pe proprietățile particulare nu se extrăgea nici o tonă de petrol, anul următor se extrag 96.051 tone iar în 1931, 584.716 tone. Creșterea se menține și pentru etapa următoare când se obțin 216% în 1932, față de precedentul an și 1.479.624 tone în 1933, cea mai mare producție obținută de șantier pe proprietățile particulare.

Sporiri semnificative se înregistrează și pe proprietatea statului, creșterea fiind de la 769.518 tone la începutul crizei la 1.861.416 tone în anul 1933, an considerat ca terminal pentru criza economică din România. În schimb șantierul Moreni își diminuează producția pe proprietățile statului. Dacă în anul 1930 se extrăgeau 1.774.788 tone peste 3 ani se mai extrag doar 771.201 tone, diminuarea producției continuând și în anii următori. Scăderi la fel de pronunțate se produc și pe proprietățile particulare, când producția anului 1933 reprezintă 50,4% din producția anului 1930; cu toate acestea Moreniul asigură, în anul 1932, 40% din producția județului, an în care Gura Ocniței realiza 42% din producția totală a țării59, fiind de departe cel mai mare producător de petrol din România. Declinul producției în Moreni va determina șantierul să piardă în 1934 chiar poziția de lider la nivelul județului Prahova moment când Schela Boldești preia conducerea60.

Pentru 1930, anul producției maxime la nivelul șantierului Moreni, 43,6 % din producție provenea din dacian și restul din meoțian. La sfârșitul anului 1930, la Bana, se extrăgeau 3.100 vagoane pe ha. și 1.100 vagoane de sondă61, în timp ce la Țuicani, primele trei orizonturi au dat 11 vagoane/ha. și 2.700 vagoane de sondă62. Era anul când existau 236 sonde productive și 35 în lucru, forându-se 100.864 metri63, în timp ce localitatea Gura Ocniței avea 16 sonde în lucru cu care forase 50.209 metri, 124 de sonde fiind productive.

Pentru Moreni, anul 1930, cu cele 2.677.966 tone reprezenta 42,94% din producția totală a țării, Moreniul reușind să păstreze întâietatea și anul următor chiar dacă producția era în scădere, după 1932 șantierul prahovean nereușind să mai dețină prioritatea în rândul producătorilor de petrol din țară.

Anul 1931 marchează începutul declinului șantierului din Moreni în condițiile în care „Astra Română' mai fora în acest an 22 de sonde până al adâncimi de 1.700 metri64. În fapt, așa cum s-a precizat, criza nu a afectat ansamblul industriei petroliere din zonă, ci numai anumite societăți, altele reușind succese notabile și investiții însemnate. Societatea „Creditul Miner' a forat 36m/zi la sonda 316 ajungând cu 7 sonde până la 1.866 metri. Societatea „Unirea' avea în „Piscuri' 2 sonde săpate până la 1.886 metri, adâncimea maximă fiind obținută de o sondă „Concordia' care forează până la 2.026 metri. Anul 1932 are și alte rezultate notabile, sonda „3 Piscuri' erupând cu 304 tone, iar „6 Ghirdoveni' a lui „Creditul Miner' dând 205 tone la erupție65.

În anul 1931 erau în producție 222 de sonde mecanice în Moreni și 123 în Gura Ocniței, Filipești și Colibași nebeneficiind de asemenea realizări tehnice66.

Începutul crizei nu a surprins nepregătite marile societăți petroliere, capabile să investească în zona Moreni. Legea Minelor din 1929 a favorizat acest proces, societățile orientându-se în special pe concesionarea terenurilor. Cum zona Moreni-Gura Ocniței atrăsese magnații mondiali, după anul 1929 se concesionează zonele limitrofe, cele mai semnificative concesiuni făcându-le „Steaua Română', la Dițești, cu 510 hectare și 1.000 de hectare la Mărgineni, societatea „Romîno-Americană' cu 400 de hectare la Colibași, tot aici, „Prahova' concesionând 150 ha., iar „Creditul Miner' obține concesionarea a 400 ha. la Ghirdoveni67.

Cum structura geologică și rezultatele sigure de până atunci ale zonei Moreni-Gura Ocniței erau cunoscute, extinderea exploatărilor în zonele limitrofe apropiate se va face după trecerea crizei. Anii crizei economice mondiale, în fapt anii marelui „succes' productiv din zona Moreni-Gura Ocniței68 prezintă interesante constatări și în repartiția producției pe societăți. În anul 1930, societatea „Astra Română' obținea 726.515 tone, „Steau Română' - 296.690 tone, „Concordia' - 501.128 tone, „Creditul Miner' - 538.346 tone, „Romîno-Americană' - 226.270, „Roumanian Consolt Oil' -158.564 tone, „Unirea' - 109.528 tone, „Columbia' - 249.754 tone.

În zona Moreni-Gura Ocniței, pe lângă cele 8 societăți cu peste 100.000 tone obținute în acest an funcționează încă 23 societăți petroliere, multe dintre ele cu producții însemnate.

(Depozit Sud III - 1927)

În 1931 „Concordia' trece pe primul loc prin creşterile deosebite din Bana, Ţuicani, Pâscov, Syndicat II. Producţia de 785.145 tone depăşeşte cu mult rezultatele de la „Astra Română' care obţine 477.727 tone, Creditul Miner 517.732 tone sau „Steaua Română' cu 454916 tone.

Pentru 1932 salturi semnificative înregistrează „Roumanien Consold. Oilf' care obţine 535.470 tone adică 223% faţă de anul precedent, „Sondrum' 201% faţă de 1931. „Concordia' îşi dezvoltă constant producţia ajungând, în 1932, la impresionanta cantitate de 979.984 tone În acest an societatea avea concesionată o suprafaţă de 1258 ha. forând 24977 m., producţia fiind obţinută din 71 sonde productive. Societatea îşi permite să abandoneze 87 de sonde şi să suspende pentru un timp 53 de sonde, dorinţa de a obţine cât mai mult petrol fiind în concordanţă cu preocuparea pentru profitul imediat. Aşa se explică cum numai pe un deal din Moreni, în zona „Piscuri'se forează în 1932 peste 10.700 m, iar în Schela Gura Ocniţei 93.014 m. Începând cu acest an se acordă o atenţie sporită recuperării gazelor. Dacă în timpul celebrului foc s-a estimat că s-au pierdut aproximativ 2 miliarde m.3 de gaze, şi în 1930 se ardeau la coş 747.632.468 m.3, în 1932, se foloseau 1.444.828 m.3 gaze, 819.051 m.3 produse ale dezbenzinării, 56.288 tone gazolină.69

În 1932, în Schela Moreni, cele 24 societăţi concesionaseră pe terenurile proprietate particulară 578,8 ha. din care 381 ha. se aflau în exploatare.70

Este anul când se suspendă activitatea la singurul puț aparținând „Subsolului Român'dar și a 52 de sonde, după ce 25 sunt părăsite. Cei 16.854 m. forați sunt datorați Creditului Miner, Astra-Română, Romanian Consolidated Oilfields, Unirea, Sospira, Starnaphta, în special prin forajul făcut pe terenurile proprietatea statului, aceasta reprezentând 23,3 % din totalul forajului făcut de Prahova.

În zona Filipeștii de Pădure se concesionase 4252 ha. în exploatarea celor două schele (Filipești și Roșioara) nu se aflau decât 23 ha. de pe proprietățile particulare. Aici era o singură sondă în lucru, care forase 1652 m, restul sondelor până la 39, ca și cele 26 de puțuri erau abandonate sau suspendate.

În 1932 preocupările investitorilor sunt dirijate mai mult spre sectorul Gura Ocniței unde numai pe proprietate privată se forează 65986 m, ceea ce reprezintă 82,8% din totalul lucrărilor de foraj ale jud. Dâmbovița.

Un element interesant pentru perioada crizei economice mondiale este zona Moreni - Gura Ocniței întrebuințarea gazului de sondă pentru forțe motrice și în scopuri industriale, pentru iluminat și încălzit sau pentru producerea gazolinei. Majoritatea schelelor s-au arătat interesate de acest aspect economic în condițiile în care „Concordia' realizează la Schela Mare, investiții uriașe prin construirea unei mari termocentrale și a unei valoroase dezbenzinări. De fapt pentru producerea gazolinei societatea trimite numai în 1932, 105601000 m.3, ceea ce reprezintă aproape jumătate din întreaga producție a Schelei Moreni. pentru iluminat și încălzit, aportul principal îl aveau societățile „Concordia' și „Astra Romană' iar în industrie gazul de sondă era folosit în special de „Astra Română'; „Roumanien Consol' sau I.R.D.P.71. Un fapt interesant îl reprezintă și preocuparea pe care o aveau societățile pentru recuperarea integrală, în schimb pentru Gura Ocniței socie-tățile ca IRDP., Sondajul, Van Sickle, se înregistrează în statistici fără nici un m3 de gaz pierdut. Impresionantă pare a fi situația de la Schela „Concordia' care reușește să recupereze integral cele 254.265.000 m3 de gaze produse în acel an.

Pentru zona Moreni, exploatarea gazului de sondă se realizează prin societățile consacrate în extracția petrolului, în schimb pentru Gura Ocniței se întâlnesc zone noi de exploatare: Gorgoteni, Bălțata, Valea Misleanului, precum și noi întreprinzători: R. Van Sickle, ing. Minculescu, etc.

În această societate contradictorie în care întreaga economie mondială se prăbușise, când consecințele crizei erau evidente și în România, caracteristicile vieții social-politice în Moreni urmează o traiectorie aparte. Pe de o parte multe societăți concediază personal, pe de alta, alte societăți angajează muncitori. Salariul în scădere nemulțumește muncitorii, dar relativa asigurare a locului de muncă îi face mai prudenți.

Mişcarea grevistă a anilor 1929-1933, sub impactul propagandei şi al conjuncturii, îmbracă forme specifice în zona Moreni.

Din anul 1926 Sindicatele Unitare din Ploieşti aveau o secţie deosebit de activă la Moreni, în fapt sindicatele fiind cele mai active în lupta socială.

În 1929 la Moreni, G. Ocniţei şi Ochiuri activau comitetele locale de acţiune în strânsă legătură cu Sindicatul petrolist din Moreni73, comitete care deveniseră atât de active, încât autorităţile recunoşteau că s-a creat „...o stare de spirit care nu mai asigură normale raporturi între muncă şi capital'.

Sindicatul petroliştilor din Moreni a acţionat în primii ani ai crizei în special prin memorii revendicative, prin demersuri pe lângă factorii responsabili sau iniţiind muncitorii cum să-şi alcătuiască plângerile şi cui să se adreseze. Sindicatul arată cum în primele etape erau concediaţi foşti sau actuali activişti ai mişcării politice socialiste care activau fie în comitetele locale, fie în sindicate.74

(Parc Poliminera - 1921)

La 1 iunie 1929 un număr de 249 de salariaţi de la societatea „Sirius' (Schela Mare) au alcătuit un memoriu pe care l-au înaintat administraţiei, prin care cereau satisfacerea unui număr de 15 revendicări printre care „reprimirea muncitorilor concediaţi de la 1 aprilie 1929, „să se acorde tuturor lucrătorilor aflaţi în conflict un spor de 30% la salariul ce-l primesc',

„aplicarea zilei de lucru de 8 ore', etc.75. Comisia alcătuită să judece acest conflict nu ajunge la un acord general, acceptându-se de către administrație numai anumite prevederi, reprezentanții societății opunându-se categoric măririi salariului.76

Tot în 1929 lucrătorii de la atelierele mecanice, tâmplărie, cazangerie şi conducte ale societății Româno-Americană din Moreni, au înaintat un memoriu cu revendicări. Comisia de arbitri judecând acest conflict, prin hotărâre dată, admite în parte cererile formulate de lucrători şi anume: respectarea demnității omeneşti, rămânerea în vigoare a drepturilor câştigate, sporirea salariului cu 10%, respectarea contractului de muncă, etc.77

Din memoriul lucrătorilor maiştrii sondori şi mecanici cu ajutoarele lor din Schela Moreni, a Societății „Columbia', adresată Insp. Miner Ploieşti şi supus judecății de către comisia de arbitri de pe lângă Tribunalul județului Pahova, rezultă 16 capete de cerere. În acest conflict nu se ajunge la un acord, motivându-se că memoriul nu este semnat de totalul de 354 lucrători aflați în conflict, ci numai de 117, conflictul neîncadrându-se în prevederile legii ce reglementează conflictele de muncă.78

Conflicte de muncă au mai avut loc în aceşti ani şi la Societatea „Creditul Miner' contra căruia au semnat memoriul un număr de 150 de lucrători de la atelierul mecanic, tâmplărie, cazangerie şi secția mecanică a schelei din Moreni, între lucrătorii secțiilor uzina electrică, dezbenzinare, garaj, atelierul electric, secția construcții a Soc. „Astra-Română', din Schela Moreni.79

În acest conflict în care muncitorii depuneau un memoriu de 19 capete de cerere, comisia apreciază că societatea patronală nu a prosperat în aşa măsură încât să se impună o îmbunătățire generală a salariilor, întrucât cursul acțiunilor ei, prețul curent al petrolului şi beneficiile anuale realizate prezintă date din care mai uşor se poate deduce că nu este momentul să se impună întreprinderii sarcini prea apăsătoare. Societatea „Astra Română' a declarat în final, că, începând cu data de 1 ianuarie 1930, va acorda sporuri de salarii, în limitele situației economice a întreprinderii şi potrivit meritelor fiecărui lucrător.80

Un alt conflict de muncă s-a produs la Societatea „Forachi Românesc" şi lucrătorii săi cereau tot 15 revendicări, aproape identice cu cele formulate de tovarăşii lor de la „Sirius' cu o lună mai devreme.81 Respectarea zilei de lucru nu s-a făcut nici după aceste conflicte, deoarece şi în anii următori această revendicare revine în memoriile muncitorilor alături de cererea de a asigura lucrătorilor un minimum de asistență socială şi protecție a muncii.

Semnificativ în acest sens este documentul întocmit de Inspectoratul Muncii, la data de 15 dec. 1929, la Schelele Gura Ocniței, în special în zona

„Schela Mare' - „Steaua Română' şi în care, printre altele, se arată că „În tot anul 1929 s-au produs aici 22 accidente grave... majoritatea schelelor întrebuinţând numai câte două schimburi a câte 2 oameni, fiecare schimb „lucrând câte 12 ore'.82

(Atelier mecanic Astra Română - 1927)

Începând cu anul 1930 situaţia materială se deteriorează din cauza scăderii preţului petrolului, apariţiei şomajului. Situaţia fiind deosebit de alarmantă, iar activitatea comuniştilor (ce activau în zona Ţuicani în special prin Constantin Mănescu, tatăl viitorului prim-ministru al României - Manea Mănescu) şi a socialiştilor (Ştefan Voitec, Alex. Irimescu, Condrea, etc.) tot mai intensă, pentru a preîntâmpina grave tulburări, prefectul de Dâmboviţa a organizat la data de 30 august 1930, la sediul societăţii „Astra-Română' din Ochiuri, o şedinţă la care au răspuns reprezentanţii a 12 schele. În urma dezbaterilor s-a hotărât în esenţă următoarele măsuri: „să se concedieze toţi lucrătorii din alte provincii... să se lucreze cu 4 echipe în loc de 3, câte 6 ore, iar dacă nu, să se lucreze tot câte 8 ore, însă câte 3 zile pe săptămână... pentru ajutorarea şomerilor să se înfiinţeze câte o cantină în fiecare comună ...'.83

Anii 1931 şi 1932 au fost deosebit de grei, şomajul crescând, iar muncitorii neconcediaţi rămâneau neplătiţi de mai multe ori, pe mai multe luni în urmă. Starea de spirit agitată a ţinut autorităţile într-o permanentă stare de alarmă.

Pentru menținerea ordinei de la societatea „Van Sickle', unde exista deja un conflict de muncă, Inspectoratul Muncii Târgoviște intervenea pe lângă postul de jandarmi G. Ocniței, să ia măsurile de rigoare.84 Un grup de șomeri cer de lucru la Societatea „Prahova', în septembrie 1930, și - fiind refuzați - bat pe un maistru sondor85. Mai mulți lucrători de la societatea „Foraj - Sonde' reclamau Inspectoratului Muncii, în ianuarie 1931, neplata salariilor; insistând să-și obțină drepturile, administratorul „a binevoit să ne insulte'.86

Într-o notă informativă din 25 iunie 1931, secția de jandarmi din Moreni comunică: „lucrătorii de la exploatarea „Guess', în număr de 72, nefiind plătiți din luna februarie 1931, au hotărât ca la 24 iunie să înceteze lucrul'.87

Conflictul a durat până în luna august 1931, când societatea le-a achitat salariile88, dar reizbucnește, mult mai puternic, la 16 noiembrie 1931. Muncitorilor revoltați li se alătură și cele 21 de lucrătoare, care pun stăpânire pe birourile societății „amenințând că nu le vor părăsi până nu li se va face plata'.

În anul următor, numărul conflictelor de muncă individuale și colective ca și al grevelor este în creștere.90 În aprilie 1932, lucrătorii de la societatea „I.R.D.P.'- Ghirdoveni declară grevă.91 În ziua de 30 septembrie 1932 are loc, în Moreni, o întrunire a Partidului Socialist la care au participat 120 de persoane.92 S-a discutat „problema scumpirii traiului, a șomajului, scăderea salariului și concedierii'.

La 13 noiembrie 1932 are loc, tot la Moreni, adunarea muncitorilor manuali și intelectuali din localitate.93 La 4 decembrie 1932, un număr de 190 de lucrători de la Schelele din Gura Ocniței, nefiind plătiți pe mai multe luni în urmă, au trecut la demonstrații împotriva administrației.94 La sfârșitul anului 1932, conflictele erau atât de puternice încât autoritățile județene au dispus ca forțe militare să se deplaseze în localitățile cu schele petroliere (Ocnița, Gura Ocniței, Moreni) pentru a menține ordinea, deoarece muncitorii concediați „au scos cu forța 3 funcționari din birouri și s-au instalat ei în locul lor'.95

La 13 noiembrie 1932 muncitorii din Moreni au organizat o adunare întocmind și o moțiune în care ei au propus să lupte cu energie pentru combaterea șomajului, program săptămânal de 40 ore, respectarea concediilor, interzicerea muncii în ateliere cu armata, prelungirea școlarizării până la 16 ani, ajutorarea șomerilor.96

În aceeași lună „s-a pus în vedere lucrătorilor că greva este cu desăvârșire interzisă la sondele petrolifere și că sabotarea întreprinderii se pedepsește cu închisoare'. 97

Sfârșitul anului 1932 este marcat de greva muncitorilor petroliști de la societatea „Româno-Americană' şi acţiunilor de protest împotriva întârzierilor şi neachitării salariilor lucrătorilor de la societatea „I.R.D.P.', „Petrol - Blok' şi a „Metal - Petrol'. Lucrătorii de la ultima societate, în număr de 122, au fost atât de hotărâţi încât a fost nevoie de intervenţia jandarmilor.98

Anul 1933 a fost cel mai frământat din perioada crizei economice, cu mari încleştări de clase la nivel naţional. Nu acelaşi lucru se poate spune despre zona Moreni-Gura Ocniţei. În zilele 2-4 februarie a avut loc la Gura Ocniţei o mare demonstraţie la care au participat, în afara muncitorilor din localitate şi cei din comunele vecine.

Această mare demonstraţie s-a desfăşurat concomitent şi cu mişcarea muncitorilor de la Ploieşti. Cu această ocazie „s-a recurs la intervenţia jandarmilor şi la multe arestări'.99

Muncitorii morenari au luat parte la conflictele sociale desfăşurate pe parcursul întregului an 1933 pe raza judeţului Prahova, dar în acest an criza economică începe să slăbească, motiv pentru care şi conflictele se diminuează. Faptul este evidenţiat şi de numărul personalului întrebuinţat la explorările petrolifere din 1933 care se diminuează numai cu 46 de persoane de la schelele Moreni, 13 la Ochiuri şi 140 la schelele Gura Ocniţei faţă de anul precedent.

Criza economică mondială a dus la o nouă situaţie politică în viaţa internaţională cu consecinţe imprevizibile pentru viitorul omenirii. În vederea războiului ce se pregătea, se folosesc noi strategii în asigurarea rezervelor de materii prime, a proceselor de chimizare, etc.

Criza determină dispariţia a numeroase întreprinderi mici şi mijlocii şi concentrarea producţiei în marile întreprinderi, determinând creşterea ponderii acestora în producţia totală de petrol a României. În 1934, un număr de 16 întreprinderi petrolifere dispuneau de 72% din totalul capitalului plasat în această ramură şi 94% din totalul producţiei. Restul de 6% din producţie era împărţit între mai mult de 100 de întreprinderi, al căror capital reprezenta 28% din capitalul plasat în industria petroliferă.

Nu e lipsit de interes faptul că, dintre cele 16 mari întreprinderi, numai 3 erau româneşti. Cele 3 întreprinderi dispuneau de 18,2% din capital şi de 8,7% din producţie. În acelaşi timp, însă numai cinci mari întreprinderi petrolifere aparţinând trusturilor internaţionale au ajuns să acapareze în 1935 aproape 71% din producţia de ţiţei a ţării.

Deşi independente una de alta, marile întrerprinderi concurându-se nemilos, ele erau legate printr-o înţelegere de cartel pentru desfacerea produselor petrolifere destinate consumului intern prin societatea „Distribuţia'. În oraşele unde întâmpina o rezistenţă mai puternică din partea unei întreprinderi concurente societatea „Distribuţia' reducea vremelnic prețurile de vânzare până când concurentul se declara învins și preda depozitele sale „Distribuției', care, rămasă singura stăpână pe piața locală, stabilea prețurile după bunul ei plac. După criză, prețurile produselor petrolifere au crescut necontenit, fapt ce a determinat societățile să forțeze la maxim producția, prin foraje noi, prin repunerea în funcțiune a unui mare număr de sonde părăsite, etc., producția ajungând în 1936 la cel mai ridicat nivel, cifrat la 8.703.497 tone, regiunii Moreni-Gura Ocniței revenindu-i 5.488.518 tone. În a doua jumătate a anului 1937, la câteva luni după apariția noii legi a minelor, a izbucnit o minicriză economică, cu scăderi de prețuri și de producție, ultima în proporții alarmante100.

În numai doi ani producția s-a micșorat de la 8,7 milioane la 6, 226 milioane.

Scăderea producției a fost determinată de mai mulți factori. Fără îndoială, criza și scăderea prețurilor pe piața mondială au contribuit la restrângerea producției. Manevrele trusturilor internaționale care urmăreau să exercite un șantaj în scopul obținerii unei modificări a legii minelor în favoarea capitalului străin, nu erau nici ele străine de scăderea producției. Zăcămintele vechi, datorită exploatării intense, ce a avut ca rezultat degazificarea stratelor, au început să se epuizeze din ce în ce mai rapid. Apariția „zonei de exploatare Bucșani sau Mărgineni compensează numai parțial pierderile din regiunea Moreni-Gura Ocniței. În fapt, întreprinderile petroliere cereau perimetre de exploatare numai în regiuni situate în imediata apropiere a zăcămintelor cunoscute, unde erau sigure că vor găsi petrol' 102.

În fapt, petrolul se extrăgea de pe terenuri pe care s-au făcut sondaje, acestea însumând 1.500 ha.103, sau după terenuri puse în funcțiune în această perioadă în zona Gura Ocniței, Ochiuri, Răzvad, Bucșani, terenuri ce însumau 1.200 ha. În suprafețele arătate nu este inclusă localitatea Moreni. Extracția petrolului se făcea la o adâncime medie de 1.700-1.800 metri104.

În industria petrolului materialele și piesele necesare se importau din Germania, Suedia, S.U.A., Austria, Anglia, Bulgaria, Franța, Polonia, Olanda, Italia, Ungaria ș.a.105.

Ca sisteme de foraj se amintesc cele cunoscute sub numele Simens-Wulfel, Hild-Drive (sistem automat), sisteme de transmisie, sisteme controlate etc.106.

În 1934, Schela Moreni extrăgea de pe proprietățile private 423.098 tone țiței iar de pe proprietățile statului 763.396 tone. În regiunea Moreni, schelele se întindeau pe dealurile Piscuri, Bana, Pietriș, Țuicani, pe Valea Pâscovului, a Cricovului, în satele Ghirdoveni, Tisa, Stavropoleos. Este anul când „Astra Română' obține rezultate deosebite în zona „Piscuri' unde din cele 36,9 ha. concesionate sunt exploatate doar 6 ha., suficient pentru a obține 84.671 tone și a plasa schela „Piscurile' în situația privilegiată de a deveni, în următorii ani, principala Schelă din zonă. În fapt, 1/3 din totalul metrilor forați în această perioadă se realizează la Piscuri.

Pe proprietățile statului își desfășoară activitatea 12 societăți, iar pe proprietățile particulare 18, între care se mai găsesc și urmași ai „pionierilor' petroliștilor morenari cum ar fi: Gh. Călărașu, A. Copoiu, Marin Scurtu, etc. Comuna Moreni concesionase până în 1934 de pe terenurile statului 718 ha., fiind exploatate 626 ha. iar particularii își concesionaseră 1.731 ha. din care se găseau în exploatare doar 149 ha. De subliniat și interesantul aspect al exploatării petrolului prin intermediul unui arhaic puț aparținând lui Marin Scurtu și A. Copoiu care extrăgeau 785 tone de petrol prin acest rudimentar mijloc de extragere a țițeiului. Cele 5 sonde aflate în lucru pe proprietățile particulare aparțineau societăților „Concordia', „Columbia' și Gh. Călărașu, ultimul nereușind să foreze nici un metru în cursul anului 1934. În schimb „Roumanian Consol Oilf Ltd.' săpa pe aceleași proprietăți cu ajutorul sondelor anterioare 1.438 m. din cei 2.242 m. O activitate mult mai intensă se simte pe exploatările situate pe terenurile proprietatea statului unde cei 18.548 de metri forați aparțin la 5 societăți: „Astra Română', „Creditul Miner', „Starnaphta S.A.', „Petrolul Românesc' și „Soc. Petroliferă Română'.

Urmărind producția lunară realizată de schelele petrolifere se remarcă o anumită constanță, atât în ceea ce privește ansamblul producției cât și realizările fiecărei societăți în parte. Punerea în exploatare în luna mai a sondei „Continentala Petroliferă' din Țuicani este singurul element notabil al anului, mai ales că producția crește de la 307 tone în prima lună la 3.310 tone la sfârșitul anului107.

Anul 1937 reprezintă pentru Gura Ocniței un an cu o producție deosebit de ridicată. Se obțin 2.444.079 tone pe proprietățile de stat și 1.098.812 tone pe proprietățile particulare, cifre extrem de elegante. Exploatările se întindeau pe o suprafață de peste 2.500 de hectare, în special pe terenurile ce aveau ca proprietar statul roman (2.104 ha.), în zone aflate acum pe raza mai multor localități: Moreni (Pietriș, Pâscov, Schela Mare), Gura Ocniței (Adânca-Săcuieni, Poiana cu Meri, Valea Misleanului, Valea cu Apă, Tigani, Pe Bălțata, Ogrezi etc.), Răzvad (Valea Voievozilor), Ocnița (Ochiuri, Gorgoteni) etc.

Șantierul Gura Ocniței era dominat de Concordia S.A. care concesionase de la Stat 563 de hectare și de la proprietari individuali numai 42 de hectare. „Concordia' reușește o formidabilă performanță prin cele 95 de sonde productive ce se situau pe 216 ha. aflate în exploatare și de unde se extrăgeau 1.110.223 tone.

Alte societăți cu rezultate notabile sunt: „Prahova S.A.' cu 574.091 tone, „Româno-Americană' cu 291.286 tone, „Steaua Română' cu 199.827 tone obținute pe proprietățile statului și „Unirea' cu 279.971 tone, „Roumanian Consol Oilf Ltd.' 229.799 tone și „Româno-Americană' cu 130.808 tone

Șantierul Gura Ocniței este în 1934, schela reprezentativă a României.

Urmărind spre exemplu metrii săpați la sonde în cursul anului în Schela Gura Ocniței, constatăm că din cei 178.157 m. realizați, 129.297 aparțin acestui șantier, mai mult decât s-a forat în tot județul Prahova (127.209 m.) unde era și Schela Moreni. Pentru a înțelege ce însemnau pentru România aceste județe, în 1934 în industria hidrocarburilor să remarcăm că cel de-al treilea județ în acest clasament sui-generis al forajului este Mureșul cu numai 866 metri.

În 1934 din zonă dispar unele societăți ca de exemplu: „Petrolmina' S.A., „Anglo-Petroliferă-Pălărieni', „Refoil' S.A., etc.

Numărul sondelor în lucru este de 28, în schimb cele productive ating o cifră destul de ridicată: 103 pe terenurile proprietate particulară și 183 pe proprietățile statului. În mod logic, producția atinge cifre semnificative, spre exemplu, în 1934 ajungându-se la 3.554.302 tone, ceea ce reprezintă aproape 80% din producția județului Dâmbovița (4. 584.473 tone), liderul acelui an, urmat de Prahova cu Morenii care extrage 3.689.710 tone și Buzăul cu modestul 51.577 tone, ceea ce reprezintă puțin mai mult decât jumătatea producției societății „Concordia' pe luna octombrie109.

În 1934 revine Schela Filipești cu producția de 305 tone, schelă ce va juca în anii următori un rol tot mai semnificativ în regiune. Este anul când, la Bucșani, pe un perimetru concesionat de stat, în suprafață de 172 de hectare, societatea „Steaua Română' reușește, la 20 noiembrie, să extragă de la sonda nr. 1 cantitatea de 120 de tone pe zi, și până la sfârșitul anului 6.683 tone, anunțând astfel un alt perimetru de exploatare110. Viitoarea schelă Bucșani avea concesionat în acel an și 172 ha., prin „Concordia' S.A. în localitatea Vornicu-Mărgineanu unde se forau 2 sonde ce ajunseseră să sape 1.031 metri111.

Sistemele de foraj determinau obținerea unor adâncimi semnificative. Astfel în 1930, adâncimile atinse de sistemele de foraj erau: sistemul „Canadian' - 700-900 de metri, „Alianța' -1.000 metri, și „Rotary' - 2.000 metri. Principalele realizări tehnice în perioada interbelică se referă la experimente de gaz lift la sonda 15 A.R. Moreni (1921) la degazolinarea gazelor prin metoda comprimării la Moreni (1925), și metoda absorbției pe cărbune la marea Rafinărie „Steaua Română' de la Câmpina (1925), la folosirea motoarelor de combustie internă pentru forajul sondelor de către „Steaua Română' (1928), la generalizarea folosirii capetelor de erupție și a duzelor la meotic III. Moreni (sondele 116 S.R., 314 A.R., 40 I.R.D.P., etc.), la realizarea primelor gaze lichefiate (1936), la introducerea gazelor pentru consumul casnic (1929) în Moreni, Câmpina, Ploieşti112.

Salutări din Moreni
Vederi de sonde ale soc. Astra-Română şi Română-Americană schela Ţulcani

(Câmp petrolier)

Problema recuperării gazelor de sondă nu a fost în centrul atenţiei marilor societăţi decât destul de târziu, încât spre exemplu, în 1930, din cauza necaptării gazelor s-au pierdut la Moreni 747x106 N. m3 gaze, în valoare de un miliard de lei.

Încă din 1927, Astra-Română dotează şantierul Ochiuri cu ateliere mecanice, dezbenzinare, gaz-lift, foraj rotary, etc. iar „Concordia' realizează la Schela Mare una dintre cele mai mari termocentrale din ţară şi o importantă dezbenzinare.

În anul 1937, prin sonda nr. 2 Redevenţa Mărgineni, s-a pus în evidenţă în Meoţian la 1.826 metri adâncime un zăcământ de gaz condensat. S-a experimentat reinjectarea gazelor la + - 200 bar timp de 28 de luni, experiment care va determina un şi mai mare interes pentru această bogăţie naturală113.

În 1934 marea majoritate a gazelor extrase din Moreni-Gura Ocniţei se foloseau ca forţă motrice şi în scopuri industriale, cele mai semnificative producţii obţinându-le Astra Română şi Concordia, care realizau mai mult de 50% din producţia totală a regiunii.

Un procent semnificativ din producţie era îndreptat spre producerea gazolinei, anumite societăţi folosind gazul pentru iluminat şi pentru încălzit114, instituţiile şi persoanele salariate ale societăţilor respective beneficiind de gratuitate pentru aceste servicii. Faţă de anul precedent, numărul persoanelor trimise în şomaj este în creştere, Schela Moreni rămânând cu 3.000 de salariaţi faţă de 3.520 în 1932, muncitorii disponibilizaţi trecând imediat la şantierele de la Gura Ocniţei (având în anul 1943 cel mai mare număr de salariaţi: 3.838 faţă de 3.208 în 1932), Ochiuri, Viforâta, Câmpina, etc. Zona Moreni-Gura Ocniţei se menţine ca deosebit de puternică în folosirea forţei de muncă, din moment ce Moreniul absorbea aproape 30% din salariaţii industriei petroliere prahovene, iar Gura Ocniţei mai mult de jumătate din salariaţii petroliferi ai Dâmboviţei115.

În 1935, declinul şantierului Moreni continuă, obţinându-se 360.780 tone pe proprietăţile particulare şi 751.026 tone pe proprietăţile de stat, faţă de succesele tot mai evidente ale şantierului Gura Ocniţei, care realiza 2.316.101 tone pe proprietăţile de stat.Se remarcă o creştere a producţiei la Filipeşti, cele 26.797 tone fiind totuşi irelevante pentru producţia din zonă. În schimb, în 1935 se realizează un salt impresionant pentru Schela Bucşani, unde creşterea este de peste 11 ori, de la 58.438 tone la 643.529 tone; investitorii străini se orientează rapid spre această nouă zonă petroliferă unde erau în producţie 15 sonde pe proprietăţile particulare şi 9 pe proprietăţile de stat.

În lucru se aflau 9 sonde, forându-se 58.438 metri, cea mai mare cifră din zonă, cu mult mai ridicată decât cei 28.701 metri de pe şantierul Moreni sau cei 26.696 metri din Gura Ocniţei. Bucşanii concesionase 2.495 hectare de pe proprietăţile particulare şi 2.480 pe proprietăţile de stat, faţă de cele 1.600 hectare pe proprietăţile de stat de la Mărgineni sau cele 799 hectare de pe proprietăţile particulare de la Filipeşti. Pentru anul 1935, Morenii aveau concesionate 2.715 hectare în sectorul particular şi 562 hectare în sectorul de stat, în timp ce Gura Ocniţei concesionase 2.704 hectare, din care, în sectorul particular, numai 612 hectare116.

În privinţa gazului natural obţinut în 1935 se detaşează Schela Gura Ocniţei cu cei 408 milioane m3 adică dublu faţă de ceea ce obţinea Morenii. Marea majoritate a gazului era folosit în special pentru producerea gazolinei sau în scopuri industriale. Cantitatea de gaz de sondă pierdut continuă să fi extrem de ridicată117, fie din cauza dezinteresului manifestat sau din cauza unor dificultăţi tehnice.

Personalul întrebuinţat în exploatările petrolifere rămâne relativ constant, cu consecinţe semnificative pentru raporturile sociale. Schelele din Moreni se prezintă cu un plus de 146 de salariaţi, iar cele din Gura Ocniţei cu numai 36 de salariaţi. De remarcat numărul scăzut al străinilor care lucrează efectiv în zonă, 19 pentru Moreni şi 40 pentru Gura Ocniţei, în scădere faţă de anii precedenţi. De subliniat şi numărul redus al inginerilor

(1,1% în Moreni, 1,6% în Gura Ocniței din totalul salariaților) și al maiștrilor (1% din total), în zonă nefiind decât 116 ingineri din care 6 străini și 75 de maiștrii, unul singur nefiind român118. În anul 1936 se obține cea mai mare producție de țiței a României între cele două războaie mondiale: 8.704.800 tone, cu un debit mediu pe sondă de 11 t/zi.19.

În acest an s-au săpat 395.000 metri, din care forajul de exploatare reprezenta 8%. pentru regiunea Moreni-Gura Ocniței se pot distinge aspecte semnificative.

Se abandonează zona Comișani-Lazuri unde se săpaseră 4.561 metri, dar se intensifică forarea în zona Mărgineni. În 1936 se forează la Gura Ocniței 45.900 metri, dar sondele răzbite sunt mediocre120. În Filipești se sapă 5 sonde, iar pentru șantierul Moreni începe săparea sondelor în zona Bana-Ghirdoveni121, pe proprietățile statului unde cele 5 sonde ajunse în Meoțian produceau 242.290 tone.

Producția era trecută pe numele societății Româno-Americană, cea care săpase în zonă 10.101 metri în acest an în regiunea Bana-Ghirdoveni122.

Pentru același an, în Moreni, „Creditul Miner' avea 99 de sonde pe proprietățile statului, de unde obținea o producție însemnată. La Bana aceeași societate forase 33.629 metri și obținuse 81.258 tone.

Societatea „Româno-Americană' avea 134 de sonde în producție, în multe zone petrolifere din care extrage 3.522.950 tone, forând pentru acest an 77.693 metri, majoritatea în regiunea Moreni123. Se încearcă găsirea de noi suprafețe exploatabile, la Vârfuri forându-se până la adâncimea de 586 metri, fără rezultat124, în timp ce la Mărgineni-Haimanale, Societatea „Româno-Americană' răzbește o sondă la 1.957 metri și care prin erupție liberă dă în acel an 2.045 vagoane de țiței atingând valoarea maximă în 1941, când produce 182.800 tone, zăcământul epuizându-se treptat, încât în 1943 mai produce decât 74.000 de tone125. Nu același rezultat a obținut „Steaua Română' la Dițești, în 1943, chiar dacă a săpat până la 1.701 metri; sau „Astra Română' la Iedera, unde a forat până la 1.342 metri. Societatea „Concordia' sapă două sonde la Dițești dar nu obține nici o producție și abandonează la 190 de metri, sonda începută la Vișinești126.

Un aspect cu totul aparte îl prezintă Schela Bucșani. În anul 1934 această schelă produce modesta cifră de 6.683 tone de țiței ca numai peste doi ani să ajungă la 2.176.555 tone127, atrăgând un val masiv de investitori. Zăcământul se epuizează treptat producând, în 1944, doar 90.000 de tone. În 1935, la Bucșani se forează 52.193 metri128, în special pe proprietățile de stat, de unde se obține și cea mai mare producție.

Pentru anul 1936, pe harta geografică a petrolului românesc, apare o nouă schelă, Piscuri, teritoriu acum în zona administrativă a Moreniului dar care era atunci depedentă de comuna Dițești. Schela Piscuri unde se foraseră în 1936, 20.460 metri, producea 590.021 tone, din care 390.308 pe proprietățile statului.

Se observă scăderi semnificative pe șantierele Moreni și Gura Ocniței, atât pe proprietățile statului cât și pe cele particulare, scăderi care nu afectează aportul adus de această regiune la realizarea celei mai mari producții de petrol din perioada interbelică, aport datorat în special Schelei Bucșani.

Producțiile sunt nesemnificative pentru Schelele Mărgineni, Ghirdoveni și Filipești129, în timp ce Schelele Ocnița și Colibași nu mai există. Schela Ochiuri, producea în 1936 o cantitate de 353.082 tone, dar orientarea acestei unități se face tot mai evident spre centrul de la Târgoviște-Viforâta.

Anul 1937 marchează scăderi de producție în majoritatea șantierelor din regiune. La Gura Ocniței se obțin 1.512.362 tone din care 89% de pe proprietățile statului, iar Schela Piscuri mai produce doar 68% din producția anului precedent, realizând 543.940 tone. Căderea cea mai spectaculoasă se înregistrează la Schela Bucșani unde se obțin 963.326 tone, ceea ce reprezintă 44% din producția anului 1936.

În acest an se înregistrează și unele salturi productive, ca de exemplu la Schela Moreni care prin 833.463 tone, din care 622.260 pe proprietățile de stat, realizează 144% din producția anului precedent. Acesta este anul când șantierul Mărgineni înregistrează producția de 38.259 tone împreună cu șantierul Ghirdoveni, realizându-se probabil o unitate economică între cele două schele. Secția Filipești producea pe proprietățile de stat 75.030 tone, în special prin contribuția societăților „Astra Română' și „Sospiro'.

În anul 1937 erau în funcțiune 4 sonde la Filipești, 2 la Haimanale, 249 la Moreni, 103 la Piscuri, 107 la Bucșani, 287 la Gura Ocniței și 97 la Ochiuri131. Forajul continuă să crească, uneori semnificativ ca de exemplu la Moreni unde se forează 60.895 metri; 49.644 metri la Gura Ocniței, dar are și scăderi la fel de evidente la Bucșani unde se mai forează doar 36.303 metri, cu puțin mai mult decât la Piscuri unde se înregistrau 35.828 metri. Schelele Filipești cu 194 metri și Mărgineni cu 107 metri dovedesc lipsa de interes a investitorilor pentru aceste zone din regiune132. Este anul când apar perimetre noi de cercetare în zona „Sângeriș' (Soc. „Foraky') sau la Mărgineni; la Ghirdoveni se dau în exploatare 10 sonde de către „Astra-Română', „Creditul Miner' realizând același lucru la Bana (11 sonde noi la care se adaugă 9 sonde ale „Astrei Române'). În Gura Ocniței societatea „Concordia' ajunge la adâncimea de 2.056 metri în timp ce sonda 310 R.A. sapă numai până la 2.017 metri, de unde obține 70 t/zi. „Creditul Miner' sapă în numai 64 de zile o sondă până la 1939 metri de unde realizează 56 t/zi133. Cele 4 sonde din zona Comișani-Lazuri au forat 3.962 metri, dar nu reușesc să descopere decât gaze de sondă, în timp ce societatea „Prahova' abandonează sonda 201 la 1.797 metri adâncime134.

Principalele societăți care acționează în zonă sunt tot marile trusturi petrolifere. Pe proprietățile particulare, „Steaua Română' și „Columbia' se manifestă activ în Bucșani, „Columbia', „Astra Română' și „Româno-Americană' în Moreni135, iar în Gura Ocniței societăților ce activau în Moreni li se adaugă „Roum. Cons. Oilf'136.

Pe proprietățile concesionate de stat activează 20 de societăți în Gura Ocniței, 6 în Bucșani, 27 în Moreni, 11 în Piscuri, 4 în Mărgineni-Haimanale și 2 în Filipești. Interesant este faptul că întreprinzătorii particulari, micii acționari reapar în zonă. „Frații Călărașu' obțin 6.943 tone, continuând o tradiție locală, la fel ca și Copoiu. Apar nume noi, cei drept meteorice, ca de exemplu: „Scurtu', „Lupescu', „Coconea', „Chișcan', „Wegzinowsky' cu producții însemnate pentru niște acționari individuali. Unii își încearcă norocul înființând societăți noi: „Redevența', „Petrolifera', „Excelsior', „Obârșia' care nu vor rezista concurenței nemiloase impuse de marile societăți.

În 1938, în zona Moreni, Filipești, Mărgineni, se forează 29.751 metri, iar la Gura Ocniței 39.509 metri, realizându-se 1.317.155 tone de petrol în regiunea Moreni și 1.488.479 tone la Gura Ocniței. Este anul unor transformări politice, economice și sociale atât la nivel național cât și la nivel mondial, cu consecințe deosebite pentru omenire.

Transformările social-politice ale anului 1938 își au originea în criza economică ce a zguduit omenirea. Una din problemele vitale ale umanității era legată de ideologia fascistă și de cea comunistă care se manifestau activ, în special pe continentul european. Muncitorii nu participau efectiv la activitatea politică, prezența lor manifestându-se sporadic, marea lor majoritate fiind prezenți mai mult la manifestările culturale sau sportive. Încă din 1920 ia ființă în Moreni prima echipă locală de fotbal „Izvorul', formată din elevi, a cărei activitate, desfășurată pe terenul schelei petrolifere, se rezuma la întreceri cu caracter amical. Treptat, mai iau ființă diverse colective sportive care-și propuneau ca principal scop al existenței lor atragerea muncitorilor, în special de la „Astra Română', la practicarea sportului în general și a fotbalului, în special. În 1930 apare clubul „IMSER', anul următor locul său fiind preluat de „Astra Română', având în structura sa organizatorică o echipă de fotbal afiliată la districtul Ploiești, în 1932, la categoria „Onoare'. În 1938, „Astra-Română' câștigă turneul zonal pentru promovarea în Divizia B. Lipsită însă de sprijinul material necesar, echipa petroliștilor din Moreni renunță în favoarea formației „Mociornița' București, la dreptul de a evolua la un nivel competițional superior și va continua să activeze în cadrul districtului Ploiești până în anii de după război137.

În zonă se construiesc, în special de către marile societăți, cazinouri și cluburi („Creditul Miner', „Astra-Română'), ștranduri, unde funcționarii și conducătorii societăților își petrec timpul liber. În multe localuri puteau fi prezenți și muncitori, adevărul fiind că unele cazinouri selecte erau frecventate numai de oameni cu mulți bani, uneori aventurieri veniți din patru puncte cardinale ale globului, etalând aroganță, sfidare, lux. Trusturile străine au construit numeroase vile pentru specialiști138, casele fiind construite după arhitectura fiecărei țări. Privind locuințele din „colonii' se pot vedea și astăzi casele tip englezesc, olandez sau „Western'. În fiecare colonie, în afară de vile, se construiau piscine, terenuri de golf și de tenis, restaurante, tot felul de locuri de agrement, zone pe care localnicii le numeau „bordelrans'. Pare surprinzător, dar zona Moreni-Gura Ocniței este înregistrată în statisticile oficiale ca regiunea cu cele mai multe bordeluri din țară.

(Garaj Astra Română - 1937)

Complexitatea vieții sociale ne prezintă și un alt aspect, cel privitor la muncitorii veniți din alte zone ale țării, dar în special din Oltenia și Maramureș. Aceștia locuiau în cazărmi cu dormitoare comune, unde își duceau viața 10-50 de oameni. Această situație a muncitorilor era cunoscută și semnalată în numeroase procese verbale întocmite cu ocazia inspecțiilor făcute de către delegații Inspectoratului Muncii Târgoviște.

Cercetând plângerile muncitorilor de la societatea petrolieră „Prahova' Gura Ocniței, Inspectoratul Muncii nota că aceştia „reclamau şi lipsa de consultație medicală la dispensarul respectiv'139.

Acelaşi inspectorat mai constată că „în unele întreprinderi, în special cele mai mici, se lucrează 12 ore pe zi, contrar obligativității legii pentru durata muncii şi a dispozițiilor date de inspector'140.

Direct sau nu, fie prin materialele Inspectoratului Muncii, fie prin petițiile trimise de muncitori, autoritățile erau nevoite într-un fel sau altul să admită că samavolniciile şi nedreptățile creşteau141.

Față de situația existentă se declanşează numeroase conflicte de muncă, greve, memorii, fapt ce determină organele polițieneşti din Câmpina să recunoască în „regiunea Moreni şi Gura Ocniței, o mare majoritate de muncitori sunt nemulțumiți de chestiunea scăderii salariilor şi concedierilor, în special aceia de la "Societatea Columbia'142.

Ca răspuns la activitatea crescândă a forțelor progresiste, guvernul liberal a dispus prin ordonanța Comandantului Corpului II armată din 25 noiembrie 1934, dizolvarea tuturor organizațiilor care luptă pentru răsturnarea puterii.143

Ca urmare a acestei hotărâri, în luna februarie 1935, pe raza județului Dâmbovița au fost arestați numeroşi agitatori şi trimişi Tribunalului Militar al corpului 5 Armată care i-a condamnat la pedepse între o lună şi doi ani144.

Prin ordonanțele nr. 6 din 9 ianuarie 1935 şi nr. 8. din 22 iulie 1935 a fost interzisă activitatea unor asociații şi organizații, printre care şi Sindicatul petroliştilor din Moreni145, fără să implice activitatea comuniştilor, devenită - surprinzător - tot mai puternică146.

Important de semnalat este faptul că, în această perioadă, comuniştii din Moreni activează în cadrul județului Dâmbovița. Aceasta se poate vedea din ordinul de informație nr. 27, dat de comandatul legiunii de jandarmi Dâmbovița prin care arată: „Comuniştii din regiunile Moreni s-au afiliat organizației comuniste din județul Dâmbovița'147.

În localitățile Moreni şi Gura Ocniței erau diferite case conspirative la care se țineau întruniri, unde se discutau probleme referitoare la viața economică. „S-a identificat în satul Pleaşa o locuință care serveşte drept casă de rugăciuni... sub aceasta comuniştii țin întruniri'148.

Importante acțiuni de front unic au fost întreprinse de muncitorii petrolişti. În anul 1935, „în vederea zilei de 1 mai... se interzice orice fel de întruniri, adunări pe străzi şi piețe publice precum şi orice demonstrații de stradă'149. Schelele din Moreni au fost înconjurate de armată, deoarece „Morenii chiar pot fi luați de exemplu de felul cum au reuşit să împartă manifeste... în oraşele şi satele din împrejurimi...150'.

În nota informativă nr. 16 din 19 octombrie 1935 a postului de jandarmi

Moreni se arată activitatea desfășurată la societățile „Astra Română',
„Columbia' și „Creditul Miner' Moreni și Stavropoleos precum și la
Societatea „Concordia' Gura Ocniței unde „propaganda se face numai de la
om la om, în mod discret, prin persoane bine cunoscute că nu trădează
secretul, iar în zilele de sărbătoare ale lor, prin răspândirea de manifeste cu
caracter subversiv'151.

Pe listele poliției și Siguranței din Târgoviște, ca și la posturile de
jandarmi din comunele învecinate, figurau și tineri ca Brutus Ion, strungar
în fier din Gura Ocniței; Dumitru Popescu de 29 de ani, mecanic la Astra
Română Moreni, Moraru Nicolae, strungar din Moreni, care mai târziu a
fost luptător antifascist în brigăzile internaționale din Spania etc.152.

Brutus Ion era membru al P.C.R. și în acea perioadă a primit sarcină din
partea partidului să creeze Comitetul U.T.C. la Moreni, unde se organizează
celule UTC în întreprinderi153.

În 1936 s-a produs „căderea organizației de partid și U.T.C. din județul
Dâmbovița și Schela Moreni'154, fapt ce se reflectă printr-o scădere a
mișcărilor revendicative.

La începutul anului 1938, cursul firesc al vieții democratice în România a
fost întrerupt de instaurarea de către regele Carol al II-lea a unui regim
monarhic autoritar, ceea ce a deschis drumul țării către regimurile
dictatoriale.

BIBLIOGRAFIE

1. Răvaș, Gh, - „Din istoria petrolului românesc', Ed. de stat pentru
literatura politică, București, 1955, p.145-152;

2. „Universul' din 19 iunie, 1924;

3. „Monitorul oficial', din 31 iunie 1924, p. 3420;

4. „Probleme fundamentale pentru viitorul industriei noastre de petrol',
București, 1937, p.35;

5. Vasile, Narcovici, - „Marele arc petrolier', Ed. Tineretului, 1971;

6. Ionescu, Damian, - „Peceți în aur negru', Ed. Albatros, 1980;

7. Topârceanu, George, - „Focul de la Moreni', în „Almanahul pentru
patrie', Buc. 19??, p.144-145;

8. Chivăran, Ioan, Negoiescu Bucur - „ Moreni', Ed. „Răsăritul',
București, 1926;

9. Ung., Ghe., Munteanu Nicolae - „Luptele revoluționare
premergătoare grevei din 1920' - Institutul de studii istorice și social politice
de pe lângă CC al PCR, București, 1970;

10. „Socialismul' din 18 martie 1919;

11. Bucur, Preșeanu Emilia - „Din monografia orașului Moreni și a

mişcării muncitoreşti', Moreni, 1972, (manuscris);

12. „Socialismul', 7 august, 1919, pag.2, col. 1 şi următoarele;

13. „Socialismul', 18-19 iulie, „Lupta socialistă' din 8 februarie, 19 martie, 1920;

14. „Socialismul', din 23 iunie 1919;

15. Angelescu, Dumitru - „Viaţa social politică şi mişcarea muncitorească din judeţul Dâmboviţa în anii avântului revoluţionar 1918-1921', în Arhiva Valahia, Târgovişte, 1976;

16. „Socialismul', din 1 august 1918;

17. „Lupta socialistă', (Ploieşti), din 3 octombrie 1919;

18. Angelescu, Dumitru;

19. Stoica, Ion - „Şcoala nr.1 Moreni-Stavropoleos', Moreni, 1989, 3 ex. dactone;

20. „Socialismul',din 22 martie 1920;

21. Arhiva CC al PCR, fond. 28, dosar 4353, f.158;

22. Fruchter, Eugen - „Acţiuni de luptă ale proletariatului dâmboviţean premergătoare grevei generale din 1920', în Valahia, Târgovişte, 1969;

23. Fruchter, Eugen - „Acţiuni de luptă ale proletariatului dâmboviţean premergătoare grevei generale din 1920', în Valahia, Târgovişte, 1969; pag. 123-149;

24. Arhivele Statului, Judeţul Dâmboviţa, fond tribunal, dos. nr.220/1920, f. 178-185;

25. . Fruchter, Eugen, Mihăiescu Gabriel - „Noi documente privind activitatea socialiştilor dâmboviţeni în preajma creeri P.C.R.', în „Acta Valachia', Târgovişte, 1972, p.17-41;

26. Fruchter Eugen, „Propaganda socialistă din jud. Dâmboviţa în perioada premergătoare grevei generale', în „Studio Valachico', Târgovişte, 1970, p.45-72;

27. Arh. Statului, filiala Dâmboviţa, fond prefectura jud. Dâmboviţa, dos. 28/1920; f.172-173;

28. Idem, f. 173-217;

29. Ibidem, f. 182-190, 199, 217; fond Inspectoratul Muncii târgovişte, dos. 11/1921, f.38;

30. Arh. Statului, filiala Dâmboviţa, fond Prefectura jud. Dâmboviţa, 1929, dos. 28/1920, document 20, f. 207-221;

31. Arh. Statului, filiala Dâmboviţa, fond Prefectura jud. Dâmboviţa, 1929, dos. 28/1920, fond Insp. Muncii, Târgovişte, dos. 2/1920;

32. „Lupta socialistă', (Ploieşti), din 21 octombrie 1920;

33. Arh. Statului, filiala Dâmboviţa, fond Prefectura jud. Dâmboviţa, 1929, dos. nr. 14/1920, f. 12;

34. Idem, dosar 10, f. 31; dosar 16, f. 59;

35. Ibidem, Fond. Isp. Muncii, dosar 18/1920, f.11;

36. „Lupta socialistă', (Ploieşti), din 18 dec. 1920;

37. Anexa nr.11;

38. Chivăran, Ion, - Ibidem. p. 136;

39. Anexa nr.12;

40. Anexa nr. 13;

41. Arh. Statului, filiala Dâmboviţa, fond Prefectura jud. Dâmboviţa, 1929, dos. nr. 8/1922, f. 16;

42. Chivăran, Ion, - Ibidem. p. 130;

43. Ibidem, p. 139;

44. Statistica Mineră a României pe anul 1932, Bucureşti, 1933;

45. Arh. Statului, filiala Dâmboviţa, fond Insp. Muncii, dosar. nr. 13/1928, f. 87;

46. Ibidem, f. 102-103;

47. Arh. Statului, filiala Dâmboviţa, fond Prefectura jud. Dâmboviţa, 1929, dos. nr. 58/1924, f.110-112, dosar 25/1925, f. 17,91;

48. Anexa nr. 14;

49. Chivăran, Ion, - Ibidem. p. 140;

50. Pizanty, Mihail - „Le petrole en Romanie', Bucureşti, 1933;

51. Arh. Statului, filiala Dâmboviţa, fond Insp. Muncii, dosar. nr. 10/1924, f. 12;

52. Arh. Statului, filiala Dâmboviţa, fond Insp. Muncii, dosar. nr. 11/1927, f. 76;

53. „Monitorul petrolului român', nr. 4/1938, pag. 231;

54. „Statistica industriei extractive', anul XL, 1938, p. 27;

55. Pizanty, Mihail - „Le petrole en Romanie', Bucureşti, 1933, p. 178;

56. Ibidem, p. 180;

57. Filipescu, G.M. „Petrolul şi zăcămintele petrolifere', bucureşti, 1942, p. 17;

58. Ibidem, p. 13;

59. Statistica Mineră a României pe anul 1932, Bucureşti, p. 6-7;

60. Statistica Mineră a României pe anul 1934, Tipografia Curţii Regale, Bucureşti, 1939, p. VII;

61. Pizanty, Mihail, Ibidem, p. 33;

62. Ibidem, p.32;

63. Ibidem, p. 178;

64. Ibidem, p. 32;

65. Ibidem, p. 41;

66. Ibidem, p. 178;

67. Ibidem, p. 54;

68. Anexa nr. 15;

69. Pizanty, Ibidem, p. 194-223;

70. Anexa nr. 15;

71. Anexa nr. 17;

72. V.G. Ionescu, „Activitatea secţiunilor socialiste din Prahova', în Prahova, trepte de istorie, Ploieşti, 1971, p. 72;

73. Arh. Statului, filiala Dâmboviţa, fond Insp. Muncii, dosar. nr. 4/1931, p. 3, dosar 34/1929;

74. Angelescu, Dumitru, - „Lupta petroliştilor dâmboviţeni, conduşi de partid, în anii crizei economice din 1929-1933', în Cronica Valahia, Târgovişte, 1973, pag. 133-142;

75. Arh. Statului, filiala jud. Dâmboviţa, fond Insp. Muncii, dosar. nr. 19/1929, f. 93;

76. Ibidem, f. 29;

77. Arhivele Statului, Ploieşti, f. Comisia de arbitri, dosar 10/1929, f. 165, 178;

78. Hanganu, Ecaterina - „Momente din lupta petroliştilor din Moreni împotriva exploatării în perioada 1929-1944. Însemnări pe marginea unor documente mai puţin cunoscute' în Valahia, Târgovişte, 1978, 1979, p. 361-366;

79. Arhivele Statului, Ploieşti, Ibidem, f. 180-183;

80. Ibidem, f. 153-155;

81. Arh. Statului, filiala jud. Dâmboviţa, dosar 9/1929, p. 29;

82. Ibidem dosar 19/1929, p. 13-14;

83. Ibidem dosar 6/1930, f. 82-93;

84. Ibidem dosar 30/1931, f. 299;

85. Ibidem dosar 28/1930, f. 110;

86. Ibidem dosar 30/1931, f. 25;

87. Arhivele Statului Ploieşti, fond Prefectura Judeţului Prahova, dosar 16/1931, f. 38;

88. Ibidem, f. 52;

89. Ibidem, f. 80;

90. Rachieru, Mihai; Dumitircă Florica -'Informaţii privind judeţul Dâmboviţa culese din documentele existente la Arhiva Statului judeţul Prahova', în „Studia Valahia', Târgovite, 1970, p. 293-299;

91. Arhivele Statului Prahova - fond Prefectură, dosar 10/1932, f. 35;

92. Ibidem, dosar 17/1932, f. 107;

93. Ibidem, dosar 252/1932, f. 245;

94. Arhivele Statului Dâmboviţa, fond Inspectoratul Muncii, dosar 13/1932, f. 15;

95. Ibidem, dosar 5/1933, f. 5;

96. Arhivele Statului Prahova - fond Prefectură, dosar 252/1932; f. 245;

97. Arhivele Statului Dâmboviţa, fond Inspectoratul Muncii, dosar 16/1932, f. 598;

98. Alexandrescu, Mircea -'Situaţia social economică şi lupta maselor din

judeţul Dâmboviţa între 1922-1932', în „Scripta Valahica', Târgovişte, 1973, p. 271-287;

99. Arhivele Statului Dâmboviţa, fond Inspectoratul Muncii, dosar 5/1933, f. 5;

100. Anexa nr. 18;

101 - „Statistica industriei extractive', pe anii 1940-1945, p. 10;

102. Răvaş, Gheorghe, Ibidem, p. 212-261;

103. Arhivele Statului Dâmboviţa, fond Camera de Comerţ şi Industrie, Târgovişte, dosar 13/1941, f. 156;

104. Ionescu, Cleopatra - „Structura economică a judeţului Dâmboviţa în anii 1934-1940', în Biblioteca Valachia, Târgovişte, vol. 7, 1975, p. 215-237;

105. Arhivele Statului Dâmboviţa, fond Camera de Comerţ şi Industrie, Târgovişte, dosar 24/1937, f. 98-100;

106. Analele minelor din România, ianuarie 1934, p. 6-9;

107. Anexa nr. 19;

108. „Statistica industriei extractive', anul XXXVII, 1035, Bucureşti, p. 18-23;

109. Anexa nr. 20;

110. Moniteur du Petrole Roumanie, nr. 23/1934, p. 1561,

111. „Statistica industriei extractive', anul XXXVII, 1035, Bucureşti, p. 18-23;

112. Aldea, Gh, - „PETROM R.A.' Câmpina, septone 1992;

113. Ibidem;

114. Anexa nr. 21;

115. Anexa nr. 22;

116. Anexa nr. 23;

117. Anexa nr. 24;

118. „Statistica industriei extractive', anul XXXVII, 1035, Bucureşti, p.40-41;

119. Aldea, Gh, Ibidem;

120. Osiceanu, Institutul de energie, Industria de Petrol a României, nr. 1937, Bucureşti, 1937, p. 4;

121. Ibidem, p. 5;

122. Moniteur du Petrole Rouman, nr. 12/1935, p. 969;

123. Ibidem, p. 970;

124. Ibidem, p. 969;

125. Moniteur du Petrole Rouman, nr. III-IV/1945, p. 88;

126. Ibidem;

127. Ibidem;

128. Monitorul Petrolului, nr. 11/1938, p. 873;

129. Anexa nr. 12;

130. Monitorul Petrolului, nr. 11/1938, p.873;

131. Ibidem, nr.4/1938;

132. Ibidem, nr.11/1938, p. 837;

133. Ibidem, nr. 1/1938, p. 13-14;

134. Ibidem, nr.1/1938, p. 17;

135. Anexa nr. 25;

136. Anexa nr. 26;

137. Ionescu, Mihai; Tudor, Mircea -'Fotbal de la A la Z. Fotbal românesc de-a luingul anilor', Ed. Sport-Turism, Bucureşti, 1984, pag. 123;

138. Mănescu, Manea, - „Cinci decenii de la marile bătălii de clasă din ianuarie 1933', în „Flacăra', nr. 18, din februarie 1983;

139. Arhivele Statului Dâmboviţa, fond Inspectoratul Muncii, dosar 38/1935 şi 11/1937-1938;

140. Ibidem, dosar 16/1937, f. 53;

141. Deftu, Florica, - „Lupta maselor muncitoare din judeţul Dâmboviţa sub conducerea partidului, în perioada creşterii pericolului fascist (1934-137)' în „Scripta Valahica', IV.1973, Târgovişte, p. 289-297;

142. Ibidem;

143. Ioniţă, Gh.; Babici, Ion, - „Comitetele pentru apărarea antifasciştilor' în studii 3/1966, p. 495;

144. Arhivele Statului Dâmboviţa, Legiunea jandarmi, inv. 152/1940, f. 141;

145. Arhivele Statului Prahova, Prefectura judeţului Prahova, inv. 621/1935, f.30;

146. Ionescu, Cleopatra - „Acţiuni ale PCR în judeţul Dâmboviţa, în preioada 1934-1940' în scriptele Valahia, IV,1973, Târgovişte, p. 297-309;

147. Arhivele Statului Dâmboviţa, Colecţia Posturi jandarmi, Post jandarmi Valea Lungă, inv. 1/1935, p. 63;

148. Ibidem;

149. Ibidem, f. 20;

150. Colecţia de ziare „Scânteia Prahovei', an II, din 20 mai, 1935;

151. Arhivele Statului Prahova, Prefectura judeţului Prahova, inv. 162/1935, f. 38;

152. Momente din istoria mişcării revoluţionare şi democratice a tineretului dâmboviţean, Târgovişte, 1972, p. 61;

153. V. G. Ionescu - „Activitatea secţiunilor socialiste din Prahova' în „Prahova', Trepte de istorie, Ed. Secţia propagandă a Comitetului jud. Prahova al PCR, Ploieşti, 1971, 161;

154. Ibidem.

CAPITOLUL V - RĂZBOIUL MONDIAL, PETROLUL ȘI....MORENII

La începutul anului 1938, cursul firesc al vieții democratice în România a fost întrerupt de instaurarea de către regele Carol al ll-lea a unui regim monarhic autoritar. La 20 februarie 1938, s-a publicat o nouă Constituție ce urma să pună bazele juridice ale noului regim. Regele guverna prin decrete-legi, fapt ce a modificat mult relațiile economice între intreprinderile de stat sau a celor cu capital majoritar de stat. Regimul autoritar a impus, de asemenea, desființarea sindicatelor și înlocuirea lor cu breslele, ale căror atribuții au fost drastic reduse. Ziua de 1 Mai a fost declarată sărbătoare, cu care prilej erau convocate adunări ale breslelor. În 1940 s-au constituit, sub egida Ministerului Muncii, așezămintele „Muncă și Voie Bună', ce urmau să aducă pe tineri în spiritul atașamentului față de regimul dictatorial al regelui.

În septembrie 1939, în condițiile grele pentru țara noastră rezultate din izbucnirea celui mai mare conflict mondial din istorie, prin atacarea Poloniei de către URSS și Germania, România s-a proclamat neutră. Neutralitatea politico-militară, atât cât a putut să fie menținută, nu s-a putut materializa și în domeniul economic, așa că amiralul Canaris se putea declara mulțumit de colaborarea stabilită după încheierea tratatului româno-german din 1939. În taină, în decembrie 1939, o grupă de 12 agenți naziști sosea din Germania fiind repartizați la Ploiești, Gura-Ocniței, Câmpina, Moreni. Potrivit legitimațiilor primite din partea SSI, agenții germani deveneau peste noapte simpli cetățeni români mai ales că toți erau sași și șvabi. Serviciul Secret Român va dubla cu agenții proprii fiecare agent nazist, astfel încât aceștia au fost repartizați „perechi' pe localitățile stabilite supraveghind activitatea tuturor șantierelor de extracție, a instalațiilor.1

Într-o circulară a chesturii Ploiești către organele din subordine, inclusiv

125

cel aflat la Moreni, se atrage atenția asupra faptului că agenții hitleriști pătrund în țară ca turiști2. Această „activitate' deosebită a fost analizată în multe și documentate lucrări de specialitate, dar o prezentare a complicatului război mondial în zona Moreni-Gura Ocniței se va finaliza după studierea vastului material oferit de arhivele locale.

În timpul războiului, marile trusturi internaționale au realizat profituri fabuloase de pe urma comenzilor militare, devenind totodată mai puternice ca oricând. Interesele economico-financiare stabileau relații în raport cu interesele militaro-politice. În octombrie 1939, la Haga, se stabilește o înțelegere în vederea menținerii și în perioada războiului a vechilor acorduri între „Standard Oil' și „I.G. Ferbenindustrie'.

Potrivit înțelegerii, „Standard Oil' primea în zona de influență continentul american, imperiul britanic și imperiul francez, iar restul lumii rămânea la dispoziția lui „I.G. Ferbenindustrie'. În acest context, orientarea economică românească din timpul dictaturilor nu trebuie să surprindă.

În mai 1940 se încheie cu Germania un acord special „Qel Packt', în baza căruia producția de petrol a României era pusă la dispoziția trupelor hitleriste.

La 4 decembrie 1940 se semnează noi acorduri româno-germane care cuprindeau dispoziții speciale cu privire la țiței. România era obligată să construiască noi conducte spre Giurgiu pentru a înlesni transportul produselor petrolifere destinate Germaniei.

Guvernul german obținea totodată posibilitatea de a acapara întreprinderile petrolifere din România și în primul rând întreprinderile aparținând supușilor țărilor ocupate de armata germană (era vorba în special de întreprinderile cu capital francez, britanic, olandez).

Presa străină arată că întreaga regiune petroliferă fusese înțesată de trupe hitleriste, începeau să se instaleze baterii antiaeriene, iar în zona Pleașa-Piscuri-Sângeriș apar fortificații de tipul cazarmelor, amenajări care sunt bine conservate până în zilele noastre.

Atragerea României în sfera de interese germane a determinat trusturile engleze, americane, franceze, să ia măsuri pentru „punerea la adăpost' a intereselor lor din România, fie prin vânzarea acțiunilor întreprinderilor controlate de ele, fie prin camuflarea lor, adică trecerea lor fictivă în mâinile unor persoane sau întreprinderi din Germania sau din țări neutre.

În mai 1941, ramura olandeză a trustului „Royal Dutch-Shell' care deținea 72% din acțiunile „Astra Română' a încheiat cu trustul german „Kontinental Oil', un „acord de conlucrare' în baza căruia toate terenurile și concesiunile societății urmau să fie exploatate în comun de cele două trusturi.

O operație de camuflare oarecum asemănătoare, a fost pusă la cale și realizată şi de trustul american „Standard Oil' care, în conformitate cu acordul de la Haga, este apărată chiar de autoputernicul trust hitlerist „I.G. Ferbenindustrie'!

În ceea ce priveşte trusturile franceze, acestea au predat Germaniei aproape toate participaţiunile lor la întreprinderile petrolifere din România, păstrând pentru ele numai o parte din aceste participaţii.

Astfel „Societe Industrielle des Petroles Roumains' (S.I.P.E.R.) din Paris, care controla o mare parte din capitalul societăţilor „I.R.D.P.' şi „Petrolul Block' a intrat în colaborare cu trustul german „Sudostchemie Handelsgesllscaft' iar societatea „Columbia' a fost predată trustului german „Koutinentale Oil', trust ce preia şi societatea „Concordia' care aparţinea înainte de război trustului franco-belgian „Petrofina'.

Din 1940 până în 1944 nu s-au mai înfiinţat întreprinderi petrolifere noi, iar societăţile petrolifere cu capital german ce funcţionau anterior declanşării războiului erau întreprinderi mici şi fără activitate.

Stăpâni pe ţiţeiul românesc, germanii au organizat exemplar exploatarea petrolului, bogăţie minerală atât de necesară în timp de război.

În scopul măririi producţiei, întreprinderile petrolifere au intensificat săparea sondelor de exploatare în dauna celor de exploatare, au repus în funcţiune sondele părăsite sau suspendate, au realizat săpături de sonde deviate, prin care se intră în perimetre interzise aparţinând statului şi păstrate ca rezervă.

Deşi s-au acordat întreprinderilor numeroase ţinuturi şi structuri noi, lucrările de exploatare în aceste regiuni au fost practic inexistente, fapt ce a făcut ca zăcămintele cunoscute să fie exploatate cu intensitate.

Deoarece producţia scădea necontenit, Clodius cere guvernului Antonescu, printr-o scrisoare din 17 febr. 1942, să întocmească o nouă lege a minelor care să încurajeze intensificarea exploatării zăcămintelor.

În câteva luni a fost întocmită o nouă lege care să promoveze „o politică de încurajare şi compensaţii din partea statului pentru sacrificiile şi riscurile întâmpinate de exploatatori'.3

Noua lege a petrolului din 1942 confirmă că bogăţiile subsolului aparţineau statului şi se încurajează capitalul românesc, chiar dacă în 1941 „Continental Oil' controla întreaga industrie de petrol.4

Situaţia de pe front impune noi raporturi româno-germane. Astfel germanii merg cu pretenţiile lor până acolo încât prin Protocolul din 11 ianuarie 1943 (fila 165, dosar vol. 37) semnat de Clodius şi Mihai Antonescu, cer şi obţin ca guvernul Antonescu să îngrijească prin măsuri administrative şi la nevoie chiar prin legi, ca exportul de produse petrolifere către Germania şi Italia să fie sporit prin restrângerea consumului intern şi prin sporirea producţiei5.

În felul acesta în 1943 se fac încercări pentru repunerea în funcțiune a Schelei Colibași6, rezultatele fiind infructuoase, iar geologii au depus memoriile necesare pentru zona Vișinești-Provița și Ocnița-Malul Roșu.7

Guvernul Antonescu elaborează un decret-lege privind transformarea instalațiilor cazanelor industriale, spre a trece la consumul de combustibil solid în loc de cel lichid8, documentele vremii consemnând multe asemenea mărturii ce prezintă intenția guvernului de a respecta convențiile germano-române.

Statisticile oficiale arătau că în 1943 Germania ajunsese să acapareze, ea singură, aproape 80% din totalul exporturilor de produse petrolifere al României, de unde în 1939 ea acapara 20% din acest export9, arătând că și în domeniul comerțului petrolifer în perioada războiului au loc modificări spectaculoase.

(Valea Cricovului - Concordia)

Războiul aduce populația în stări paradoxice. Durerea pricinuită de frontul propriu-zis este accentuată de starea de mizerie de acasă. „Situația salariaților a devenit din ce în ce mai grea', puterea de cumpărare a scăzut foarte mult, salarizarea „nu rezolvă greaua problemă a existenței salariaților'10 arăta revista „Monitorul petrolului românesc', purtătorul de cuvânt al acestei industrii, cândva înfloritoare. Aceeași revistă recunoștea că „se simte o mare lipsă de îmbrăcăminte și încălțăminte pentru muncitorii din industria de petrol' şi că nici „latura alimentară a problemei' nu mai poate fi soluţionată de aceştia'.11

Întreprinderile petrolifere au fost militarizate, muncitorii au fost siliţi să se înregistreze la comandamentele militare şi să poarte banderole cu numărul de înregistrare. Pe străzi şi în schele, muncitorii nu aveau voie să circule în grupuri mai mari de 3 oameni şi aceasta numai în anumite ore, când veneau sau plecau de la lucru.12

În întreprinderi a fost introdusă pedeapsa cu bătaia şi cu carcera. Pentru o simplă întârziere de la lucru, muncitorul era bătut şi închis în carceră iar dacă lipsea câteva zile, era arestat şi deferit curţii marţiale spre judecare.13

Muncitorimea, alături de întregul popor, a suferit toate consecinţele anilor de război, a luptat cu curaj împotriva tuturor nedreptăţilor sociale ce se accentuau începând cu instalarea dictaturii lui Carol al ll-lea.

În anul 1938, odată cu instaurarea dictaturii carliste, se desfiinţează oficial sindicatele muncitoreşti şi în locul lor se înfiinţează breslele, organe cooperatiste.

La început aceste bresle au fost sabotate de muncitori. Apoi, muncitorii se vor înscrie în masă, pentru a le transforma în organe de revendicări economice.

Datorită acţiunilor greviste din anul 1939, societatea „Steaua Română' va fi nevoită să accepte un nou contract colectiv, care va fi aplicat şi la celelate întreprinderi morenare.

Odată cu instaurarea la 6 septembrie 1940 a guvernării Antonescu, „Casa Poporului' din Câmpina, este evacuată şi sigilată de către autorităţi.

Din vechea „Casă a Poporului', legionarii au scos tot mobilierul iar „bogata ei bibliotecă, ca şi arhiva şi alte materiale documentare le-au transportat în piaţa oraşului, unde le-au dat foc'.14

S-au pierdut astfel documentele istorice de o inestimabilă valoare pentru mişcarea muncitorească morenară şi din Valea Prahovei, documente ce prezentau evident un anumit punct de vedere, oricum deloc de neglijat.

Odată cu antrenarea ţării în război, începe să se manifeste tot mai pregnant criza economică, ce se va adânci pe măsură ce mersul evenimentelor va deveni nefavorabil.

Încă din luna martie 1939, când s-au făcut primele concentrări de trupe la graniţele României, starea de spirit a populaţiei era neliniştită, iar reprezentanţii muncitorilor din judeţ arătau: „la un eventual război contra ruşilor, românii nu o să lupte' .15

La 1 martie 1940, ca urmare a reclamaţiei lucrătorilor de la schela petrolieră Gura Ocniţei a societăţii „Concordia', ancheta făcută de către Inspectoratul Muncii Târgovişte scoate în relief maltratările la care au fost supuşi lucrătorii din partea conducerii acestei societăţi.17

La 22 aprilie 1940 muncitorii schelei Gura Ocniţei, printr-un memoriu trimis Inspectoratului Muncii Târgovişte, cer sporirea salariilor, indemnizaţie pentru chirie, gaze, plătirea orelor suplimentare, Contract Colectiv de muncă, ş.a.18

O altă serie de nemulţumiri sunt semnalate de către Legiunea de jandarmi Dâmboviţa, la 25 aprilie 1941, din partea lucrătorilor petrolişti de la Schela Gura Ocniţei din cauza proastei salarizări, răului tratament şi a lipsei locuinţelor.19

În martie 1942 comandamentul militar al societăţii „Concordia' din Gura Ocniţei, concediază pe mecanicul Popescu A. Ion pentru insubordonare, sabotaj şi instigare la dezordine, fiind deferit spre judecare Curţii Marţiale din Ploieşti.20

Subinspectoratul Muncii Târgovişte era informat prin mai multe note că muncitorii de la societăţile „Unirea', „Concordia' şi „Prahova' sunt foarte agitaţi, luându-se măsurile de precauţie pentru a nu „se strecura agenţi comunişti în rândurile lor'.21

Datorită comuniştilor, autorităţile sunt foarte îngrijorate de agitaţia muncitorilor, ce discută deschis „că orice răbdare are o margine', iar muncitorimea de la societatea „Prahova' Schela Gura Ocniţei este complet comunizată'.22

În primăvara anului 1944, sute de muncitori din Moreni au înaintat memorii conducerii societăţilor „Concordia', „Dacia Română' ş.a. prin care cereau repunerea în drepturile câştigate, mărirea salariului, acordarea de ajutoare băneşti, majorarea salariilor, aprovizionarea cu alimente şi încălţăminte, plata orelor de lucru din timpul duminicilor şi sărbătorilor legale cu spor de 25%, etc. 23

Mersul războiului tot mai nefavorabil pentru guvernanţi, înlesnea înăsprirea măsurilor represive din partea autorităţilor. Astfel legislaţia ocrotirii muncii a fost cel mai puternic lovită de măsurile luate de regimul Antonescu printr-o vastă reţea de decrete-legi, adoptate imediat după 6 septembrie 1940: Decretul-lege nr. 4012 din 10 Xll., provocând militarizarea instituţiilor şi întreprinderilor de stat şi particulare; decretul nr. 3878 din 20.Xl.1940 privind desfiinţarea breslelor; decretul lege care autoriza Inspecţia Muncii, ca timp de 3 luni durata zilei de muncă să fie prelungită la 12 ore, să fie suspendat repausul duminical şi concediul de odihnă.24

O grijă specială au acordat autorităţile schelelor petrolifere, lând măsuri pentru protecţia lor, încercând să prevină eventualele acte de sabotaj. La 23 iunie 1943, Ministerul Muncii comunica Inspectoratului din subordine militarizarea tuturor întreprinderilor petrolifere de pe raza judeţului Dâmboviţa25 fapt pentru care acţiunile revendicative au îmbrăcat mai ales forma unor memorii individuale sau colective, a unor presiuni asupra patronilor.

Acțiunile greviste, mascate uneori sub numele de „conflicte colective' sunt semnalate la societățile „Redevența' de la Schela Mărgineni, „Sindicat' Gura Ocniței, „Petrolul Românesc' și „Unirea' Moreni.26

Altele au îmbrăcat forma unor conflicte individuale cum s-au înregistrat la Societatea „Steaua Română', la Bucșani și Moreni27. Într-un raport al jandarmeriei din 1942 se afirma: „comuniștii, deși în aparență nimic nu se observă în rândurile lor și nici un contract între ei, nu pierd speranța în victorie'28, elocventă dovadă că acțiunile revendicative din perioada războiului nu au fost conduse de către comuniști, decât arareori, mai ales în condițiile în care numărul acestora era redus.

Pe măsură ce ne apropiem de momentul august 1944, în condițiile în care situația de front era extrem de dificilă pentru armata română, nemulțumirile și starea de tensiune a populației cresc. Încă din primăvara anului 1944, în zona petroliferă Moreni-Gura Ocniței, se organizează formațiuni patriotice de luptă, comandamentul acestora având strânse legături cu localitățile din județ și țară.29

În zilele fierbinți ale lunii august 1944, care marchează și începutul participării României la războiul antihitlerist, zona Moreni s-a încadrat în ansamblul acțiunilor insurecționale desfășurate pe teritoriul României. Conform planului militar, conducerea trupelor române din zona Moreni, care a participat la dezarmarea și capturarea trupelor germane, a revenit comandamentului 5 teritorial-general C. Vasiliu Rășcanu. În acest scop, în afara unităților sale organice pentru îndeplinirea misiunii primite i-au fost subordonate: detașamentul 18 pază, brigada 5A, Școala ofițeri cavalerie Târgoviște, Școala Ofițeri rezervă nr.1, Școala subofițeri jandarmi, permanenta Divizie a V-a infanterie cu două companii recruți din R.9 infanterie, 2 batalioane ale Div.1V.M., 1 batalion din 3 V. Moto, 2 companii R care de luptă, grupul specialiști Moto30. La acțiunile de la Schela Mare au participat și pompierii din compania Târgoviște.31

Nemții au masat în zona petroliferă efectivele a trei divizii, efective ce se ridicau la peste 25.000 de oameni, din care jumătate erau încadrați în unități operative.

Trupele germane din zona Moreni, cu un efectiv de 1.200 de oameni, dețineau puncte de teren dominante. Pe dealurile de la Pleașa, Țuicani, Sângeriș, Ghirdoveni, bateriile antiaeriene erau fortificate, având adăposturi betonate și tranșee circulare construite cu mult înainte. Ele reprezentau puternice puncte de apărare și observare pentru inamic. Ca măsură de lucru pentru organizarea centrelor de rezistență, comandanții hitleriști din zonă au folosit un număr de 200 de tineri din grupul etnic german. Ei constituiau așa zisa „Divizie petrolieră' și era comandată de inginerul Hyder, ofițer de rezervă. 32

Gruparea hitleristă de la Moreni şi din apropiere aparţinea unităţii din Divizia 54 SS, comandată de generalul Hoffmeyer, subunităţi din Regimentul 8 apărare pasivă şi numeroase baterii de artilerie antiaeriană, având pregătite, de asemenea, puternice poziţii defensive şi noduri de rezistenţă.33

Încă din seara zilei de 23 August, la vestea doborârii guvernului Antonescu, mulţi muncitori din Moreni au primit arme de la unităţile militare din zonă, s-au constituit în formaţiuni de luptă patriotică şi au luat asupra lor apărarea întreprinderilor. Totodată ei au luat măsuri pentru aprovizionarea populaţiei cu energie electrică, apă şi alimente.34

Planul militar român prevedea, în mare, o acţiune largă de încercuire a forţelor duşmane din Moreni şi de pe formele de teren din jurul lui, acţiune în cadrul căreia să se îmbine concomitent atacurile frontale cu manevre de cădere în spatele frontului, efectuate prin goluri rămase în timp ce, mult mai spre nord, pe aliniamentul Ursei-Puturosu, alte unităţi să constituie un baraj tactic, care să oprească o eventuală tentativă a vreunor forţe inamice, ce-ar fi putut scăpa din încercuire, de a se scurge spre munţi. Armata română ţinea ca prin luptele din zona Moreni să înlăture o mare primejdie ce ameninţa asupra viitoarelor lupte de pe Valea Prahovei.35

Iniţial, comandamentul român a hotărât zdrobirea grupării hitleriste din zona Moreni, printr-o acţiune amplă de încercuire, în cadrul căreia trebuiau să se îmbine atacurile frontale cu manevre impetuase în spatele poziţiilor inamice dispuse pe dealurile de la Pleaşa, Ţuicani, Sângeriş şi Ghirdoveni, amenajate din timp şi alcătuite din adăposturi betonate şi tranşee circulare. Concomitent, la nord, pe Valea Cricovului Dulce, subunităţile române au constituit un baraj tactic pentru a împiedica comandamentul advers de control asupra itinerarului de repliere - Valea Lungă-Proviţa.36

Ca mijloace de foc, cei 1000 de militari germani, dispuşi în zona Moreni, aveau 12 tunuri antiaeriene cu 4 ţevi şi gurile de foc ale altor 3 baterii antiaeriene.37

Mai puternic era grupul de pe dealul Sângeriş, unde, în jurul unei baterii de artilerie antiaeriană, se găseau fracţiuni de unităţi germane din zonă. La circa 12 km de Moreni, la Diţeşti, se formase un alt punct de rezistenţă inamic alcătuit din 2 companii însoţite de tunuri antiaeriene grele. Planul comandamentului român a constat în funcţionarea prin încercuire a centrului de luptă inamic de la Moreni şi a celor care gravitau în jurul lui pentru a le ataca ulterior şi a le lichida. Se priva în acest fel comandamentul advers de controlul asupra itinerarului de repliere spre Nord: Moreni- Valea Lungă - Proviţa de Jos - Câmpina.

Anterior declanşării atacului decisiv, trupele române izolaseră încă de la

24 august grupul de luptă inamic de la Moreni şi punctele de rezistenţă din jurul acestuia, tăindu-le legăturile cu alte formaţiuni germane din regiunea petrolieră. În dimineaţa zilei de 25 august 1944, militarii batalionului 1 din regimentul 22 infanterie şi ai batalionului 1 din Regimentul 3 moto au atacat poziţii inamice de pe dealurile Pleaşa şi Ţuicani.

Bateria 204 artilerie antiaeriană română şi-a concentrat focul asupra tunurilor inamicului de pe dealul Pleaşa. Acţionând în cooperare cu batalionul 1 grăniceri şi batalionul 1 din regimentul 2 vânători de gardă, militarii bateriei 204 artilerie antiaeriană au atacat, în zorii zilei de 26 august, poziţiile germane de pe dealul Pleaşa, reuşind să reducă în proporţie de 30% capacitatea bateriei 3 din Diviz. 187 german.

După un asalt energic militarii români au lichidat complet, în jurul prânzului, rezistenţa opusă de inamic. Concomitent, militarii unei baterii de proiectare au capturat o coloană germană care trecea prin satul Pleaşa. În timpul încleştărilor eroice de pe dealul Pleaşa a căzut grav rănit, alături de numeroşi militari, tânărul muncitor petrolist Mihai Ştefu.38

Luptele au continuat şi pe dealul Ţuicani unde, după o încleştare de câteva ore, ostaşii români au zdrobit împotrivirea trupelor hitleriste.

Au fost asaltate apoi poziţiile germane de pe plaiul Nisipoasa; batalionul de instrucţie din regimentul 4 vânători moto a atacat dinspre Filipeştii de Pădure, iar subunităţile Regimentului 10 roşiori au manevrat de la vest la sud-vest. Sub presiunea puternică a trupelor române, lovite şi de artileria antiaeriană, formaţiunile hitleriste din acest punct de rezistenţă au încercat să-şi deschidă drum şi să iasă din încercuire. În noaptea de 26/27 august circa 200 de germani au atacat în repetate rânduri localitatea Filipeştii de Pădure unde se găsea comandamentul Detaşamentului 18 de pază zona petroliferă, dar în cursul dimineţii au fost capturaţi, în cea mai mare parte, de către unităţile române.

În aceste acţiuni, militarii au fost ajutaţi de muncitorii înarmaţi. Muncitorii au tăiat firele telefonice ce făceau legătura între poziţiile inamicului, lipsindu-i de posibilitatea coordonării acţiunilor militare din zonă şi a tirului bateriilor de artilerie antiaeriană. Grupurile de muncitori înarmaţi au asigurat principalele puncte de trecere din zonă, cu scopul de a interzice pătrunderea hitleriştilor în schele. În aceste clipe istorice, muncitorii cooperând frăţeşte cu ostaşii, au preluat şi paza sondelor de la schele, silind gărzile nemţeşti de la sonde să depună armele. La schelele „Astra Română' formaţiunile de muncitori au asigurat îndată paza uzinei electrice, a atelierului mecanic. Călăuzite de localnici care cunoşteau terenul, subunităţile armatei române au reuşit să-şi creeze un dispozitiv de luptă favorabil, încolţind duşmanul din mai multe părţi.

Luaţi prin surprindere şi uluiţi de avântul şi curajul românilor, hitleriştii au reacţionat cu foc mult însă dezordonat, aproape haotic, ceea ce a dus la crearea unor culoare nebănuite pe care le-au folosit imediat grupele şi plutoanele româneşti, infiltrându-se cu neînfricare, în inima dispozitivului duşman. După câteva ore, hitleriştii au încetat lupta. Către orele 9,20 dimineaţa, dealul Pleaşa a fost cucerit, capturându-se 160 de prizonieri şi un bogat material de război.

Nici nu se terminase cu dezarmarea prizonierilor capturaţi pe dealul Pleaşa, când pe cerul Moreniului şi-au făcut apariţia două avioane hitleriste care au încercat să bombardeze şi să mitralizeze subunităţile maiorului Prună, dar bombele lansate nu şi-au atins ţinta. Concomitent, un batalion din regimentul 2 vânători de gardă, întărit cu o campanie specială de pompieri şi în legătură cu batalionul 3 vânători moto, ce devenise disponibil în urma atacului izbucnit de la Pleaşa, au trecut la manevrarea pe la est şi pe la vest a rezistenţelor inamice de pe dealul Ţuicani, o altă acţiune dominantă din preajma Morenilor. Încleştarea a fost sângeroasă, durând câteva ore. Românii au pus stăpânire şi pe culmea Ţuicani, capturând încă 120 de prizonieri germani cu armamentul respectiv.

În urma acestor succese s-a creat o mare breşă în sistemul de apărare aproape circular al duşmanului. Dar inamicul mai dispune încă de alte puternice forţe la Moreni. Ele se fortificaseră solid pe dealurile Sângeriş şi Plaiul Nisipoasei ţinând sub tirul bateriilor de artilerie întreaga vale a Cricovului Dulce. Bateriile de artilerie germană băteau continuu Morenii şi căile de acces către dealul Sângeriş. Dacă în luptele de pe dealul Pleaşa, infanteria noastră nu a beneficiat de sprijinul de foc al artileriei, apoi în atacurile şi manevrele de pe dealurile Ţuicani şi Sângeriş trupele de infanterie au fost ajutate serios de câteva secţii din bateria 153 A.A., care a aruncat asupra inamicului peste 400 de obuze într-un timp scurt. De relevat este că tot în acelaşi timp, când o parte din gruparea maior Prună atacă frontul dealul Pleaşa iar alte unităţi executau manevre de dublă învăluire a dealului Ţuicani, batalionul 4 Vânători de Munte atacă dealul Sângeriş. În aceste acţiuni de învăluire ostaşii noştri au străbătut un teren greu, au folosit cărări întortocheate cunoscute numai localnicilor, care le erau minunate călăuze.

S-au dus sângeroase lupte care s-au terminat cu înfrângerea duşmanului. Nemţii scăpaţi cu viaţă au fost capturaţi cu toate bateriile ce le deserveau.

Din spusele prizonierilor reiese că hitleriştii care intenţionaseră să transforme Morenii într-un rug de flăcări, nu s-au aşteptat ca românii să le cadă în spate în direcţiile neacoperite de tirul bateriilor germane de pe dealul Sângeriş. În cursul luptelor a fost grav rănit, în timp ce-şi îmbărbăta vitejii ostaşi, însuşi comandantul grupării Moreni, maiorul Dumitru Prună.

În urma rănilor grave, el s-a stins din viaţă, fiind înlocuit la comandă cu căpitanul Ciotea, tot din batalionul 2 Vânători gardă.

(Monumentul Eroilor)

În timpul luptelor, hitleriştii au întreprins încercări disperate de a se salva din încercuirea de la Moreni. O încercare a avut loc la ora 10.00 când nemţii au dorit să se retragă spre Ghiordoveni, o alta, câteva ore mai târziu, spre Diţeşti. Atacând din flanc, batalionul român a reuşit ca până la orele 16.00 să cureţe de inamic, localitatea şi împrejurimile. În această luptă au fost capturați circa 750 de hitleriști, o baterie de tunuri și un mare număr de mașini și material de război. Alte resturi ale trupelor hitleriste care au încercat să se salveze de pe dealul Sângeriș, retrăgânduse în derută spre Ursei, au fost lichidate de escadronul de cavalerie al școlii de ofițeri din Târgoviște. O soartă asemănătoare au avut-o trupele Diviziei 54SS a generalului Hoffmeir care se afla la Gura Ocniței și nu au putut interveni în luptele de la Pleașa-Țuicani.

Bilanțul total al luptelor din ziua de 26 august arată că trupele noastre au capturat peste 850 de prizonieri, 2 baterii, un depozit de muniție, multe arme automate și un bogat material de război. În afară de un număr mare de răniți, inamicul a lăsat pe câmpul de luptă și peste 100 de cadavre. Și unitățile românești au avut pierderi dureroase. Numai în luptele de pe dealul Sângeriș au căzut vitejește un ofițer și 14 soldați, de asemenea au fost răniți 4 ofițeri și 25 de soldați. Victoria românilor s-a datorat promtitudinii intervențiilor, elanului ofensiv, dârzeniei în apărarea unor puncte importante, inițiativei și spiritului de sacrificiu, sprijinului gărzilor patriotice din Moreni.

Astfel că în momentul în care trupele sovietice conduse de maiorul Jodovici au intrat în Moreni (39), localitatea era în mâinile bravei armate române40, care reușise prin fapte de vitejie să salveze de la distrugere unul din centrele de mare importanță în evoluția ulterioară a războiului.

Urmează o perioadă extrem de frământată în viața social-politică a zonei, cu consecințe neașteptate și imprevizibile în viața economică.41

Viața social-politică a fost direct influențată de prezența trupelor sovietice, ce în mod direct și indiscutabil decideau mersul evenimentelor. La fel de adevărat este că anii grei ai războiului, propaganda subtilă, au început prin acțiuni directe să impună schimbări în conducerea unităților economice, procesul productiv fiind mult îngreunat.

La 4 septembrie 1944 s-a organizat la Moreni „Comisia generală a sindicatelor42 ce avea ca obiectiv esențial reorganizarea sindicatelor pe baza F.U.M., reorganizarea ce a cuprins toate schelele din zonă. S-a cerut mărirea salariilor, alimente, schimbarea primarului. Apoi, încolonați, purtând pancarte „Proletari din toate țările, uniți-vă!', au manifestat în fața primăriei. Cu toate că reprezentau o pondere redusă a celor 6000 de muncitori din zonă, în 1945, găsim noi primari în Moreni (Marin Scurtu)43, în Stravapoleos (Bucur Ion), în Gura Ocniței, primari numiți sub imperativul unor grupuri de muncitori care se manifestau energic, uneori violent. În ziua de 4 februarie 1945, la Moreni, a avut loc o adunare în care participanții cereau guvern F.N.D., participarea cu maxim de efort la războiul antihitlerist, înfăptuirea reformei agrare, sporirea producției, lupta împotriva șomajului și speculei. Aceste acțiuni energice determină armata să interzică

„circulaţia pe străzi după ora 22.00' şi să precizeze că „toate reuniunile de orice fel sunt interzise fără prealabilă aprobare a comandantului garnizoanei44. Hotărârile se luau în parte, soarta ţării fiind decisă în cabinetele de la Moscova, Londra sau Wasingthon, de aceea această măsură rămâne doar o hârtie. La 13 febr. 1945 grupările politice F.N.D. au participat la o întrunire muncitorească. Adunaţi pe un teren viran, muncitorii de la „Steaua Română', „Creditul Miner', „Dacia Română' aveau pancarte cu inscripţii inspirate de la alte „foruri' : „Cerem arestarea agresorilor', „Cerem arestarea lui Ilie Lazăr', „Jos reacţionarii', „Vrem guvern F.N.D.', etc.45

Alegerile din 1946 determină pe morenari să adreseze o moţiune la 23 nov. prin care se spune: „Noi, cetăţeni de toate categoriile... din regiunea Moreni, întruniţi în mitingul B.P.D. al regiunii petrolifere Moreni, luând la cunoştinţă despre victoria B.P.D., salutăm cu entuziasm această victorie a democraţiei româneşti... conştienţi că linia trasată de B.P.D. va aduce un viitor luminos.... ne luăm angajamentul că vom contribui cu munca noastră şi cu hotărârea noastră pentru înfăptuirea platformei program46.

(Berăria şi cinema Alexiu)

Istoria localităţii intră într-o nouă etapă, cu consecinţe în viaţa economică, politică şi socială, istorie ce începe încă din 1938, când se instaurează prima dictatură în România. În prima etapă dictatura a influenţat mai puţin viaţa economică, dar treptat, mai ales în timpul războiului, politicul intervine tot mai energic în dirijarea economicului.

În 1938 industria petrolului în Moreni continuă să reprezinte o valoare națională și internațională. Din totalul de 4.495.000 tone petrol ale producției românești din anul 1938, regiunii Moreni îi reveneau peste 50%, rezultat în special prin exploatările societăților Astra-română', Româno-Americană', „Concordia', „Steaua Română', „Unirea', „Columbia', „Creditul Miner', „Prahova', etc. Între timp dispăruseră multe societăți, unele cu vechi tradiții în zona noastră, ca de exemplu „Sirius' care a fost preluată în ian. 1931 de societatea „Concordia'.47

Altele au apărut pentru scurt timp: „Geozina' fondată în 1937 și care în 1944 ajunsese să aibă capital integral românesc la fel ca „Neopetrol' creat în 1936.48

În fapt dictatura a creat noi structuri organizatorice în economie

Dacă față de marile corporații internaționale nu se puteau atinge, s-a încercat crearea unor structuri paralele. Prin lege, ia ființă societatea cu capital integral românesc, „Administrația Comercială pentru prospecțiuni și exploatări miniere'49 care urmărește să preia în totalitate activitatea de cercetare a subsolului românesc din regiunile necercetate și care se găseau în zonele ce aparțineau statului sau particularilor.

Societatea își începe activitatea în aprilie 1940 și primește în exploatare valorificarea hidrocarburilor gazoase de la Mănești-Vlădeni. Aici, în timpul războiului s-au forat 6 sonde (2 fiind productive, la 2 se făceau perforări pentru punerea în producție, o sondă era suspendată, iar una era abandonată)50 dovedind potențialul deosebit de ridicat al regiunii și în producția gazelor naturale.

În 1939 producția de petrol ajunsese la Schelele Moreni (în componența căreia intrau Mărginenii și Filipeștii) la 1.101.050 tone, iar la G. Ocniței la 1.279.240 tone.

Forajul în schimb coboară la 36.831 m. în Moreni și 25.638 m. în Gura Ocniței. Față de producția județului Prahova de 1.143.000 tone pe proprietățile de stat și 2.833.000 pe cele particulare, Moreniul producea 27,79%, iar la Gura Ocniței producea 59,16% din producția județului Dâmbovița (atunci județul producea 1.469.000 tone pe proprietățile de stat și 693.000 pe proprietățile particulare).

În 1940 producția totală de petrol a țării a scăzut de la 6.226.000 tone la 5.738.000 tone, scădere reflectată și m. forați care coboară de la 256.000 la 235.000, pentru exploatare forându-se doar 17.935 m. ceea ce reprezintă doar 6,2% cel mai mic procentaj din istoria forajului de prospecțiune. Ponderea producției obținute la Schela Moreni la nivelul județului Prahova crește la 29,10% iar a Schelei Gura Ocniței coboară nesemnificativ la nivelul Dâmboviței, fapt ce ne dovedește că acele județe care dădeau împreună

90,51% din producţia ţării sunt în continuare în centrul atenţiei investitorilor români sau străini.

Scăderea producţiei în regiune este datorată în special nerealizărilor de pe proprietăţile de stat obligate să-şi orienteze capitalul spre alte direcţii prioritare (armată, refugiaţi, etc.). Intrarea României în război accentuează (paradoxal) declinul producţiei, chiar dacă cerinţele de petrol sunt în creştere. Numărul salariaţilor este în scădere, tineretul fiind obligat să se înroleze în armată, alţii părăsind regiunea datorită activităţii militare tot mai intense. Nu se pune problema unei lipse a forţei de muncă, noi contingente din Ardeal şi Oltenia venind să lucreze în petrol.

La Steaua Română' numărul salariaţilor varia între 400-700 lucrători, la „Petrolul Românesc' devenit în 1937 „Exploatarea Perimetrului Statului' erau între 100-250 de salariaţi52, la „Continentala' între 50-70 de salariaţi, etc.53

Societăţile se ocupă cu contracte de arendare, cu ajutorarea şcolilor şi spitalelor, cu salarizarea personalului, dar întocmeşte şi tabele privitoare la originea etnică a personalului sau cu cei internaţi în lagăr.54

Unele societăţi îşi reduc activitatea lăsând la Moreni numai anumite servicii care se ocupau „cu forajul şi extracţia, având şi ateliere proprii' („Continentala')55, altele îşi mută toată conducerea la Ploieşti („Redevenţa'55), Bucureşti („Astra Română'57)

Activitatea economică continuă, Societatea „Poliminera îşi prezintă domeniul de activitate care, în timpul războiului şi după aceea, era de exploatare şi comercializare a ţiţeiului şi produselor derivate, de foraj şi extracţie. Societatea avea ateliere de strungărie şi mecanică (58), asemănător marii majorităţi a societăţilor din regiune care nu-şi permiteau nici un fel de colaborare cu concurenţii economici.

În timpul războiului se negociază noi contracte de arendare sau rearendare. Societatea „Concordia' Gura Ocniţei discută cu Ocolul Silvic Moreni59 arendarea unor noi terenuri, societatea „Astra Română reînoieşte dreptul de arendare pentru instalarea a trei conducte de 1590 de metri fiecare. Prin pădurea statului Ghirdoveanca (60), la 13 febr. 1942 se reînoieşte contractul pentru un teren de 2.600 metri liniari, în corpul pădurii Mija Stavarapoleos ocupat de o conductă de 2 ţoli pentru transportul gazolinei de la Schela Ochiuri.61 În fapt, în zonă era un adevărat păienjeniş de conducte, mai ales după apariţia dezbenzinăriilor „Astra Română', când multe societăţi îşi vindeau gazul acestor centre de prelucrare a gazului.

În 1941 producţia de petrol continuă să scadă de la Gura Ocniţei care mai produce 956.583 tone62, ceea ce reprezintă 60,04% din producţia judeţului Dâmboviţa sau 17,32% din producţia totală de 5,5 milioane tone a ţării.

Producția de petrol a Schelei Moreni cunoaște o relativă creștere, permițându-i să depășească din nou Schela Gura Ocniței. Un spor semnificativ aduce Schela Mărgineni, dar în special reapariția petrolului în Sondele Filipești, fapt ce permite compensarea declinului în extract în acest an la Schela Piscuri.

Cu cele 1.122.284 tone petrol obținute, Moreniul ajunge să producă 40,41% din producția Prahovei și 20,33% din producția țării. Producția medie se cifra la 7,4 tone pe zi de sondă, încadrându-se în media țării.

În ceea ce privește forajul acesta cunoaște creșteri semnificative la Gura Ocniței, unde ajunge în 1941 la 49.468 m, față de 31.991 m. anul anterior și 59.052 la Moreni cu numai 2.942 mai mult. În timp ce la Bucșani forajul încetează, la Filipești reîncepe, la fel ca și la Ghirdoveni. Trebuie subliniat că în Piscuri se săpau de trei ori mai mult decât în Moreni. Și încă un element semnificativ: la foraj Schela Ochiuri a fost inclusă în 1940-1941 în cadrul Schelei Moreni.

Se remarcă producția deosebită de gaze naturale realizată la Gura Ocniței, Mărgineni și Moreni64. Tot anul acesta se observă apariția unei stații de dezbenzinare la Mărgineni. Producția mare obținută la Mărgineni depășește capacitatea de dezbenzinare a stației locale, așa încât o mare parte dintre gaze sunt transportate prin conducte la Moreni și Gura Ocniței.65

În 1942 datele statistice prezintă din nou aspecte interesante care pot conduce la concluzii controversate.

În acest sens este subliniată creșterea spectaculoasă a forajului în Gura Ocniței, care a sporit de la 49.468 m. la 95.704 m. reprezentând 27,82% din totalul metrilor forați în țară. În schimb, toată Schela Moreni nu a forat decât 37.280 m., din care în teritoriul localităților numai 13.995 m. Piscurile realizând cu cei 14.849 m. zona cea mai interesantă pentru societățile interesate în descoperirea de noi zăcăminte. Adâncimea până la care ajunge forajul depășește 2.000 m., dar de multe ori nu se descoperă zăcăminte naturale așa cum a pățit „Româno-Americană' la Colibași, în 1941, când a săpat până la 2.165 m. sau Astra-Română în 1943 la Colibași.66 Uneori forajul descoperă zăcăminte bune de petrol așa cum s-a întâmplat în Bana, când societatea „Creditul Miner' a obținut între 1935-1945 o cantitate de 99.369 tone67.

Producția de petrol a crescut la 106,54% în Gura Ocniței, scăzând la 99,7% în Moreni, comparabil cu anul 1941. De remarcat saltul înregistrat de zona Filipești 216,07%, dar și scăderea accentuată din Mărgineni 81,88%, unde și producția de gaze este în scădere68.

La gaze de sonde, sectorul Moreni realizează în 1942 un total de 269.946.000 m3 față de cele 99.038.000 m3 ale Gurei Ocniței. Urmărind și producția de gazolină, se remarcă gradul redus al prelucrării realizată dezbenzinările Moreni, Gura Ocniței și Mărgineni ce nu produc împreună decât 92.765.000 m3

Anul 1943 nu a adus modificări semnificative.

Producția de petrol la nivelul țării a scăzut cu numai 300.000 tone, dar Morenii și-au adus „contribuția' cu 172.595 tone, adică cu mai mult de 50% din scăderea producției, în special datorită diminuării cantității extrase în Piscuri (- 67.179 tone), Mărgineni (- 75.537 tone) și Moreni (- 47.110 tone)

În schimb, producția crește în Filipești și în Schela Ocniței. Ultima realizează 1.036.326 tone ceea ce reprezintă 66% din producția județului, în timp ce Schelele din Moreni cu cele 946.082 tone realizează doar 41% din producția județului Prahova, județ care prin cele 1.496.000 tone obține aproape 2/3 din producția pe proprietățile particulare.

În regiunea petroliferă Moreni în 1943 s-au obținut 368.539 mii m3 gaz, cea mai mare producție realizând-o Gura Ocniței cu cele 103.562 mii m3, știind că producția Schelei Moreni era repartizată pe schele la Piscuri, Moreni, Ghirdoveni, Filipești și Mărgineni70. Producția scade cu 50% la Mărgineni și cu 33% în Ghirdoveni, în Moreni producția menținându-se la nivelul anului precedent.

Cu toate acestea schelele din Moreni produc 264.977.000 m3 care se prelucrează la dezbenzinăriile din Moreni, Mărgineni și Gura Ocniței.

Același an 1943 marchează începutul forajului pentru prospectarea și producția gazelor naturale în zona Mănești-Vlădeni și reîncepe forajul la Bucșani unde se sapă 4.073 m. Rămâne surprinzător de redus forajul în Moreni 4.770 m., dar și la alte schele din Moreni: 6.309 m. la Piscuri, 1931 m. la Mărgineni, ca în zona Ghirdoveni să nu se sape nici un metru70. Oricum, în toată Schela Moreni se forează doar 36.668 m., semn al lipsei de interes al investitorilor pentru regiunea aceasta, atât de mult exploatată și care s-ar părea că nu mai putea oferi rezultate în viitor.

Schimbarea raportului de forțe în războiul mondial, lovitura de stat din 23 august 1944 din România, aduc mari modificări în viața economică a regiunii Moreni, reflectate în scăderile semnificative din toate laturile productive sau auxiliare. Dacă bonbardamentele aeriene americane din 1943 au afectat puțin regiunea petroliferă Moreni, singurele evenimente fiind aruncarea a zeci de butoie cu benzină în zona Ursei-Puturosu, evenimentele anului 1944, cu luptele puternice din zona Moreni au influențat puternic viața economică a regiunii.

La Gura Ocniței, producția a scăzut de la 1.036.326 tone la 698.501 tone, iar la Moreni de la 946.082 tone la 751.325 tone Pentru Schela Moreni, scăderile cele mai puternice sunt la Mărgineni, care realizează 41% din producția anului anterior, Piscuri cu 74% și Morenii cu 69% pentru aceeași perioadă. Cu cele 50.985 tone zona Ghirdoveni revine în cadrul Schelei Moreni, în timp ce în zona Filipești, producția crește la 103.099 tone

Producția țării coboară la 3.607.380 tone, județul Prahova având 1.435.000 tone adică 39%, iar Dâmbovița 976.000 de tone, adică numai 24%, coborârea producției Schelei Gura Ocnița fiind surprinzătoare. Producția de pe proprietățile particulare reprezenta 64% din producția județului Prahova (adică 928.000 de tone) și 37% din producția județului Dâmbovița (adică 365.000 de tone).

Scăderi semnificative s-au realizat și-n producția de gaze de sondă și de gazolină. Gura Ocniței mai produce în 1944 numai 63%, Ghirdovenii numai 28%; iar Piscurile 61% față de anul 1943. Nici una din schelele din zona Moreni nu au înregistrat creșteri în anul 1944, an când se înregistrează cea mai mică producție din timpul războiului71.

Nici forările nu mai reprezintă interes pentru investitori. La Bucșani și Ghirdoveni nu se mai forează nici un metru, iar la Moreni numai 1.156 m., o cifră incredibil de mică dacă ne raportăm la cei 86.705 m. forați în județul Prahova. Schela Gura Ocniței raportează 32.202 m. forați în 1944, ceea ce reprezintă 60% din totalul metrilor forați la nivelul județului Dâmbovița, dar numai 9% din totalul metrilor forați la nivel național (în 1944 s-au forat 341.458 m. în România) 72.

Anul 1945 marchează anul de cotitură pentru viața social-economică și politică a României, aflată sub ocupația sovietică, ca urmare a acceptării de către S.U.A. și Anglia a reîmpărțirii lumii în sfere de influențe. Sub directa conducere a politicienilor sovietici printr-o propagandă populistă bine dirijată, folosind șantajul cu pierderea Transilvaniei, la 6 martie 1945 se formează un guvern cu o nouă orientare politică condus de dr. Petru Groza, prin care clasa muncitoare preia rolul conducător în societate.

Apar numeroase decrete-legi pentru reglemenetarea salariilor, înființarea economatelor, reglementarea regimului prețurilor și circulației mărfurilor, pentru reprimarea speculei ilicite și a sabotajului economic, toate privite prin prisma intereselor de clasă.

Pentru prima dată se înființează un minister al minelor și petrolului73, iar la 19 iunie se promulgă decretul-lege privitor la adaptarea industriei la producția de pace.

În luna iulie iau ființă într-o serie de ramuri industriale primele întreprinderi mixte româno-sovietice (Sovrom), iar prin M.O. nr. 243 din 24 octombrie 1945 la art. 1 se precizează că „este autorizată funcționarea societății sovieto-române pentru exploarea, transformarea și comercializarea petrolului brut și a derivatelor de petrol Sovrompetrol'74. Acțiunea are loc în timp ce la București se desfășoară lucrările Conferinței Naționale a PCR prin care se trasează căile de reconstrucție economică a țării, moment ce marchează subordonarea economicului intereselor politice. Este anul dispariţiei publicaţiei „Monitorul petrolului' cu variante şi în limbi de circulaţie internaţională, publicaţie ce marca sintetic principalele evenimente din industria de petrol. Din acest moment datele statistice sunt trecute la categoria „secret de servici' sau „strict secret' fiind inaccesibile publicului larg, motiv pentru care documentarea pentru perioada de după 1945 este aproape imposibilă.

(Muncitori petrolişti)

Societățile petroliere din zona Moreni continuă activitatea economică cu toate schimbările forțate pe care le execută în structurile conducătoare.

Muncitorii, sătui de război și sărăcie, participă activ la redresarea economică a sondelor. În anul 1945, la Moreni, au intrat în producție 7 sonde noi cu o producție totală de 3.720 tone, o producție redusă, semn al secătuirii straturilor din zonă.

La Filipești sunt puse în funcțiune sonde cu 14.443 tone, la Gura Ocniței, 22 de sonde, care dau în total 43.595 tone. Se încearcă valorificarea rezervelor de gaze numai la Vlădeni punându-se în funcțiune 16 sonde noi75.

Începe să producă și zona Bucșani, pentru prima dată de la începutul războiului, producția de 19.751 tone fiind modestă. Schelele Piscuri și Ghirdoveni dispar, fiind înglobate la Schela Moreni, de aici și sporul de producție de la 404.386 tone la 718.758 tone înregistrate la această schelă. Este semnificativă dublarea producției la Schela Filipești (de la 103.099 tone la 206. 289 tone) și menținerea locului prioritar al Schelei Gura Ocniței (980.978 tone - în 1945). În acest an „producția de stat' cunoaște creșteri semnificative, reușind să devină majoritară la Moreni, Bucșani și Gura Ocniței, numai situația din Filipești determinând ca producția de pe proprietățile particulare să rămână majoritară.

Anul 1945 aduce modificări semnificative și în structura societăților ce mai funcționează în zona Moreni. Pe proprietățile particulare din Schela Moreni, Ghirdoveni, Piscuri erau 13 societăți comerciale, „Astra Română' rămânând, cu cele 104.411 tone, cea mai reprezentativă. Se remarcă apariția în prim plan productiv a societăților „Unirea', „Columbia', „Dacia',etc.

Pare surprinzătoare apariția a două societăți „Călărașu', faptul fiind ușor de explicat dacă ne gândim la succesiunea intervenită prin decesul întemeietorului societății. Dacă societatea „Romîno-Americană' nu produce prea mult la Moreni, realizează foarte mult la Gura Ocniței și aproape întreaga producție de pe teritoriile din Mărgineni. Surprinzător, apare la Gura Ocniței societatea „Prahova' cu cele 194.326 tone, societate ce obține întreaga producție aici.

O producție însemnată (185.853 tone) obține și „Astra Română' la Filipești, în fapt în întreaga producție de pe proprietățile particulare din această localitate.

Pe proprietățile de stat funcționează 15 societăți, producția cea mai semnificativă obținând-o „Concordia' la Gura Ocniței (298.702 tone) și „Astra Română', la Moreni (111.855 tone). Și aici apar societăți noi, ca de exemplu: „Exploatări perimetre stat', „Buna speranță', „Concordia', „Sondrum' etc.76.

Refacerea economică, pe noi structuri de organizare se făcea cu mari dificultăţi. În industria petrolieră din Schela Gura Ocniţei se apreciază că în perioada mai 1946-noiembrie 1946, se atinge aproape 90% din producţia de dinaintea războiului77. Sporirea relativă a producţiei era considerată insuficientă şi nerealizările erau puse pe „sabotajul făţiş al patronilor', prin condiţiile grele de muncă. Propaganda comunistă începe acţiunea de demolare a vechilor structuri, lucru ilustrat prin articolul apărut în „Scânteia' oficiosul partidului Comunist care, pe prima pagină, cu un titlu provocator Â‡Reacţionarii de la „Unirea', Gura OcniţeiÂ^ spune că muncitorii sunt supuşi unui regim de cumplită înfometare „astăzi - se subliniază în articol - îngăduinţa muncitorilor a luat sfârşit. Uniţi, ei sunt hotărâţi să lupte împotriva acelora care încercau să lovească în munca de ridicare a unei Românii libere, democratice şi prospere'78.

Preocupaţi mai mult de viaţa politică decât de participarea la procesul productiv, nu trebuie să surprindă scăderile producţiei de petrol şi gaze. Spre exemplu, la Schela Gura Ocniţei, producţia de petrol ajusese la 552.314 tone în anul 1946, iar cea de gaze de sondă scade de la 55.281.210 m3 în 1945 la 89.151 m3 în anul 1946. Oficialităţile explică această scădere prin lipsa de utilaje moderne ce se importau din străinătate, prin lipsa interesului faţă de gazele de sondă după bombardamentele americane din anul 194379.

Societatea „Prahova' comunicase Inspectoratului Muncii distrugerea rafinăriei „Petrolul Românesc' şi reducerea activităţii rafinăriei „Xenia', ambele din Gura Ocniţei80.

În realitate, scăderea producţiei se datorează în special unei conjuncturi politice şi interesului vădit al ocupantului sovietic pentru modificarea regimului economic al României. Aşa că nu trebuie să surprindă că în luna mai a anului 1945, lucrătorii de la societatea „Unirea', Schela Gura Ocniţei, prin comitetul de fabrică izgoniseră din mijlocul lor pe fostul şef al şantierului schelei, pentru rele purtări81, deoarece imediat după lovitura de stat din august 1944, la nivelul unităţilor economice au avut loc mari frământări. La 4 septembrie 1944 s-a organizat la Moreni „Comisia generală a sindicatelor' sub directa îndrumare a Comitetului local al PCR82.

Acţiunea reorganizării sindicatelor, pe baza F.U.M. a fost un moment de luptă ascuţită dusă de organizaţiile locale P.C.R. şi P.S.R., atunci existând aşa-zise „tendinţe fracţioniste care încercau a submina unitatea mişcării muncitoreşti'. Reacţiunea s-a străduit să introducă la I.R.D.P. Moreni, în noile conduceri ale sindicatelor, elemente ce-i erau favorabile, iar partidele istorice fluturând lozinca libertăţii sindicale, încercau să-şi asigure conducerea sindicatelor, mai ales că aceste partide au avut puţini membrii din rândul muncitorilor petrolişti. La atelierele „Astra Română', la Schela „Concordia' se formase de către ţărănişti şi liberali teza că F.U.M. nu poate fi luat în considerare deoarece nu cuprinde şi partidele conduse de Maniu şi

Brătianu, şi ca urmare nici nu poate fi vorba de sindicate organizate pe baza Frontului Unic83.

În ziua de 18 noiembrie 1944, la societatea I.R.D.P.84 muncitorii au dezbătut revendicările pe care trebuiau să le prezinte direcţiei. Cererile muncitorilor fiind refuzate pe motiv că societatea respectivă este în deficit, s-a produs o vie agitaţie printre muncitori. Văzând refuzul direcţiei de a satisface revendicările lor juste, muncitorii preiau ei înşişi conducerea societăţii, formând un comitet de întreprindere, dizolvând în acelaşi timp şi consiliul de administraţie, lucru care se va extinde la aproape toate schelele din zonă.

Fenomenul dezorganizării economiei se manifestă cu pregnanţă în industria petrolului, unde rezervele secătuite din cauza intensei şi neraţionalei exploatări85 nu sunt suficiente pentru necesităţile economice ale ţării. Dealtfel, tot din cauza exploatării neraţionale s-au produs perturbări serioase în subsolul regiunii petrolifere, resturi de ţiţei pătrunzând în conducta de alimentare şi în fântânile din Schela Mare86 şi Moreni.

Primarul Moreniului cerea, în anul 1945, sprijinul locuitorilor pentru „construirea unei staţii de pompe şi conducte de distribuire, apele puţurilor fiind infectate cu reziduuri petroliere"87. Stagnarea şi micşorarea continuă a producţiei de petrol determină reducerea activităţii rafinăriei „Xenia" Gura Ocniţei88. Un raport al Inspectoratului Muncii Târgovişte informa Ministerul Muncii, la 16 septembrie 1944, că, din cauza evenimentelor, aproape toate întreprinderile şi marile societăţi şi-au încheiat activitatea89.

Începând din anul 1945 se stabilesc noi contracte colective de muncă prin care se prevedea introducerea muncii în acord, primă de frecvenţă la locul de muncă, vechime în producţie şi profesie, spor pentru lucru de noapte şi pentru muncă grea. În această perioadă continuă să-şi desfăşoare activitatea societăţile petroliere „Astra Română", „Unirea", „Columbia", „Româno-Americană", „Creditul miner", „Steaua Română", „Prahova", „Petrolul Românesc", „Poliminera" etc. precum şi alţi 15 diverşi mici întreprinzători.

În baza acordului de colaborare economică între România şi Uniunea Sovietică au fost create societăţile mixte pe principiul parităţii aportului de capital român şi sovietic. În afara „averilor germane" din România (prezente în Moreni, prin capitalul societăţilor germane din industria petrolului) care s-au constituit în aport sovietic la aceste societăţii, URSS a contribuit la activitatea acestora cu utilaje şi materiale aduse din propriul venit naţional90. Fiecare a adus un aport de 2.500 milioane (valoarea anului 1938) lei.

Partea română a adus două companii petroliere: „Creditul miner" şi „Redevenţa" ansamblul zăcămintelor neidentificate, cea mai mare parte a producției de petrol. URSS a adus, „ca parte", utilajul german și italian existent în România, capturat în război, cinci companii foste germane și italiene, din care „Concordia" și „Columbia" au fost ale acționarilor belgieni, olandezi sau francezi înainte de război... Exploatarea sovromurilor a fost apăsătoare, aspră, amară. Era de neînchipuit o asemena exploatare din partea unei țări socialiste, exploatare ce s-a menținut până în anul 1954, când s-a semnat articolul privind vânzarea și predare către România a cotei de participare sovietică din sovromuri91.

Pe parcursul vastei activități de transformare a economiei au fost utilizate conjugat atât acțiunile de masă, directe cât și cele de „sus" exercitate prin intermediul guvernului și organelor locale ale puterii.

O astfel de măsură a fost realizată prin actul naționalizării din 11 iunie 1948, când MAN a votat în unanimitate ca masa principală a mijloacelor de producție să treacă în proprietatea statului ca bun individual al întregului popor.

Legea nr. 118 la art. 1 preciza „se naționalizează toate bogățiile subsolului care nu se găseau în proprietatea statului la data intrării în vigoare a Constituției RPR, precum și întreprinderile individuale, societăți de orice fel și asociațiunile particulare industriale..."92.

La articolul 5 se precizează că se înființează „Centrala Petroliferă Muntenia" din care făceau parte următoarele societăți petrolifere din Moreni și Gura Ocniței: „Astra română", „Steaua română", „Prahova", „Dacia", „Sospira", „Româno-belgiană", „Vacuum Oil Company", „Xenia", „Noris", „Petrolina", „Unirea", „Foraj-Lemaine", „Neopetrol", „Dezbenzinarea", „Sondrum", „Starnaphta", „Shlumberger", „A și P Coconea", „Poliminera", „Conducte și stații de pompare", șantierele A.C.E.X., „11 iunie"93 (fosta societate „Româno-americană").

În luna august a anului 1948 s-a format „Centrala Petroliferă Muntenia" din unirea societăților „11 iunie", „Petrolifera Muntenia" (fosta „Astra-română"), „Steaua romănă", „Dacia" și „I.R.D.P.", ultimele trei fiind societăți de stat care aveau acest statut încă din 1946.

Sovrompetrol ia naștere la 20 august 1948, subordonat regionalei a II-a, cu sediul la București. Trustul II. Moreni preia toate activitățile din zonă, atât cele productive cât și cele neproductive, baza activităților constituind-o exploatarea resurselor de petrol și gaze. Pentru buna desfășurare a muncii se creează Oficii, cu unități subordonate Trustului II. Moreni. Aceste oficii erau: „Bunuri comune", „Autotranspoarte", „Construcții și montaje", „Aprovizionarea cu materiale", „Schela Moreni", „Schela Filipești", „Schela Suta Seacă", „Schela Târgoviște" și „Reparații capitale Sonde".

Trustul II. Moreni apăruse în anul 1950 prin unirea „Petrolifer Muntenia" cu Regionala 2 Sovrompetrol și avea sediul la Moreni94. Unele oficii preiau activități de la fostele societăți, altele se înființează prin ordine venite de la București, așa cum s-a întâmplat cu oficiul „Autotranspoarte" apărut prin hotărârea 1/6450 a Direcției Sovrompetrol de la 20 august 1950. Tot atunci apar și celelate oficii din cadrul Trustului II.

Pentru activitatea petrolieră din regiunea Moreni, începe o nouă etapă în bogata și interesanta istorie.

BIBLIOGRAFIE

1. Brestoiu, Horia - „Impact la paralela 45", Ed. Junimea, Iași, 1996, p.147;

2. Arhivele Statului, Ploiești, fond Poliția Filipești, dosar 15/1940, f. 276;

3. „Statistica industriei extractive" pe anii 1940-1945, pag. 10;

4. Aldea, Gheorghe, „135 de ani de activitate în domeniul forajelor și extracției țițeiului în România", Câmpina, 1992;

5. „Procesul lui Ion Antonescu", Ed. Eminescu, București, 1995, p.335;

6. Monitorul Petrolului, nr. I-II/1945, p.18;

7. Ibidem, p. 16;

8. Ibidem, nr. 5/6, din 1943, p.119;

9. Ibidem, nr. XI-XII, 1944, p.54;

10. Monitorul Petrolului, nr. 1-2/1943, p.44;

11. Ibidem, nr. 9-10, 1943, p.298;

12. Raveș, Gheorghe „Din istoria petrolului românesc", Editura de stat pentru literatură politică, București, 287;

13. Ibidem;

14. Cratochivil, Sivliu-Dan, „Monografia orașului Câmpina", Comitetul de Cultură al județului Prahova, Casa de Cultură a orașului Câmpina, 1990, p. 99-100;

15. Arhiva Statului Dâmbovița, Colecția Post Jandarmi Valea Lungă, inv. 1/1935, f. 103;

16. Arhivele jud. Dâmbovița, fond Inspectoratul Muncii Târgoviște, dos. 4/1942, f. 123;

17. Alexandrescu, Mircea „Aspecte din lupta muncitorimii dâmbovițene condusă de comunișit împotriva dictaturii militaro-fasciste", în arhiva „Valahia", vol. 8, Târgoviște, 1976, pag. 33-39;

18. Ionescu, Cleopatra „Acțiuni ale PCR în județul Dâmbovița în perioada 1934-1940", în „Scripta Valachica", Tom IV, Târgoviște, 1973, p.299-309;

19. Arhivele Statului Dâmbovița, Fond Prefectura Județului Dâmbovița, dos. 223/1941, f. 131-132;

20. Ibidem, Fond Inspectoratul Muncii, Târgoviște, dos. 30/1942, f. 81;

21. Ibidem, dos. 16/1940-1941, f. 112-113;

22. Ibidem, dos. 30/1942, f. 136;

23. Arhivele Statului Prahova, Fond Prefectură, dosar 71/1944, f. 12-13, 27- 29;

24. Năstase, Constantin; Oproiu, Luminiţa „Lupta maselor populare din judeţul Dâmboviţa conduse de PCR împotriva dictaturii militaro-fasciste (1940-1944)" în biblioteca Valahia, vol. 7, Târgovişte, 1975, p. 7-14;

25. Bobocea, Ion; Gioglavan, Radu „Momente ale desfăşurării insurecţiei naţionale antifasciste armate pe teritoriul judeţului Dâmboviţa", în Document. Valahia, vol 6, Târgovişte, 1974, p. 7-13;

26. Arhivele jud. Dâmboviţa, fond Inspectoratul Muncii Târgovişte, dos. 25/1942, f. 12;

27. Ibidem, dos. 30/1942, f. 45;

28. Ibidem, dos. 7/1943, f. 389-394;

29. Stoicescu, Nicolae; Oproiu, Mihai „Dicţionar istoric al judeţului Dâmboviţa", Academia de Ştiinţe Social-Politice, Institutul de istorie „Nicolae Iorga", Comitetul de Cultură şi Educaţie socialistă a judeţului Dâmboviţa, Muzeul Jud. Dâmboviţa, Târgovişte, 1983, manuscris 272, pag. 67, pag. 85, pag. hărţi;

30. Săvescu, Ioan, „Acţiunile armatei române desfăşurate împotriva trupelor hitleriste pe teritoriul judeţului Dâmboviţa în perioada insurecţiei din august 1944" în biblioteca Valahia, Târgovişte, 1975, p. 15-22;

31. Bobocea, Ioan; Gioglovan, Radu „Momente ale desfăşurării insurecţiei naţionale antifasciste armate pe teritoriul judeţului Dâmboviţa" în „Documenta Valahia", Târgovişte, 1974, pag. 7-12;

32. Zotter, Toma „Fragment de epopee", Ed. Militară, Bucureşti, 1966;

33. „România în anii celui de al doilea război mondial", vol. 2 Ed. Militară, Bucureşti, 1989, p. 184;

34. Stoica, Ion „Dezvoltarea social economică şi politică a localităţii Moreni între 1944-1988", lucrare pentru susţinerea gradului I, Moreni, 1988;

35. Zotter, Toma, Ibidem;

36. . „România în anii celui de al doilea război mondial" p.192-194;

37. Arhiva Ministerului Apărării Naţionale, fond 571, dosar 1, fila 10,11; Arhiva Ministerului Apărării Naţionale, fond 319, dosar nr. 42, f. 383;

38. Arhivele I.S.I.S.P., dosar nr. 113, f. 117;

39. Arhivele Statului Dâmboviţa, Fond Primăria Moreni, dosar 10/1945, f. 428;

40. Bârză, Vasile „ Fapte de eroism ale tineretului în insurecţia şi în războiul antihitlerist", în „Anale de istorie", an XXIII, 1977, nr. 4, pag. 35-38;

41. Stoica, Ion „Dezvoltarea social economică şi politică a localităţii

Moreni între 1944-1988", lucrare pentru susținerea gradului I, Moreni, 1989;

42. Muzeul oraș Moreni, sala 5, panoul 3;

43. Arhivele Statului Dâmbovița, Fond Primăria Moreni, dosar 10/1945, f. 10;

44. Ibidem, f. 457;

45. Ibidem, Inspectorat General al Jandarmeriei, dosar 111, 24 feb. 1945;

46. Arhiva Centrală a C.C. al P.C.R., fond 49, dosar 8847, f. 18;

47. Arhiva Schelei Moreni, fond Concordia, lista selecționare arhivă, 1963;

48. „Moniteur de Petrole roumain", din numărul I,II., 1945, p. 5;

49. Monitorul Oficial, nr. 7/9, ian. 1939;

50. „Moniteur de Petrole roumain", din numărul III-IV, 1945, p. 86;

51. Arhiva Schelei Moreni, fond 10, „Steaua română";

52. Ibidem, fond 14 „Petrolul românesc";

53. Ibidem, dosar „Continentala";

54. Ibidem, dosar 174, fila 1-200;

55. Ibidem, dosar „Continentala", nenumerotat;

56. Ibidem, dosar 11 „Redevența", nenumerotat;

57. Ibidem, dosar 13, „Astra română", nenumerotat;

58. Ibidem, Fond 17, „Poliminera" nenumerotat;

59. Ibidem, Fond 16, „Concordia", nenumerotat;

60. Ibidem, Dosar 64, Dosar Contracte-Amendă (1934-1952), nenumerotat;

61. Ibidem;

62. Anexa nr. 26;

63. Ibidem;

64. Anexa nr. 30;

65. Anexa nr. 31;

66. „Monitorul Petrolului", Nr. IX-X/1945, p. 354;

67. Ibidem, nr. I-II, 1946, p. 30;

68. Anexa nr. 30;

69. Ibidem;

70. Anexa nr. 29;

71. Anexa nr. 30,31;

72. „Monitorul Petrolului", Nr. IX-X/1945, p. 297;

73. „Monitor Oficial", nr.nr. 105/12 mai 1945;

74. „Monitorul Petrolului", Nr. IX-X/1945, p. 295;

75. Anexa nr. 27;

76. Anexa nr. 28;

77. Ionescu, Gheorghe „Contribuția forțelor democratice din județul Dâmbovița, conduse de P.C.R, la victoria B.P.D." în Acto Valachia, p. 72;

78. „Scânteia" din 6 februarie 1946, p. 6;

79. Arh. Sf. D-ța., fond Prefectura, dosar 19/1947, f. 174;

80. Alexandrescu, Mircea, „Situaţia industriei judeţului Dâmboviţa în anii 1944-1948", în Documenta Valachia, Târgovişte, 1974, vol. 4, p. 29-40;

81. Arhivele Statului Dâmboviţa, Fondul Inspectoratului Muncii Târgovişte, dosar 7/1944-1945, f. 642;

82. Muzeul oraş Moreni, sala 5, panoul 3 (valabil pentru anul 1989);

83. Ionescu, T. Ghe., „Activitatea organizaţiilor de masă din judeţul Dâmboviţa, conduse de P.C. în perioada 1944-1946" în „Scripta Valachica", Vol. 4, Târgovişte, 1973, p. 15-21;

84. Ibidem;

85. Arhivele Statului Dâmboviţa, Fond Primăria Târgovişte, dosar 4/1944, fila 19;

86. Arhivele Statului Dâmboviţa, Fond Primăria Moreni, dosar 10/1945, fila 97;

87. Ibidem;

88. Arhivele Statului Dâmboviţa, Fondul Inspectoratului Muncii Târgovişte, dosar 9/1944, fila 304;

89. Ibidem, fila 285;

90. Alexandrescu, Ion „Consideraţii privind politica economico-socială a guvernului revoluţionar-democrat (1945-1947)", în „Revista de istorie", tom. 34, nr. 2, 1981, pag. 235;

91. Paul, Niculescu Mizil, „Bătălia pentru C.A.E.R" în „Vremea" nr. 800/17 nov. 1995, anul IV;

92. „Monitorul oficial" nr. 133 bis, pag. 5053/11 iunie 1948;

93. „Monitorul oficial" nr. 158/12 iunie 1948, pag. 5775;

94. Arhiva Schelei Moreni, Fond 2, Dosar 330, Autotranspoarte.

CAPITOLUL VI - REGIUNEA PETROLIERĂ MORENI ÎN ULTIMII 50 DE ANI

Anul 1944 reprezintă pentru români un an de cotitură. Este un moment istoric extrem de controversat, lucrările de specialitate apărute în ultimii 50 de ani, nereușind să ajungă la un puct de vedere comun. Trădați de englezi și americani1, obligați să fim crucificați pentru salvarea Occidentului2, ocupați de Armata rusă care și-a impus propria politică3, perioada de după 1944 a modificat totalmente viața social-politică, economică și culturală a țării4. Viața politică va fi dominată de partidul unic al comuniștilor5, legile economiei de piață fiind înlocuite prin măsuri centralizatoare în care economia este subordonată politicului și condusă după alte criterii de eficiență și evaluare6.

În acest context intern, industria petrolului din România cunoaște transformări profunde, surprinzătoare. Moreniul, ca vechi centru petrolifer este obligat să se supună unor modificări de substanță în plan economic, cu consecințe sociale deosebite, greu de prezentat în toată complexitatea sa.

În plan economic, vechile societăți petrolifere multinaționale își reduc treptat activitatea, influențate de deciziile politice ce reîmpărțiseră în sfere de influență omenirea și simțind că măsurile luate de autoritățile române, supuse ocupantului sovietic, nu le mai puteau garanta obținerea unor mari profituri.

La 2 mai 1945, se dă un decret lege care reglementează salariile, se înființează economatele, se reglementează regimul puțurilor, circulația mărfurilor, „reprimarea speculei ilicite" și a „sabotajului economic"7.

Este una dintre primele măsuri care va determina trecerea la economia centralizată, dirijată și care atenționează marile concerne internaționale petroliere de politica economică ce o va urma România în continuare.

În luna iulie 1945 iau ființă într-o serie de ramuri industriale, inclusiv în industria petrolului, primele întreprinderi mixte româno-sovietice (SOVROM), prin intermediul cărora România va plăti despăgubirile de război stabilite, economia noastră subordonându-se noii mari puteri mondiale, Uniunea Sovietică. Partea română a adus ca fond de participare companiile petrolifere „Creditul miner" și „Redevența", ansamblul zăcămintelor neidentificate, cea mai mare parte a producției de petrol. Partea rusă a adus drept cotă parte a societății mixte, utilajul german și italian existent în România, capturat în război, 5 companii foste germane și italiene, din care 2, „Concordia" și „Columbia" au fost înainte de război ale acționarilor belgieni, francezi sau olandezi8. Capitalul englez, american sau al companiilor ale căror state au făcut parte din coaliția antihitleristă a continuat să activeze un timp în România.

La 24 mai 1947, Adunarea Deputaților votează legea privind înființarea oficiilor industriale în scopul îndrumării, supravegherii și controlului activității economice atât în sectorul de stat cât și privat9, capitalist, moment decisiv în subordonarea economiei naționale monopolului de stat planificat și dirijat. Apare un nou tip de societate caracterizat de proeminența statului asupra cetățeanului, asupra ființei umane.

(Troliu de intervenție, inlroducerea pistonului la o pompă de adâncime cu troliu de intervenție în perioada 1944-1966)

La 11 iunie 1948 are loc naţionalizarea principalelor mijloace de producţie. Odată cu naţionalizarea mijloacelor de producţie, a locuinţelor şi a instituţiilor socio-culturale a fost naţionalizată şi gândirea.

Toate bunurile, toate minţile, viaţa publică şi privată au fost plasate sub controlul total al statului, într-o societate închisă.

Între zilele de 9-11 iunie 1948, Plenara C.C. al P.C.R. aprobă lucrările pregătitoare, privind naţionalizarea principalelor mijloace de producţie, element politic extrem de semnificativ, arătând începutul unei alte strategii, care va domina 50 de ani viaţa românilor, în sensul că marile decizii naţionale se luau de partidul unic, reprezentanţii aleşi având sarcina de a vota hotărârile luate.

La 11 iunie 1948, M.A.N. votează legea privind naţionalizarea principalelor întreprinderi industriale, petrolifere, minere, bancare, de asigurări şi de transport. Astfel se lichidează marea proprietate privată şi începe crearea sistemului socialist de stat, cu rod de conducător în economia naţională10.

La data de 8 iulie 1948 iau fiinţă centralele industriale, cu sarcina de a conduce sub îndrumarea ministerelor de resort, întreprinderile naţionalizate. Acestea înlocuiesc oficiile industriale.

La 12 iulie 1948, ia fiinţă „Petrolifera Muntenia" care, alături de „Sovrompetrol" va hotărî destinul petrolifer în regiunea Moreni şi nu numai. În data de 20 august 1950, „Regionala 2 Sovrompetrol" se uneşte cu „Petrolifera Muntenia", în urma fuziunii rezultând „Sovrompetrol". La aceeaşi dată, în conformitate cu Hotărârea 1/6450 a Direcţiei S.R.P. Bucureşti se formează Oficiul autotransporte Moreni, căruia i se repartizează tot parcul de maşini şi tractoare având ca domeniu de activitate deservirea tuturor celorlalte întreprinderi din punct de vedere al transporturilor materiale şi persoanelor, precum şi asigurarea funcţionării troliilor de intervenţii la sondele productive. La înfiinţare, acest oficiu avea în dotare 43 de turisme, 9 camionete, 6 autodube, 8 autobuze, 109 camioane, 63 de tractoare, 5 bakinete, 73 trolii mobile, 5 agregate.

Personalul Oficiului Autotransporte Moreni se cifra la 1.300-1.500 oameni ce îşi desfăşurau activitatea pe raza viitoarelor schele Moreni, Gura Ocniţei, Bucşani, Ochiuri (20 august 1950 - 1 octombrie 1957), Filipeşti (1 aprilie 1952 - 1 februarie 1955), Târgovişte (20 august 1950 - 1 octombrie 1957).

Pentru gararea şi repararea parcului de maşini şi tractoare, oficiul a avut 11 garaje şi 8 ateliere de reparaţii11. Conducerea oficiului îşi avea sediul în Moreni, acest oficiu având mai multe servicii: administrativ, contabilitate, planificare, tehnic, protecţia muncii, cache, salarii, dispecerat12.

La 27 august 1950, la Câmpina apare I.C.P.T. care preia activitatea de studii și cercetare făcute de „Astra-română" (1930-1950). Acest laborator din cadrul Direcției Tehnice Câmpina avea domenii de activitate extrem de complexe: analize gaze, dezbenzinări, analiza țițeiului în condiții de zăcământ, micropateontologie emulsii, porozitate, paste ciment, fluide foraj, etc. (anul 1944)13.

Oficiul „Auto transpoarte Moreni" depindea de Trustul II Sovrompetrol Moreni până la 15 decembrie 1955 când în baza Ordinului 2399/15 dec. 1955 se desființează devenind secție la schela Moreni.

Tot la 20 august 1950 apare și Oficiul „Bunuri comune" care avea ca domeniu de activitate întreținerea clădirilor sociale (locuințe, cazărmi, cluburi, terenuri sportive, băi, cantine, dispensare, etc.), prepararea hranei muncitorilor, funcționarea gospodăririlor anexe, transporturile hipo, acordarea consultațiilor medicale. La înființare oficiul avea un număr de 1.200-1.300 de salariați și un perimetru de exploatare de peste 60.000 de hectare, cuprinzând aceleași zone de de activitate ca și oficiul autotranspoarte. În anul 1954, oficiul „Bunuri comune" preia și administrarea sanatoriului Gura Ocniței și sanatoriul Ochiuri14. Oficiul „Bunuri comune" avea mai multe servicii până în 1957, când, prin ordinul 2399, este desființat, serviciile intrând în componența schelelor nou apărute.

Activitatea productivă de foraj cunoaște de asemenea profunde transformări. Până în anul 1948, fiecare societate își avea toate serviciile, de la cercetare și până la prelucrarea petrolului sau transportul acestuia la rafinării.

După 11 iunie 1948, în Moreni funcționau „Petrolifera Muntenia" (fosta „Astra-română"), „11 iunie" (fosta „Româno-americană") și „Sovrompetrol" (rezultată din unificarea vechilor societăți: „Concordia", „Columbia", „Creditul miner").

În august 1948 s-a format Centrala petroliferă „Muntenia" prin unirea societăților „Petrolifera Muntenia", „11 iunie", „Dacia română", „Steaua română" și „I.R.D.P."

În 1948, către societatea „Muntenia" se predă inventarul și de către „Micii exploatatori", în conformitate cu legea 119/1948. Astfel, inventarul sondei ing. „Călărașu" este datat 13 ian/1949, când, la ora 8 dimineața, s-a predat „tov. director Dumitru Ion, de la soc. Muntenia" depozitul de materiale, în stațiile aflate în depozit, 18.889 kg. țiței, inventarul aferent15.

La 20 august 1950 apar și oficiile de foraj și productive, precum și cel de reparații capitale Sonde. Trustul 2 Moreni își va desfășura activitatea în zona Filipești, Moreni, Schela Mare, Gura Ocniței, Ochiuri, Reșca, Târgoviște, Cobia. Din Trustul Moreni, la 1 ianuarie 1952, Oficiul Cobia se unește cu cel din Târgoviște formând Trustul 5 Târgoviște.

La 15 decembrie 1955, prin desființarea „Sovrompetrolului" apare

Direcţia generală a petrolului, iar la 6 iunie 1956, prin comasarea diferitelor servicii, pe criterii geografice, se formează Schela Moreni16, Schela Gura Ocniţei, urmând ca activitatea de foraj din întreaga regiune să fie preluată de Întreprinderea de Foraj Ploieşti.

Schela Gura Ocniţei este subordonată Trustului foraj-extracţie Târgovişte, desfăşurându-şi activitatea în zonele Bucşani, Ochiuri, Valea cezeanului, Gura Ocniţei, Schela Mare17.

Schela Moreni, apărută în urma desfiinţării regionalei 2, la data de 3 august 1956, îşi desfăşoară activitatea în zona Filipeşti, Piscuri, Moreni, Valea Cricovului Dulce, fiind subordonată trustului Ploieşti al Ministerului Industriei de petrol, care în 1957 înfiinţează Institutul de foraj-extracţie Câmpina.

Zona de separare între Schela Moreni şi Schela Gura Ocniţei este extrem de greu de stabilit având loc numeroase întrepătrunderi, în special în zona atât de bogată în petrol din Schela Mare-Pâscov18.

În anul 1960, Oficiul de foraj Moreni devine sectorul de de Foraj Moreni, subordonat Inteprinderii de foraj Ploieşti.

la 15 ianuarie 1969, Schela Moreni îşi dezvoltă activitatea prin preluarea Schelei Gura Ocniţa, lucru imperios necesar, mai ales după noua împărţire administrativ teritorială a ţării, stabilită de Marea Adunare Naţională (M.A.N.), la data de 16 februarie 1968, după ce Plenara Comitetului central al Partidului Comunist Român (C.C. al P.C.R.), din 14 februarie, aprobase propunerile cu privire la organizarea judeţelor şi municipiilor.

La 1 aprilie 1979 din Întreprinderea de foraj Ploieşti se desprinde Schela de Foraj Moreni, unitate cu personalitate juridică până în anul 1983.

În 1990, ia fiinţă S.F.P.P.R.S. Moreni, sucursală a regiei autonome Petrom, nou înfiinţată, societatea din Moreni având un capital de 211.261 mii lei, la cursul monetar din anul 1991.

Prin Hotărârea Guvenului nr. 309 din 5 mai 1992 ia fiinţă S.C. „Foraj Sonde S.A. Moreni cu un capital social de 1.471.168 mii lei (valoare 1992) înregistrată la Oficiul Registrului de comerţ sub numărul 15/1100481. Societatea, cu sediul în Moreni, având personalitate juridică, este structurată pe 3 direcţii: tehnică, economică şi comercială.

Direcţia tehnică este compusă din compartimentele foraj-geologie şi mecanico-energetic, coordonat de un director tehnic şi doi ingineri şefi.

Aceştia au în subordine două secţii de foraj, o secţie de montaj, un atelier electric, un atelier mecanic, un atelier utilaj greu şi transpoarte, o staţie fluide.

Direcţia comercială este compusă dintr-un birou de Marketing-Documentaţii-Licitaţii, Preţuri - Devize - Analize Economice şi un birou Aprovizionare - Desfacere.

Direcția economică, coordonată de un director economic, este compusă din birourile Contabilitate - Financiar și Oficiul de Calcul.

De asemenea, în structura organizatorică există compartimentele juridic, C.F.G., protecția Muncii, P.I.O.S. și Salarii.

Structura actuală corespunde concepțiilor moderne, asigurând suplețe, operativitate și repartizare echilibrată.

Societatea este organizată și funcționează pe următoarele nivele organizatorice: conducerea societății, compartimentele funcționale, structura de producție.

În prima etapă, prin Ordinul Ministerului Industriilor 3059/1992, s-a constituit Consiliul Împuterniciților statului, compus din trei membri iar prin ordinul 3492/1992 s-a stabilit componența numerică și nominală a Consiliului de administrație.

Compartimentele funcționale și structura de producție oferă suficiente argumente în favoarea unei bune organizări a societății. La „Foraj-Sonde" S.A. Moreni există nouă formațiuni de foraj și montaj. La secția 1 Colibași există patru instalații de foraj, trei instalații electrice și două instalații termice. Secția montaj are patru formațiuni montaj și trei formațiuni „drumuri", amenajări vetre, redări în circuitul agricol, aceste secții fiind subordonate direcției tehnice.

(Instalație foraj 2001)

Societatea comercială are un patrimoniu tehnic suficient și în general corespunzător tipo-dimensional, structurii acesteia.

Capitalul social inițial a fost fixat la 211.261 mii lei, împărțit în 42.253 acțiuni nominative în valoare de 5.000 lei fiecare, în întregime subscris de statul român, în calitate de acționar unic, și a fost vărsat în întregime la constituirea societății.

În baza modoficărilor legislative ulterioare și a reevaluării capitalului social s-a ajuns la suma de 8.851.725.000 lei, din care 4.337.345.250 lei privatizabil prin cupoane și carnete, capital împărțit în 354.069 acțiuni din care 173.493 aferente capitalului privatizabil prin cupoane și carnete.

Acțiunea de privatizare a S.C. „Foraj-Sonde" S.A. Moreni este în plin proces în anul 1996.

Având drept obiectiv principal diversificarea continuă a activității S.C. „Foraj-Sonde" S.A. Moreni poate oferi o gamă largă de servicii:

- forajul sondelor de cercetare geologică,exploatare și injecție pentru țiței și gaze, ape termale și mineralizate, alte substanțe minerale utile;
- reparații capitale de sonde, probe producție, detubări sonde;
- lucrări de construcții montaj de suprafață, montaj instalații de foraj, brabracamente, conducte pentru alimentări cu apă și gaze și instalații de gaze;
- lucrări de construcții montaj energetice, electrice (inclusiv linii de înaltă tensiune), instalarea de rețele telefonice și instalații radio;
- redarea terenurilor în circuitul agricol și silvic;
- întreținerea și repararea utilajelor și sculelor, recondiționarea pieselor de schimb;
- prepararea, recuperarea și recondiționarea fluidelor de foraj;
- prestării de servicii și transport, încheieri de instalații de foraj și utilaje, redactare computerizată a documentațiilor și multiplicarea prin xerocopiere;
- cercetare, proiectare, service, documentații pentru aviz mediu și ape, lucrări de tâmplărie și croitorie;
- comercializare de produse agricole, industriale, alimentare, en-gros și en-detail19.

Schela de petrol Moreni s-a înființat în baza H.G. nr. 23/10 ianuarie 1991, având sediul în vechile clădiri ale societăților petroliere, în actuala stradă a Unirii din Moreni. Schela funcționează și este organizată în conformitate cu Legea nr. 15/1990.

Modul de organizare al schelei, ca subunitate a Regiei Autonome, precum și structura organelor de conducere se stabilesc de către Consiliul de Administrație al regiei.

Schela de Petrol Moreni este unitate economică fără personalitate juridică, subordonată Regiei de Stat „PETROM" București.

Schela răspunde în fața Consiliului de Administrație al Regiei de îndeplinirea tuturor atribuțiilor, responsabilităților și competențelor încredințate prin hotărâriri și decizii de împuternicire.

Schela de petrol Moreni are în folosință mijloace fixe și mijloace circulante, întocmește buget propriu de venituri și cheltuieli, dipune de forță de muncă necesară îndeplinirii activității productive și comerciale, ce îi revind de la regie.

Ca structură organizatorică, Schela de petrol Moreni este formată din secții de producție de țiței și gaze, probe producție și reparații sonde, mecanice, energetice, lucrări de suprafață și altele.

Compartimentele funcționale sunt constituite la nivel de servicii, birouri, Oficiul Social-Administrativ.

Schela de Petrol Moreni, ca subunitate a Regiei Autonome a Petrolului „PETROM" -București, este condusă de un director și de un Comitet Director, desemnat potrivit Normelor de structură ale regiei.

Comitetul Director este numit și revocat de către Directorul General al regiei, se întrunește de cel puțin o dată pe lună și este format din Director General, Director Adjunct Producție, Director adjunct Mecano-Energetic, Director Economic, Geolog Șef.

Schela de petrol își desfășoară activitatea pe raza mai multor localități: Vârfuri, Iedera, Moreni, Gura Ocniței, Filipești de Pădure, Ocnița, Caragiale, Dărmănești, prin intermediul celor nouă secții de producție. În cadrul Schelei mai există: Atelier Electric, Atelier Mecanic, Atelier Auto-Greu, Atelier Auto-Ușor, Atelier de tâmplărie, diferite alte servicii. La 1 octombrie 1996, prin Decizia 383/1996 se înființează „General Petro-Service" din atelierul electric, atelierul mecanic, atelier „cazane" și suprafață, noua societate pe acțiuni fiind subordonată regiei „PETROM"-București. Schela Moreni, intrată în reorganizare cuprinde numai activități productive.

Aspectele prezentate în continuare, în lucrare fac referiri la situația Schelei Moreni anterioară datei de 1 octombrie 1996.

Obiectivul de activitate al Schelei de Petrol este extrem de complex:

- exploatarea, gestionarea și descoperirea zăcămintelor de petrol și gaze;

- recuperarea fracțiilor de gazolină, etan și butan din gaze;

- întreținerea și repararea sondelor, lucrări de intervenție, probe de producție și reparații capitale sonde;

- lucrări de construcții montaj și instalații specifice, construcții, întreținere și reparații drumuri de acces petroliere, consolidări și regularizări;

- exploatarea, repararea și întreținerea liniilor electrice de înaltă și joasă tensiune, a instalațiilor de automatizare;

- confecții de atelier din materiale metalice și nemetalice;

- servicii cu caracter medico-social-cultural;

- lucrări de prestări servicii pentru nevoile proprii și terți;

- multiplicare, editare şi tipărire de materiale şi publicaţii tehnice de specialitate.

În felul acesta, după profundele transformări survenite în România, industria de petrol din regiunea Moreni, este deservită de două unităţi specializate: Schela de Petrol Moreni şi Societatea Comercială „Foraj-Sonde" S.A. Moreni.

Întreprinderea socialistă de stat, care a funcţionat până în anul 1990 în industria petrolului din Moreni, a funcţionat ca urmare a dotării ei de către Stat „ca titular al proprietăţii întregului popor", cu fonduri fixe şi mijloace circulante.

Funcţionalitatea întreprinderii socialiste de stat, era asigurată de sistemul de relaţii instituite pe verticală (centrale, trusturi, ministere) şi pe orizontală (de conlucrare cu alte unităţi), sistem ce reflectă pe de o parte autonomia în raporturile cu alte unităţi socialiste, iar pe de altă parte dependenţa faţă de activitatea celorlalte unităţi economice, atât pe linia aprovizionării şi deci, a producţiei, cât şi pe linia desfacerii.

Privind întreprinderea prin prisma constituirii şi activităţii ei de ansamblu, se pot desprinde trăsăturile esenţiale, care defineau Schela Moreni până în anul 1990.

Întreprinderea reprezenta un organism unitar tehnico-productiv, o unitate organizatorică-administrativă, economică şi juridică ce depindea nemijlocit de forurile ierarhice şi care după Legea nr. 5/1978 cu privire la organizarea şi conducerea unităţilor socialiste de stat îşi desfăşura activitatea într-un cadru legal extrem de rigid şi centralizat.

În strânsă legătură cu atribuţiile de bază ale întreprinderii prin Legea 5/1978 se desprinde existenţa mai multor funcţii specifice pentru unităţile economice: funcţia de cercetare-dezvoltare, funcţia de producţie, funcţia comercială, funcţia financiar-contabilă, funcţia de personal, funcţia de planificare şi control a îndeplinirii sarcinilor de plan, funcţia socială.

ACTIVITATEA DE CERCETARE-DEZVOLTARE

Această funcţie a întreprinderii cuprindea totalitatea proceselor prin care se studiază, se concepe, se elaborează şi se realizează viitorul cadru tehnic, tehnologic, organizatoric al unităţii.

Până în anul 1990, cea mai mare parte a activităţii de cercetare-dezvoltare, se realiza prin Institutele Departamentale de Cercetare şi prin unităţile emitente la nivelul centralelor industriale, pentru concentrarea forţelor de cercetare şi de proiectare. Această importantă sarcină pentru industria petroliferă a fost încredinţată Institutului de Cercetare şi Proiectare Tehnologică Câmpina, înfiinţat cu 243 salariaţi la 27 August 1950 şi care a preluat activitatea de studii şi cercetări a Societăţii „ASTRA-ROMANĂ" ce îşi desfăşura activitatea tot la Câmpina. În acelaşi an intra în funcţie la Moreni, ca urmare a gândirii originale româneşti, instalaţia de curăţire electrică a ţiţeiului „tip Nicodimescu". Între 1950-1957, Institutul proiectează exploatarea stratului „Meoţian" din regiunea Moreni, determinând regimul de foraj, elaborarea diagramei de foraj, în exploatarea sondelor, introducându-se pompele de adâncime.

Este perioada în care institutul găseşte soluţii împotriva eroziunii maerialului petrolifer, introducând deparafinări la sonde şi conducte20.

Institutul găseşte noi soluţii tehnice, pe care le experimentează în special pe valea Prahovei. Astfel se introduce injecţia cu apă (1951), forajul cu turbină (1952), fisurare hidraulică (1955), supapele de adâncime la sistemul gaz lift (1956), pompele electrice submersibile (1962).

Se experimentează injecţia cu apă, injecţia cu abur şi combustie subterană (1964), „levantinul morenar", se exploatează cu injecţie ciclică de abur (1965). În Moreni, la Piscuri, în 1973, se reuşeşte să se extragă petrol din paleozoic de la o adâncime de 4.850 metri. Cu toate că, după 1968, cercetarea institutului este orientată spre alte regiuni ale ţării (zona samaţiană Videle, Depresiunea panonică, dealurile Bârladului), începându-se prospecţiunile chiar în Platforma Mării Negre (1968), unde în 1987, se ajunge până la faza de extracţie a ţiţeiului, Regiunea Văii Prahova, continuă să fie în centrul atenţiei specialiştilor.

În anul 1981, o sondă din Schela Băicoi ajunge să foreze la adâncimea de 7.025 metri, descoperind urme de petrol la 6.191 m., iar în anul 1988, la Moreni, în stratul levantin, se experimentează injecţia cu abur, azot şi agent spumant care disloca ţiţeiul greu şi vâscos21.

În 1989 erau în funcţiune peste 216 procedee pentru mărirea capacităţii de recuperare a ţiţeiului din care se aminteşte combustia internă, injecţia cu abur, polimeri, soluţii micelare, soluţii alcaline, microorganisme, bioxid de carbon, tehnologii minere, etc.22

După 1989, R.A. PETROM Bucureşti a încheiat contracte de colaborare cu firme din străinătate, în regiunea Moreni, reapărând firmele străine, în special în ceea ce priveşte prospecţiunile geologice de mare adâncime. Guvernul României a scos la licitaţie, în condiţii nu tocmai eficiente, dar care arată pierderea întâietăţii industriei petrolifere româneşti survenită în ultimele decenii, mai multe perimetre, printre care şi perimetrul numărul 9, unde este inclusă şi o parte din regiunea petroliferă Moreni.

Se poate aprecia că pentru seculara industrie din zonă se prefigurează un alt început.

FUNCȚIA DE PRODUCȚIE

Cuprinde activitățile de bază ale unității prin care se asigură desfășurarea în condiții normale a procesului de producție, respectiv obținerea produsului finit, care în cazul schelelor îl reprezintă țițeiul, gazul natural sau gazolina. Funcția de producție, până în 1990, cuprindea și efectuarea de lucrări sau prestări de servicii de utilitate socială, precum și activitățile auxiliare (întreținerea și repararea utilajelor, exploatarea instalațiilor și agregatelor energetice, confecționarea de scule, dispozitive, verificatoare, organizarea transportului intern. Această funcție a întreprinderii juca până în 1990 rolul determinant în funcționarea unității.

După 1948, activitatea de foraj tinde să devină o activitate de sine stătătoare. Urmărirea producției în domeniul forajului este dificilă deoarece sistemul centralizat a creat situații neașteptate. Astfel Schela de foraj Moreni, ca unitate de sine stătătoare, își desfășura uneori activitatea în județe din vestu țării,23 în timp ce în regiunea petroliferă Moreni forau unități aparținând schelelor Ianca (Brăila) sau Bolintin (Ilfov).

După 1960, Schela de foraj Moreni, indiferent de situația sa juridică a săpat 2.588.066 metri în aproape 100 de localități din țara noastră. După 1960 urmează un cincinal extrem de favorabil Schelei de foraj, ajungând la 113.827 metri în 1964, față de numai 32.339 metri de foraj în 1960, în special după descoperirea zăcămintelor de petrol și gaze. Activitatea maximă de foraj se înregistrează în 1968 când se forează 126.586 metri, în 18 localități din țară. În anul profundelor transformări ce au împins România, Schela de foraj reușea să realizeze 101.684 metri, pentru ca numai peste cîțiva ani să ajungă la 22.603 metri, realizați în 1994 în localitățile Teiș, Sultanu, Bucșani, Moreni, Gura Ocniței, Drăgoiești, Filipești, Șotânga, Colibași, Mărgineni, Dragomirești. Este perioada de totală dezorganizare ce cuprinsese (voit sau nu!) întreaga economie românească și care a determinat profunde transformări în organizarea întreprinderii. Zona de activitate a Schelei de Foraj Moreni, a fost de-a lungul timpului, extrem de întinsă ca poziționare geografică. Din vestul țării (Surplacul de Barcău) și până la granița estică actuală (Ianca) sondorii morenari și-au făcut datoria, scormonind măruntaiele pământului „pentru a da țării cât mai mutl petrol".

Indiscutabil, zona geografică unde petroliștii morenari și-au desfășurat o intensă activitate, rămâne Valea Prahovei și în special regiunea Moreni24.

Surprinzător rămâne aspectul privitor la situația statistică raportată în legătură cu activitatea de foraj din localitatea Moreni, în sensul menținerii, după aproape 50 de ani, a denumirilor interbelice Cervenia, Piscuri, Dealul Bătrân, chiar dacă acestea nu mai prezintă astăzi decât niște unități de relief.

(Instalaţie de foraj)

Centrul principal de greutate în activitatea de foraj a rămas în triunghiul: Moreni-Gura Ocniţei-Bucşani, zonă cunoscută din perioada interbelică şi care se pare că este extrem de bine studiată.

Încercările de a fora în amonte de Moreni (Ursei-Sultanu-Vișinești), unde în secolul trecut era petrol la suprafață25 au fost rare și discontinue, mai ales în condițiile în care numai zona Vârfuri a fost pusă în exploatare. Proba de maturitate pentru specialiștii Schelei de foraj a rămas tubarea celor mai grele coloane, la vremea aceea, respectiv a coloanei de 133/8 in. la adâncimea de 3.506 metri (285 tone) la sonda 6011 Bucșani. Specialiștii Schelei de foraj Moreni au găsit soluții de a traversa formațiuni de sare de circa 1.000 metri la sondele 5501 m. Piscuri, 5022 Iedera, 6000 bis. Moreni, în condiții geologice dificile.

Muncitorii acestei unități economice au reușit săparea unui număr însemnat de sonde dirijate pe structura Colibași, în condițiile unor înclinări mari ale straturilor și o puternică tectonizare a formațiunilor, utilizând sistemul NWD. Ca urmare a eforturilor intense, în ultimii ani ai deceniului al 9-lea din acest secol s-a reușit descoperirea, prospectarea, conturarea și punerea în exploatare a zăcămintelor de hidrocarburi pe structurile Colibași, Vârfuri, Iazuri, Caragiale, Dealul Bătrân26.

La 30 noiembrie 1992, Schela de foraj avea 19 instalații, având locații în Moreni, Ochiuri, Șotânga, Botești, Cazaci, Dealul Bătrân, Gheboieni, Vârfuri, Ursei, Ocnița și Bucșani.

La Ursei a fost pusă în funcțiune instalația de foraj F 200 2 DH , instalație construită în 1979, deci din categoria ultimelor creații ale constructorilor de la uzina ploieșteană, cunoscută mai ales sub numele de „1 Mai". În 1992, în dotarea întreprinderii „Foraj-Sonde" erau mai multe tipuri de instalații: T 50F; F 80T; F 100E; F 100 DF, F 125 Ec., F 320-3DH; F 400; 4 DHE.

În anul 1993, pentru cercetarea straturilor de hidrocarburi erau trei sonde la Vârfuri, două la Colibași și Gheboieni și câte una la la Ursei, Vișinești, Sultanu, Stupini, Șotânga și Drăgaiești.

În acest domeniu cele mai multe instalații erau la Moreni - nouă unități, și Târgoviște - șase unități. În ceea ce privește sondele de exploatare, în anul 1993, Schelei din Moreni i s-au transmis 19 unități productive (în „Dealul Bătrân", la Colibași și Bucșani), iar schelei Târgoviște 14 unități productive (la Șotânga, Ochiuri, Dragomirești, Gura Ocniței, Răzvad și în „Dealul Bătrân").

„Foraj Sonde" dispune de o bună și valoroasă bază de mijloace fixe (grupuri de foraj, pichete, silozuri, barăci, motoare electrice, grupuri electro-generatoare, autotransformatoare, radiotelefoane, instalații preparare noroi, macarale, trolii, tractoare, mașini „Rotary", instalații hidraulice, rezervoare, habe, excavatoare, geamblacuri, prevenitoare erupții, aparate electrice și de măsurat, elevatoare, scule și dispozitive diverse, clădiri etc.) care permit unității să acționeze de la proiectare până la forajul și punerea în producție a sondei. Din nefericire elaborarea strategiei de piață pornește de la existența unei diferențe între capacitatea de producție și capacitatea de lucru.

În condițiile actuale capacitatea medie anuală este de 94.300 metri foraj dar volumul de lucrări cerut nu poate fi mai mare, în condițiile cele mai optimiste, de 50.000 metri forați27.

Un rol de mare importanță pentru perfecționarea activității economice, pentru ridicarea eficienței producției îl are îmbunătățirea sistemului de formare a prețurilor.

La sonda 7 Ursei, s-au forat 165 zile, costul forajului fiind de 150.484 mii lei, pentru cei 1.700 metri liniari forați, ceea ce înseamnă 38.000 lei/m. forat. Societatea a cheltuit pentru această sondă 160.480 mii lei, la valoarea leului din 1992. la sonda 16 Vișinești, instalația F 100 a săpat 60 de zile, costul forajului fiind de 41.760 mii lei, pentru fiecare metru forat plătindu-se 29.000 lei, la valoare leului din 1981. Costul total al forajului a fost crescut până la 59.260 mii lei, din cauza altor cheltuieli obligatorii, ca de exemplu: activitatea celor două formații specializate, care au realizat redarea terenurilor în circuitul agrosilvic, așa cum cer normele în vigoare.

În momentul când țițeiul începe să fie extras, activitatea întreprinderii „Foraj-Sonde" Moreni încetează, munca fiind preluată de cealaltă unitate din oraș - Schela Moreni.

Exploatarea țițeiului și gazelor se realizează prin reacția acestora de către unitatea subordonată Regiei Autonome a Petrolului București. ca sector de lucru, Schela de petrol Moreni își desfășoară activitatea de producție pe raza localităților Filipești de Pădure, Dițești, Mărgenii de Jos din județul Prahova și localitățile Colibași, Vârfuri, Moreni, Bucșani și Gura Ocniței din județul Dâmbovița.

Extragerea hidrocarburilor în zona Moreni a cunoscut evoluții extrem de interesante în ultimii 50 de ani.

În anul 1948 marile întreprinderi cu capital străin dispăruseră, societățile particulare cu capital românesc jucând un rol minor în producția petrolieră din regiunea Moreni.

În acest an, consemnăm ultimii „exploatatori" particulari, cu un capital redus. Își continuă activitatea frații Călărașu sau familia Copoiu, apărând și alți întreprinzători ca Baldovin, Teodoru sau Scurtu28.

Cea mai mare producție o obținuse până la data de 9 septembrie 1948, „ing. Călărașu" - cu 110 tone - din cele 10 sonde active, iar cea mai redusă era a lui Ion D. Gheorghe, cu numai 9 tone. Adâncime maximă de la care se extrăgea țițeiul era pe proprietatea „Frații Călărașu", cu 1.076 metri, în timp ce societatea „Filip et Copoiu", extrăgea petrol de la 260 metri adâncime. Cei 9 întreprinzători particulari obținuseră în 1948 o producție de 615 tone țiței29.

Pentru producția societăților de stat este greu de găsit documentația care să ne prezinte producția reală atât pentru Schela Moreni, cât și pentru Schela Gura Ocniței. Aceasta se explică și din următoarea situație, aproape paradoxală.

"...În expertizarea materialului documentar ne-am folosit de indicatorul special elaborat de Ministerul Industriei petrolului și Chimiei și de Instrucțiunile 6720/1957 ale Direcției Generale ale Arhivelor Statului, fiind înlăturate ca nefolositoare acele materiale lipsite de VALOARE POLITICĂ, științifică sau practică".

În felul acesta iau drumul spre unitățile de prelucrare a hârtiei, sub formă de deșeuri, peste 1.000 de metri liniari din arhivele Schelei.

În felul acesta nu putem decât să facem aprecieri relative față de producția obținută de schelele Moreni și Gura Ocniței, în condițiile în care nu era nici un interes pentru a contabiliza exact cât țiței ia drumul spre U.R.S.S. ca despăgubire de război.

La sfârșitul celor doi ani de economie planificată, producția industrială depășise realizările anului 1948, chiar dacă nu se reușise atingerea nivelului antebelic30.

Planul de stat pentru anii 1951-1955, a concretizat pentru întâia oară, într-o concepție unitară, obiectivele fundamentale ale politicii partidului unic. În vederea organizării activității de cercetare a zăcămintelor de petrol, la Moreni a funcționat o puternică secție a trustului de exploatări Geologice (1951-1974) care, prin prospecțiunile făcute, a stabilit potențialul petrolifer al zonei.

În zona Moreni începe forajul la adâncime și se trece hotărât la reactivarea sondelor din fondul inanctiv. La redeschiderea acestor sonde s-au întâmpinat neajunsuri, din cauză că lipseau documentațiile tehnice distruse în timpul războiului sau pentru că multe documente importante se găseau în străinătate. Pentru redeschiderea sondelor părăsite au fost întrebuințate carotaje radioactive la circa 125 de sonde31.

Pentru menținerea presiunii în zăcământ și pentru recuperarea a noi cantități de țiței s-au aplicat metode de recuperare secundară prin injectarea cu apă în strate, urmărirea exploatării prin operații de dinamometrare, măsurători la talpă cu aparate de tip Sacovlev, măsurători de presiune la mare presiune. Folosind peste 25 de noi metode, s-au reușit plusuri de producție la țiței de 8-10 tone/zi32.

Introducerea termo-acidizării pentru curățirea perforatoarelor de parafină la mică adâncime a fost o inovație morenară 33.

În anul 1950, producția muncii pe raza localității Moreni era cifrată la 140.934 tone țiței34, dar cifra poate fi alta după cercetări atente.

Primele date concrete asupra activității productive la Schela Moreni le avem din anul 1952. Cele 11 brigăzi reușesc să obțină o producție neașteptată (în comparație cu anii ulteriori!) de 621.184 tone. cea mai mare producție este înregistrată în luna decembrie, 54.949 tone, iar cea mai mică în luna februarie, 47.709 tone, debitul mediu al celor 306 sonde fiind de 175 tone35.

Producția de gaze de sondă este de 32.400 mii m3 la care se adaugă impuritățile cifrate la 1.000 mii m3 La Schela Gura Ocniței, producția anului 1952 se ridica la 596.300 tone țiței, 52.300 mii m3 gaze, arătând puterea acestei regiuni petrolifere.

În anul 1953, la Schela Moreni era un stoc, „sold din anul precedent", de 370.900 tone țiței, aspect care duce la apariția unor cifre contradictorii asupra producției pe anul respectiv. Astfel din anumite surse36 totalul lichidului extras a fost apreciat la 679.671 tone, din care numai apă 226.114 tone, rămânând 453.557 tone extrase prin diferite procedee.

Prin procesul extracției din sonde ar rezulta 394.000 de tone obținute prin procedeul gaz-lift (1.300 tone), pompaj (342.150 tone), erupție naturală (46.950 tone), alte procedee (3.600 tone)37. La începutul anului erau 231 de sonde active care au produs 380.450 tone de petrol, la finele anului 1953, fiind active 248 de sonde, prin punerea în producție a unor instalații noi. Sondele noi și-au adus contribuția prin 13.550 tone, în special în zona Colibași unde au apărut cinci sonde, Țuicani - cu două sonde și Pâscov cu o instalație. Totalul sondelor în Moreni, pentru anul 1953, era de 348, din care, la începutul anului, erau oprite 104, abandonate 64 și în reparații 5.

Cele mai multe sonde inactive erau grupate în zona Bana și Pâscov din Moreni, la Valea Lungă, Bucșani sau Colibași. Un rol important în realizarea producțiilor amintite l-a avut și activitatea desfășurată de cele 16 trolii care au lucrat pe parcursul anului 113.984 ore.

În anul 1953, la Schela Moreni, s-au produs 157.173 mii metri cubi de gaze naturale sărac-productive, fiind supuse transformării industriale cele 39.269 mii m3, bogate în substanțe specifice. Având în vedere soldul existent la începutul anului, de 34.700 mii m3, se constată că în decursul anului au fost supuse dezbenzinării 75.667 mii m3 din gazele provenite de la terți38.

Cealată întreprindere petroliferă care își desfășoară activitatea și pe raza localității Moreni, avea de asemenea succese notabile în 1953.

Schela Gura Ocniței avea 4 secții de producție formate din 11 brigăzi de producție și 16 brigăzi de intervenție. Societatea avea în plan 611.744 tone, reușind să realizeze, din cele 274 de sonde productive 628.000 tone de țiței, lichidul extras fiind în cantitate de 1.177.137 tone. Țițeiul extras prin erupție naturală era de numai 20.397 tone, cea mai mare cantitate fiind obținută tot prin sistemul de pompaj (484.523 tone). În anul acesta, Schela Gura Ocniței obținea din sonde noi o cantitate redusă de petrol - 22.529 tone.

(Câmp petrolier 2001)

Numărul sondelor era cifrat la 368 (în pompaj 331, în gaz-lift 24, în erupție 3, în alte sisteme 5) dar 328 mai erau active, scoțând pe lângă prețiosul „aur negru" și gaze naturale de sondă. Din totalul de 54.245 mii metri cubi, numai 4.899 mii m3 erau obținuți din sonde speciale pentru extracția gazelor, restul producției fiind obținut de „sondele de țiței". Cele opt compresoare au reușit să comprime 36.220 mii m3 în cele două stații de compresoare. Schela Gura Ocniței a supus dezbenzinării 48.136 mii m3, la care se adaugă 25.830 mii m3 de la „terți".

La finele anului 1953, la capitolul „ieșiri" este consemnată cifra 81.437 mii m3, semn că la începutul anului, scriptic sau faptic, era o importantă rezervă de gaze sau gazolină. Schela Gura Ocniței își desfășura activitatea pe „Valea Cezeanului", pe „Drumul Sării" și blocul petrolifer nou de la Bucșani. Modernizarea sistemului auxiliar producției consemnează că „Oficiul Bunuri comune nu mai poate pune la dispoziție mijloace de transport hipo"39.

Anul 1954 marchează o scădere nesemnificativă de petrol pentru ambele unități. Cauzele ieșirii din producție a unor sonde sunt: coloană stricată, coloană inundată, lipsă de nivel, intervenții prelungite, viituri de nisip, tubing şi pompă scăpată la puţ, turlă putredă etc. Se încearcă şi în acest an tehnici variate pentru extracţia bogatului minereu: fracturi hidraulice, tratări termochimice, inhibitori cu proteină, filtre cu pietriş în coloană, acidizări, pompaj forţat, pompaj tubular, injecţii cu D. 5, carotaj radioactiv, etc.

În acest an transmiterea datelor statistice cunoaşte noi curiozităţi ce vor trebui descifrate în viitor, prin studii comparate, ţinând cont şi de conjunctura politică internă şi internaţională. Astfel secţia „Filipeşti" lucra cu „stoc contabil", „stoc real", „stoc mort", iar cifrele variau destul de mult, lucrându-se cu procentaje. oricum, contribuţia Filipeştilor la producţia Schelei Moreni se cifra între 174.000 tone şi 177.574 tone la petrol şi între 22.474 mii m3 şi 33.400 m3 la gaze naturale40. Regiunea petrolieră Filipeşti nu realizează decât 94%, după anumite surse, sau 99,05% din alte surse, din producţia planificată de ţiţei, luându-se „măsuri dure", în special pentru sectorul Mărgineni41.

Din cantitatea de ţiţei obţinută se opreşte pentru consum propriu doar 660 tone, un procentaj infim faţă de necesităţile populaţiei şi ale întreprinderii42.

Anul 1954 este consemnat în documente şi prin prezentarea simultană a producţiei de petrol a Schelelor Gura Ocniţei şi Schela Târgovişte, motivată de apropiata delimitare teritorială a celor două unităţi. Preluarea zonei „Ochiuri" permite Schelei Târgovişte să obţină în zonă 384.238 tone de ţiţei pe care îl transportă spre parcurile de rezervoare comune, în timp ce Schela Gura Ocniţei obţinea 589.100 tone, menţionând zona de interferenţă cu Schela Moreni în Pâscov, Schela Mare, Valea Cezeanului.

Adâncimea de la care se extrăgea petrolul era extrem de variată. La sondele de injecţie se putea obţine petrol de o adâncime de 1.223 metri, la Gura Ocniţei, 970 metri - la Moreni; sau 953 metri - la Călineşti, în timp ce adâncimea maximă de exploatare rămânea de 3.129,5 metri, la sonda 702 Poliminera, dată în folosinţă încă din anul 1952.

Continuă să funcţioneze o sondă la Călineşti, pusă în producţie încă din 1931 şi care a produs 89.800 tone ţiţei şi 239.222 mii metri cubi de gaze până în anul 1955 când îşi încetează activitatea. Din anul 1955 se remarcă tendinţa de a abandona sonde, considerate neeficiente, în special din cele puse în funcţiune după anul 1949, la Colibaşi, Călineşti, Siliştea, singura care a dat rezultate deosebite fiind sonda de la Mărgineni, care forată fiind până la adâncimea de 2.031 metri, a dat din luna iunie 1949 până în luna decembrie a anului 1955, 12.820 mii metri cubi gaz.

În 1955 din totalul intrărilor de ţiţei la Schela Moreni, 580.000 tone reprezenta producţia anului respectiv, 5.900 tone reprezenta stocul existent la începutul anului, iar 4.000 de tone reprezintă „deplasări de calitate", sondele vechi (din anul precedent în funcţiune) aducându-şi contribuţia cu

557.500 tone.

În 1956 sistemul cel mai rentabil rămâne „pompajul" care dădea 98,8% din producția Schelei Moreni, gaz-lift-ul contribuind doar cu 0,015% iar erupția naturală cu numai 0,013%. Din producția Schelei, la capitolul „ieșiri", pe lângă cele 576.900 tone, trimise spre rafinării mai consemnăm, pentru 1956, folosirea a 700 de tone la consumul propriu, 500 de tone pentru consumul unității de foraj, 100 de tone la reparații sonde și 1.800 tone pierzându-se prin procedeele de „tratare" specifice timpului44.

În 1957 este de remarcat legarea a 34 de sonde la noul parc „4 Ghirdoveni" precum și apariția la Filipești a parcului „34 Filipești". Producția de oxigen, atât de necesară procesului tehnologic al vremii a reprezentat numai 95,285 din plan „deoarece fabrica a fost planificată să fie oprită pentru reparații 23 de zile, iar acestea au durat 58 de zile"45.

În 1958 planul de producție la țiței a fost a fost depășit cu 1.809 tone, sarcinile de plan fiind realizate în proporție de 100,33%. documentele consemnează debitul mediu al sondelor ca fiind în scădere, atât la producția zilnică cât și în producția generală a sondelor vechi din cauza declinului producției naturale. La sondele inactive debitul scade deoarece exista un număr mai mic de sonde comparabil cu anul precedent, iar la sondele noi producția medie este în scădere deoarece numărul acestor sonde este mai mare, iar producția de țiței extrasă de acestea rămâne constantă"46.

Totalul sondelor existente în Schela Moreni este de 521, în anul 1958 intrând în producție nouă sonde în loc de opt, dar debitul unor asemenea sonde scade până la una-două tone pe zi, debitul fiind considerat ca fiind necorespunzător, luându-se decizia de a opri asemenea instalații.

În anul 1958 s-au pierdut 94.160 ore de muncă din cauza unor multitudini de deficiențe: rupere de tubing, ruperea tijilor, turtirea coloanelor, defectele de la unitățile de pompare, utilizarea necorespunzătoare a troliilor, lipsa curentului electric, lipsa gazelor etc.47. Privitor la existența curentului electric în Schelele Moreni și Gura Ocniței trebuie precizat că în anul 1960 mai funcționau ca unități ale întreprinderilor respective „Uzina electrică Muntenia" și „Termocentrala" Schela Mare.

Uzina electrică Schela Mare avea în 1960 o putere instalată a grupurilor electrogene de 6.659 kw. bazată pe consumul de păcură. Producția de energie electrică era de 20.337 mii kwh și era folosită în special pentru schelele din zonă, dar și pentru satisfacerea unor necesități locale48.

În 1958 debitul sondelor Schelei Moreni este în scădere (1.503 tone/zi) față de 1957 (1.957 tone/zi), fenomenul accentuându-se în anii următori49.

La Schela Mare debitul mediu/zi era de 1.684 tone pentru anul 1957 dar și aici se constată o scădere treptată a debitelor prin secătuirea straturilor de petrol50.

Debitul mediu pe sondă scade în anul 1959 la 106,6 tone, producția menținându-se aproximativ constantă datorită numărului de sonde noi sau reactivate. Spre exemplu la Schela Moreni, la începutul anului 1959, se consemnează 420 de sonde, iar la sfârșitul anului, existau 455 de sonde din care numai 13 sonde noi. Planul de producție nu poate fi realizat la sondele eruptive unde se obțin doar 2.799 tone (67,12%) dar este depășit la celelalte sisteme de extracție. În privința gazelor de sondă, producția este realizată în principal de sondele de țiței (87,7%), sondele care aveau ca obiectiv de activitate numai extracția gazelor (10 la număr) nereușind decât 11.536 mii metri cubi, cele 49 de compresoare erau grupate în 10 stații de compresoare gaze, reușind să obțină 32.551 tone gazolină. La Schela Gura Ocniței, în 1960, erau 22 de compresoare grupate în opt stații de compresoare (trei cu gaze și cinci cu „vacuum") obținându-se o producție de 26.077 tone gazolină. Producția aceasta a fost obținută după ce s-au compresat 66.568 mii metri cubi gaze extrase, 2.912 mii metri cubi gaze reciclate, restul de 2.978 mii m3 fiind pompat în obținerea țițeiului prin procedeele cunoscute51.

În 1960 producția obținută de Schela Moreni din cele 14 sonde noi a fost de 10.037 tone țiței. Sondele au apărut la Piscuri 5 unități; la Filipești - 4 sonde; și în Moreni - 4 sonde.

Producția de petrol și gaze era obținută de 37 de formațiuni de lucru, din care 12 erau brigăzi de producție, 18 brigăzi de intervenție, 5 brigăzi de reparații sonde și câte o brigadă pentru punerea în producție a sondelor. La Gura Ocniței erau 34 de brigăzi, 18 pentru intervenții, 5 pentru reparații capitale, 10 pentru producție.

În Gura Ocniței erau în stare de funcționare 24 de trolii, la fel ca și la Schela Moreni.

Fondul de sonde al Schelei Gura Ocniței era de 320 sonde în producție pentru țiței și gaze, 5 sonde numai pentru producția de gaze, fiind oprite 93 de unități productive.

Schela Gura Ocniței nu reușește să-și îndeplinească planul stabilit pentru țiței realizându-se un minus de 603 tone, scăderile fiind mai evidente la sondele cu erupție naturală (87,14%) și la sondele de pompaj (98,31%). Nici producția la sondele noi nu s-a încadrat în planul stabilit, obținându-se numai 6.320 tone din cele 7.180 tone de țiței planificat. Nici în anul 1961, cu 1.353 muncitori ai Schelei, Gura Ocniței nu a reușit să îndeplinească planul la producția de petrol cu 14.322 tone, realizându-se cel mai slab procentaj din istoria planificată a acestei unități economice. În 1962, schelele de producție cunosc mari transformări în organigrama unităților. Astfel Schela Moreni este compartimentată, în sectorul productiv, în patru formațiuni, numite secții. Secția I Pâscov își desfășoară activitatea în zona Pâscov-

Pleaşa-Schela Mare-Ţuicani. Secţia a II-a Cricov avea domeniu de activitate în Moreni - sectorul sudic şi nordic al localităţii. Secţia III-a Bana - cuprindea restul teritoriului localităţii Moreni (Piscuri-Bana), iar ultima secţie - IV Filipeşti având repartizată zona Filipeşti-Mărgineni.

La secţia Pâscov, Bana şi Filipeşti erau câte trei brigăzi, numai secţia Cricov avea două brigăzi, Schela din Gura Ocniţei având la rândul ei 19 brigăzi de intervenţie.

Este anul când atât Schela Gura Ocniţei, cât şi Schela Moreni făceau parte din trustul de extracţie Târgovişte52.

Schela Gura Ocniţei avea sectorul de activitate în zona Bucşani, Lazuri, Schela Mare, Adânca, Gura Ocniţei, Ochiuri, Ocniţa iar Schela Moreni avea sonde în Schela Mare, Ţuicani, Mărgineni, Pleaşa, Moreni, Diteşti, Filipeştii de Pădure, Iedera-Colibaşi, două sonde în zona Colibaşi şi patru sonde în comuna Măgureni.

Schela Moreni avea în anul 1962 un număr de 545 de sonde fiind active 480 dintre ele. Cele 11 sonde active numai pentru producţie-gaze erau pe raza localităţilor Mărgineni (9), Diteşti şi Filipeşti de Târg câte una, producţia fiind de 101.000 mii m3 gaze. Dintre sondele active numai două erau pe gaz-lift şi trei pe erupţie naturală, restul folosind sistemul de pompaj clasic. Aceste sonde erau răspândite pe raza mai multor localităţi: 329 în Moreni, 35 în Diteşti, 26 în Filipeşti Pădure, 1 în Filipeşti Târg, 20 în Schela Mare (Gura Ocniţei), 15 în Colibaşi, 13 în Mărgineni, 4 în Măgureni, 2 în Călineşti.

Se remarcă numărul mare de sonde inactive din Măgureni - 7, semn al părăsirii treptate a acestei zone de exploatare. Pentru anul 1962, Schela Moreni avea suspendate 10 sonde în Moreni, 6 - în Adânca; 1 - în Diteşti, iar la „conservare" se găseau 9 sonde din Moreni, 1 - din Iedera; 1 - în Diteşti53.

Un aspect mai puţin cunoscut în activitatea Schelei Moreni îl prezintă Fabrica de Oxigen din Moreni, care producea în anul 1962, o cantitate de 81.390 metri cubi, care era folosit de Ministerul Petrolului şi Chimiei, în ramurile industriei grele şi uşoare, a minelor, a forţelor armate, agricultură etc.54

În 1963, la staţia Mărgineni se pompau spre Schela Moreni cantitatea de 2.200 tone păcură, iar prin staţia Filipeşti - 33.600 tone55, aceastea reprezentând producţia acestor localităţi, deoarece multe conducte legau direct sondele cu numeroasele parcuri de rezervoare, din care amintim; „Redevenţa", „6 Astra-Română", „15 Bis", „Poliminera", „28 Unirea", „Leurda", „Colibaşi" etc.

(Sondă de extracţie)

Cu toate că aportul sondelor noi în producţia Schelei Gura Ocniţa nu atinge nivelul planificat pentru anul 1963, producția celor 338 de sonde active fiind suficientă pentru a realiza 100,84% din planul stabilit. Pentru a spori producția de țiței, Schela Gura Ocniței folosește 18.749 mii m3 gaze și 20.941 m3 apă, pe care o injectează în sondele productive.

Schela Gura Ocniței primește din alte schele 57.127 mii m3, în special de la Schela Moreni, din care acordă consumului propriu 16.194 mii m3, injectării în strat 18.479 mii m3, consumului secției de foraj 1.030 mii m3, dirijând spre Sfaturile Populare Moreni și Gura Ocnița un volum de 53.766 mii m3 gaze, G.A.C. Gura Ocniței 240 mii m3 și spre alte schele 9.012 mii m3. În urma proceselor industriale s-au pierdut 2.275 mii m3 în anul 1963. gazele care, pentru prima oară în istoria exploatării petrolului morenar, se recuperau integral, erau folosite pentru transformarea în alte surse de energie, în stațiile pentru compresoare sau pentru producerea aburului tehnologic, necesar la bateriile de cazane, în tratarea țițeiului în stațiile de dezbenzinare, etc.56

În fapt, încă din 1960 se extinsese rețeaua de aspirație a gazelor de la coloanele sondelor ajungându-se să se recupereze toate gazele ce însoțeau petrolul exploatat. Analiza dinamicii producției globale industriale arată că dezvoltarea industriei petrolifere locale a fost posibilă datorită creșterii investițiilor statului cu 840% pe parcursul cincinalului 1960-1965. În industria petrolului s-a acționat pentru prospectarea de noi straturi petroliere, introducându-se instalația de foraj de 315 to., care asigura forarea sondelor de țiței și gaze la mari adâncimi.

Schela a preluat prin atelierul mecanic repararea tuturor instalațiilor necesare procesului de producție, realizând și piesele de schimb necesare57, descongestionând sarcinile „Uzinei 4 Moreni". În fostele ateliere mecanice „Astra-Română" și a „Centralei electrice Muntenia" din incinta Schelei Moreni se deschide secția „Reparații motoare electrice și bobinaj electroenergetic" ce aparține de I.R.U.E. Câmpina, fiind singura cu acest profil din țară.

Schelele de petrol acționează cu mulți factori colaboratori pentru satisfacerea necesităților de producție și asigurării bunei funcționări a instalațiilor petroliere. baza tubulară Moreni aparținea de B.R.M.F.A. Băicoi și avea rampe pentru tubularea de foraj și ateliere de reparații, secția Reparații scule-foraj extracție Moreni, aparținea de I.R.U.E. Câmpina, stația de pompare a țițeiului aparținea de I.T.T.C. Ploiești, etc.

În anul 1965, aportul localității Moreni (în care nu sunt incluse Pâscovul, Bana, Țuicani), era de numai 83.264 tone, ceea ce reprezintă numai 16,34% din producția totală a anului. Debitul mediu lunar se cifrează în jurul a 100 de tone. Secția de foraj dă în funcțiune 32 de sonde, din cele 48 de sonde noi puse în exploatare dar numai 5,7% din producție aparține acestor sonde58.

Producția de gaze, deși în scădere lentă, se încadrează cu depășiri, în planul stabilit. Producția de gaze se obținea în majoritatea cazurilor concomitent cu extracția de țiței (83,4% pentru anul 1965), marea majoritate a gazelor fiind supuse dezbenzinării (57.600 mii m3 în 1966, obținându-se 35.600 tone gazolină). Din totalul de 136.800 mii m3 gaze extrase și livrate de Schela Moreni (din producție, din gaze reciclate, de la alte schele), 42.000 m3 au fost oprite pentru consumul propriu, 5.300 mii m3 s-au pierdut prin transport, 7.600 mii m3 au fost transferați spre alte schele etc59.

Interesant este și aspectul legat de „mișcarea țițeiului". Stocul era la începutul anului de 7.500 de tone, producția obținută fiind de 489.200 tone. Din această cantitate se opresc pentru consumul propriu de foraj 40 de tone, pentru reparații de sonde 80 de tone, se livrează la I.T.T.C. 487.500 tone, prin tratare se pierd 1.540 tone, stocul la sfârșitul anului 1996 fiind de 7.500 tone60.

De la 1 august 1966 până la 30 iunie 1966 se efectuează lucrări ample pentru punerea în funcțiune a instalației pentru deshidratarea gazolinei la stația de dezbenzinare nr. 1 de la Schela Moreni, de la Dezbenzinarea Gura Ocniței și de la Dezbenzinarea Bucșani a Schelei Gura Ocniței, unde se realizează și o stație de spălare și epurare a apelor reziduale61.

Pentru anii 1967 și 1968 nu sunt fapte deosebite în producția de petrol, gaze și gazolină de la Schela Moreni sau Gura Ocniței. Se remarcă scăderea lentă a producției Schelei Gura Ocnița la toate compartimentele productive. Astfel, de la 548.181 tone, în anul 1960, a șasea producție a perioadei postbelice se ajunge ca în ultimul an al existenței unității să nu mai găsim decât 306.307 tone. Scăderi întâlnim și la gaze: 64,7% - în 1968, față de 1960 sau la gazolină - 90,6%, pentru aceiași perioadă, Schela Gura Ocniței având două dezbenzinării situate la în Schela Mare și Bucșani. După modernizările făcute în anii 1966-1967 aceste dezbenzinării primesc zilnic 200 mii m3 gaze brute obținându-se 30 m3 gazolină distilată și 43-45 m3 gazolină de comprimare62.

Schela Moreni obține anual - pentru 1968 - 36.582 tone din cele 78.980 mii m3 gaze supuse dezbenzinării (cifrele fiind în continuare diferite deoarece sunt condiționate pe planul real, planul fictiv, planul transmis, planul propus, stocuri, etc.) În anul 1968, pentru gaze se dă în exploatare doar o sondă din foraj, cota sondelor pentru gaze menținându-se în continuare în jur de 10, în special în zona Mărgineni. Cu cele 35 de sonde aflate în producție prin predarea lor de către secția de foraj, numărul sondelor în exploatare, la Schela Moreni, ajungea în anul 1968, la 540.

În 1969 producția obținută de Schela Moreni, după ce se încorporează și producția Schelei Gura Ocnița, desființată în luna ianuarie 1969, se cifrează la 664.724 tone, fosta Schelă Moreni având 346.000 tone. Unificarea celor două unități nu prezintă un element cu consecințe benefice, Schela Moreni cunoscând mulți ani scăderi ale producției cu toate măsurile organizatorice luate. Scăderea producției este cauzată de o multitudine de factori: secătuirea unor straturi „tradiționale", nepunerea în funcțiune a sondelor de mare adâncime, folosirea unor tehnicii și procedee inadecvate cu toate că s-au introdus tehnici noi de exploatare din care amintim aplicarea regimului forțat de pompare, creșterea factorului de recuperare, introducerea încălzitoarelor electrice de strat. În anul 1970 producția scade la 91,27% față de anul anterior, în special din cauza aportului scăzut adus de sondele noi (-1.457 tone față de plan). Producția de gazolină cunoaște de asemenea scăderi semnificative, de la 51.900 tone, în anul unificării schelelor, la 44.094 tone în 1970, în care s-a inclus și o cantitate de condens transportat de Gaz Metan Mediaș, pentru gazele metan.

În ceea ce privește zona în care își desfășura activitatea Schela, precizăm că în perioada aceea se constituia ca zonă industrială în vestul orașului, la sud de aliniamentul șoselei Moreni-Târgoviște, într-un perimetru de circa 22 de hectare. Aici erau amplasate sediul administrativ, un atelier mecanic de reparat autogreu, un atelier mecanic de reparații și confecții utilaje pentru extracția petrolului, baterii de cazane proprii pentru presiunea termică forțată în strate de zăcământ, o stație de dezbenzinare cu două unități („Muntenia" și Țuicani") etc. Dacă aceste secții sunt comasate pe un perimetru bine organizat, cele peste 1.500 de sonde ocupau o suprafață foarte mare (cu o medie de 400 m.2/sondă) în diferite perimetre care depășesc raza localității. Treptat, cochetul sediu administrativ și economic al Schelei Gura Ocniței se destramă după anul 1969. Încă din anul 1967 uzina electrică Schela Mare cu o putere instalată a grupurilor electrogene de 3.337 kw. a produs ultimii 11.193 kw/h fiind supusă dezafectării.

Dezbenzinarea Schela Mare este desființată, sarcinile sale productive fiind preluate de unitățile Schelei Moreni. Sediul administrativ se mută în centrul orașului, cartierul Schela Mare, centrul socio-cultural al Schelei Gura Ocniței fiind trecut teritorial, în totalitate, ca parte componentă a orașului Moreni.

Noua situație intervenită determină o nouă organizare a unității. Schela de producție Moreni funcționează în baza Ord. Minist. Minelor Petrolului și Geologiei nr. 449/11.IV.1973 și a hotărârii Consiliului de Miniștri 177/28.II. 1974 în baza Legii 11/21.X. 1970.

Schela avea ca obiect de activitate extracția țițeiului și gazelor, obținerea gazolinei, precum și prestări de servicii în legătură cu aceste activități. Unitatea continua să fie lipsită de personalitate juridică fiind subordonată Trustului Ploiești. Schela avea cont la Banca Națională pentru activități curente, iar la Banca de Investiții pentru punerea în funcțiune a sondelor din foraj.

În organigramă erau mai multe servicii: programare pregătire, urmărire a producției și control tehnic de calitate, serviciul personal-învățământ-organizare-retribuire, serviciul administrativ, secretariat, social, pază, pompieri, documentații și documente, A.L.A. etc. De asemenea, pentru buna funcționare a unității erau mai multe birouri ca: geologic, topografic, inginerie de zăcământ și tehnic, mecanico-energetic, contabil-financiar.

Sectorul productiv era alcătuit din mai multe secții: Cricov - cu trei ateliere; Gura Ocniței - cu trei ateliere, mecanico-energetic, secția exploatare întreținere auto (cu atelierul reparații capitale sonde și probe de producție, sau atelierul de reparații industriale). Conducerea era asigurată de Adunarea Generală a Omenilor Muncii care avea un Consiliu al oamenilor muncii alcătuit de 23 de membri. Activitatea curentă era condusă de biroul C.O.M. alcătuit din 7 membri, direct interesați de producție fiind directorul unității, directorul adjunct cu dezvoltarea, directorul adjunct cu producția, directorul adjunct tehnic și contabilul șef, restul locurilor fiind repartizate partidului și sindicatului.

După criza mondială energetică din anii 1970 omenirea suferă transformări de esență, nici până acum evaluate la adevărata valoare. La 13 noiembrie 1973, Comitetul Politic Executiv al P.C.R. examinează principalele probleme ale dezvoltării energetice și propune măsuri pentru economisirea combustibililor hotărând elaborarea unui program de persectivă. Conform uzanțelor, la 17 noiembrie 1973, se dă un decret pe această problemă, urmând ca de acum încolo situația energetică să creeze mari tensiuni, în special în industria extractivă.

la data de 19 iunie 1976, ședința de lucru a Comitetului Central al Partidului Comunist Român (C.C. al P.C.R) cu factorii de răspundere din domeniu indică grăbirea ritmului de realizare a lucrărilor în vederea punerii în valoare a unui volum sporit de rezerve de țiței, gaze, etc. Este anul când încep să apară indicatori suplimentari pentru producțiile de petrol, gaze, gazolină, în ceea ce privește producția globală și producția marfă. În aceste condiții se caută noi măsuri organizatorice înființându-se 7 noi brigăzi de intervenție. Pe structura Călinești-Moreni-Gura Ocniței, începând cu anul 1965 se trece la exploatarea zăcământului Levantin, unde după 1979, se aplică exploatarea prin injecție ciclică cu abur. După ce s-au injectat 266.318 tone abur s-au obținut 77.887 tone țiței pe parcursul câtorva luni din anul 1979. Pe structura Dealul Bătrân-Drader III se folosește metoda de combustie subterană. Procesul constă în injectarea a 21.329.000 N.m3 aer prin două sonde cu scopul întreținerii frontului, alte sonde fiind „de reacție". Se reușește un factor de recuperare superior cu 8,8%. Pe un alt zăcământ din structura Bucşani se experimentează injecţia de apă în 3 panouri, fiecare cu o sondă injecţie şi altele de reacţie. În anul 1979 s-au injectat 71.455 m3 apă sărată obţinându-se un plus de 2.380 tone ţiţei. Într-un alt zăcământ din structura Dealul Bătrân se foloseşte injecţia ciclică de abur obţinând în plus o producţie de 2.135 tone. În zăcământul meoţian de pe structura Călineşti-Moreni-Gura Ocniţei factorul de recuperare ajunge la 43,7% prin 7 sonde de injecţie şi 28 de sonde reacţie. Pe structura Dealul Bătrân, într-un alt zăcământ, factorul de recuperare a ajuns la 52,6%, prin folosirea sistemului de combustie internă, în timp ce pe structura Răzvad-Gura Ocniţei în zăcământiul Helveţian, factorul de recuperare ajunge, în 1979, doar la 3%64.

La 1 octombrie 1979 erau 1.074 sonde, din care 899 active, dar numai 24 prin erupţie naturală. Cele 64.723 mii m3 gaze se obţin şi în această perioadă nu numai în sondele de gaze din zona Mărgineni, ci mai ales din sondele de petrol.

Sondele active erau de mai multe categorii; 874 - de pompaj; 25 - de gaze; 103 - prin sistemul de injecţie; 8 -piezometrice; 10 - în foraj; 5 - în montaj-instalaţii de foraj; 2 - în probe terminale; 20 - pentru punerea în producţie. Este anul când pe raza localităţii Moreni şi în zona de răspândire a Schelei erau instalaţii sosite de la Florica (jud.eţul Brăila), Bărăitaru, Brăgăreasa, Boldeşti (judeţul Prahova), Berca (judeţul Buzău), Zamfireşti, Măgurele etc. Viteza de lucru pe raza Schelei Moreni ajunsese la 486 metri pentru sondele de petrol şi 430 metri/lună pentru sondele de gaze65.

Anul 1979 este un an cu destul de multe momente tensionante deoarece, „propunerile noastre de plan nu sunt luate în considerare, faptul aducându-ne greutăţi şi necesitând eforturi organizatorice deosebite"66.

Spre exemplu, secţia III-a Gura Ocniţei are 20 de brigăzi de intervenţie, 2 brigăzi de producţie, 2 brigăzi reparaţii capitale sonde, un atelier mecanic şi un atelier gaze-compresoare, fapt posibil deoarece la Schela Moreni, începând cu 1979, necesarul forţei de muncă este completat timp de 10 ani cu soldaţi în termen.

Pentru 50 de brigăzi de intervenţie, reparaţii şi probe-producţie au fost aduse la locul de muncă „rulote tip-Moreni" confecţionate în atelierele proprii.

În fond, depăşirea producţiei globale s-a datorat lucrărilor de atelier, consumului intern şi în special diverselor servicii constând în efectuarea la comandă a lucrărilor de construcţii şi montaje în regie proprie, executarea reparaţiilor capitale, etc.

Important în această perioadă rămâne însă producţia netă, măsurile luate la nivel central fiind tot mai dure şi impunând soluţii tot mai complete pentru îndeplinirea sarcinilor de plan. Se introduc tehnologii noi pentru care se obțin 24.359 tone, se introduc noi repere, noi tehnologii referitoare la reducerea consumurilor specifice, reducerea cheltuielilor materiale, asimilări de mașini și utilaje etc.

La sondele vechi s-a urmărit îmbunătățirea parametrilor de exploatare, realizarea tratamentelor cu soluții micelare, acidizări, injecții cu abur, apă și aer, cu polimeri de import, cu combustie subterană.

Prin injecția cu abur se urmărea creșterea productivității sondelor care exploatează zăcămintele cu țiței vâscos (primele încercări s-au făcut la flancul sudic al structurii Moreni încă din anul 1971). Prin intermediul metodei de injecție extraconturală de apă în zăcământul Meoțian III Gura Ocniței în perioada 1961-1979 s-au produs, ca producție suplimentară, o cantitate de 155.363 tone, prin metoda „combustie subterană" în zăcământul Drader III Dealul Bătrân, în perioada 1965-1974, s-a obținut un plus de producție de până la 4.354 tone/an, cea mai mare fiind în anul 1974.

Prin exploatarea prin injecție ciclică de abur aplicată la zăcământul levantin pe structura Moreni, în perioada 1965-1972, se obțin suplimentar 70.000 de tone, din care 22.513 tone numai în anul 197267.

Se vor săpa noi sonde în levantin - în zona Piscuri, Gura Ocniței; în helvetian - în localitatea Moreni; în Oligocen - la Colibași și Mărgineni-Bucșani; în eocen- la Vârfuri68.

Se renunță totuși la 8 sonde din graficul de foraj printre care și 37 bis Moreni ajunsă la 2.030 metri, deoarece se constată că „meoțianul și dacianul" sunt într-un strat avansat de exploatare (19-53%).

Pentru 1979 erau planificate să intre în producție 41 de sonde cu 56.000 de tone, intră în activitate 76 de sonde care dau numai 20.464 tone. Printre cauzele neîndeplinirii planului sunt lipsurile de materiale specifice (cabluri de tot felul, tubing, piese pentru pompele de fund), slaba aprovizionare a depozitului Moreni și Bazei de aprovizionare Băicoi „propunerile noastre de plan nefiind luate în seamă" formulându-se cifre de plan nerealiste, o mare fluctuație a forței de muncă, încadrarea prin recrutări directe, școala de specialitate neoferind decât 60% din necesar, lipsa de specialiști pentru sondori-intervenție, lăcătuși auto, fochist, încadrarea unui număr mare de femei (14,2%) față de normativul de 7,8%, secătuirea zăcămintelor etc.

Sondele noi cu existență mai mare aflându-se în zona Bucșani vest, Cervenia, Dealul Bătrân, Gura Ocniței. La zăcământul Gross, la sonda 89, la proba de producție, sonda indica apă; la Dealul Bătrân, în Helvețian sonda se închide deoarece aceasta a fost plasată în zona saturată de țiței, obiectivul fiind preluat de altă sondă.

La Dealul Bătrân, în zăcământul Meoțian se închide o sondă din cauza sistării procesului de combustie și a slabei receptivități a sondelor de reacție, etc.71.

Se încearcă creşterea producţiei prin recuperări, planul în această direcţie fiind de 175.000 de tone, realizându-se doar 172.000 de tone din cauza neîndeplinirii sarcinilor pentru Meoţian, Bucşani şi Gross Moreni72. Oricum rezerva iniţială pentru anul 1979 era apreciată la 117.190 tone, urmând o creştere la 187.620 tone pe parcurs, conform planificării73.

Producţia de gazolină cunoaşte în acest cincinal fluctuaţii mari, atingând maximum în anul 1979 prin cele 24.702 tone, cu o scădere surprinzătoare, probabil nereală, la 13.200 tone în anul următor! Se menţin dezbenzinările nr.1 „Muntenia" şi nr.2 „Ţuicani" şi staţii de compresoare la Piscuri, Filipeşti, Gura Ocniţei, Bucşani, Dealul Bătrân şi Moreni74.

Cea mai modernă unitate rămâne „Muntenia", mai ales după ce, încă din 1969, la 20 aprilie se inaugura turnul de răcire cu tiraj forţat75.

După 1980, criza profundă de sistem, cu consecinţe economice dure, se accentuează. Modernizarea ţării se pare că s-a orientat pe o cale greşită chiar dacă acţiunile în această direcţie nu au lipsit, cu consecinţe nefericite pentru populaţie, obligată să facă sacrificii enorme. Partidul unic ia măsuri tot mai controversate, măsuri care fac referire în special la industria combustibililor şi care uneori nu mai necesită nici decrete ulterioare de punere în practică, sarcinile de partid devenind legi.

Astfel, la data de 14 octombrie 1980, Comitetul Politic Executiv (C. P.Ex.) analizează proiectul de decret privind unele măsuri pentru stimularea persoanlului muncitor din industria extractivă urmate de măsuri pentru reducerea personalului indirect productiv sau de hotărâri pentru îmbunătăţirea modului de organizare a întrecerii socialiste76.

La 31 martie 1982, Plenara C.C. dezbate rapoartele privind realizare programului de producere a energiei în cincinalul 1981-1985 şi dezvoltarea bazei energetice a ţării până în 1990 pentru ca, la 9 aprilie, C.P.Ex şi C.C. al P.C.R. să examineze sarcinile de creştere a gradului de valorificare a materiilor prime, materialelor, combustibilului şi energiei în industrie, în perioada 1982-1985. Ulterior, la 3 iulie, C.P. Ex. aprobă „Programul cu privire la creşterea producţiei de gaze pe perioada 1982-1983, peste prevederile cincinalului"77.

Asemenea măsuri continuă să se stabilească centralizat, „de la centru" în continuare. La 20 noiembrie 1982, C.C. Ex. al C.C. al P.C.R. impune „Programul privind valorificarea superioară şi dezvoltarea bazei de materii prime minerale şi energetice primare", ca la 10 decembrie să se organizeze o consfătuire de lucru cu cadre de conducere şi specialişti din domeniul geologiei, industriei extractive şi metalurgiei neferoase, urmată de consfătuire cu cadre de conducere şi alţi oameni ai muncii din industria petrolului78.

În acest context intern cauzat şi de criza energetică mondială, la Schela de producţie Moreni, la Schela de foraj Moreni se fac, conform uzanţelor de atunci, analize periodice, stabilindu-se conform indicaţiilor noi planuri de măsuri, cu obiective, cu sarcini de îndeplinit, cu modalităţi de realizare şi date de finalizare. Urmează asigurări date conducerii de partid şi de stat „din partea petroliştilor de la Schela de extracţie care vă roagă să permiteţi să vă transmitem adeziunea deplină la măsurile stabilite cu privire la noua formă de organizare a industriei de petrol"79. Urmează o analiză detaliată a stării de fapt a schelei de extracţie Moreni în care se arată că unitatea este fără personalitate juridică, fiind subordonată Trustului de petrol. Întreprinderea are 3 secţii de producţie în care se aflau 1.301 sonde, 42 de parcuri de separatoare, 15 baterii generatoare cu abur, 10 staţii de compresoare, 58 brigăzi de intervenţie, 9 brigăzi reparaţii capitale, 6 brigăzi probe de producţie, 3473 angajaţi care gestionau o valoare de 2,77 miliarde lei, valoarea leului din 1982.

Se preconiza crearea de nouă brigăzi noi de producţie ajungându-se ca numărul de sonde să nu fie mai mare de 160, iar raza de activitate să nu depăşească 5 km. Puţini cunosc faptul că, după asemenea angajamente se structura o propunere care, probabil, că avea un rol însemnat în realizarea sarcinilor de plan primite aşa că... „apreciem în mod deosebit necesitatea acordării la nivelul Schelei a atribuţiunilor de personalitate juridică pe principiul autogestiunii economico-financiare"80... după care urmau alte angajamente.

Schela de extracţie va construi conducte de apă reziduală de la Moreni la Bucşani, o conductă de apă potabilă Ruda-Bana, o conductă de apă sărată Moreni-Comişani, o conductă de aspiraţie gaze la Lazuri, o conductă de apă potabilă Tisa-Moreni etc.

Zăcămintele de ţiţei, în anul 1982, erau localizate în Meoţian, Helveţian, Drader III, Levantin. La 7 noiembrie 1982, făcându-se o analiză a zăcământului Levantin din sectorul Moreni sud-Gura Ocniţei au fost propuse, printre altele: mărirea debitelor extrase în scopul recuperării rapide a fluidelor încălzite, mărirea numărului de turaţii şi curse la un număr de 91 de curse, înlocuirea pompelor, efectuarea de adiţionări la un număr de 12 sonde, oprirea unui număr de 25 de sonde pe o perioadă de şase luni ca urmare a rezultatelor negative din ultimul timp, săparea unui număr de 81 de sonde, din care nouă cu injecţie continuă.

Factorul de recuperare a ţiţeiului era de 30,06% faţă de 33,7% cât era planificat. Se aplică procese de injecţie cu abur la 265 de sonde, procese de combustie subterană la 16 sonde, procese de injecţie cu apă la 79 de sonde, procese de injecţie cu polimeri la cinci sonde, procese de injecţie gaze - la 52 de sonde. S-au injectat 400 de tone de abur, 30 milioane metri cubi de aer, 720.000 de metri cubi de apă, două milioane metri cubi de gaze, reuşind să se extrage în plus 100.000 de țiței. Cu toate acestea sarcinile de plan nu pot fi realizate în anul 1982, cele 575.412 tone reprezentând doar 78,71%.

În schimb ,la gaze cele 106.493 mii m3 reprezintă 140,12% în timp ce la gazolină nu se realizează decât 56,94% prin cele 11.218 tone obținute (este perioada când raționalizarea combustibilului pentru autoturisme la 20 litri pe lună nu a afectat prea mult Moreni, având această gazolină pe care o procurau cu foarte multe riscuri) cifră care pare nerealistă din moment ce în 1983 se realizează 21.710 tone.

În fapt neralizările de plan la țiței vor deveni o permanență în viața Schelei de producție Moreni pentru deceniul 9 al ultimului secol, mai ales că producția în cifre cunoaște scăderi de la an la an, numai producția de gaze având o curbă ascendentă până în anul 1986.

Pentru perioada 1982-1985 se fac analize pentru fiecare strat de țițe. Remarcăm producția mare obținută de Levantin Moreni, cifrată la 103.126 tone sau cel al Helvețianului Moreni - 132.589 tone.

În schimb, Helvețianul din Dealul Bătrân nu producea în 1974 decât 3.126 tone, iar Sarmațianul nu dădea la Mărgineni decât 100 de tone, în anul 1985. În sectorul Colibași, cea mai mare producție a atins Meoțianul scufundat, în anul 1983 (3.120 tone), la Bucșani, sectorul Drader III dădea 6.566 tone, în 1982, iar Helvețianul dădea la Caragiale, în 1985, 27.810 tone.

Zăcământul eocen Vârfuri-Vișinești a dat pentru 1892-1985 următoarea producție: 2.392 tone, 2.630 tone, 2.619 tone, 2.609 tone. În regiunea Moreni se mai extrăgea petrol din Meoțian la Comișani, la Colibași, din Dacian, Oligocen, Levantin, Meoțian - în Moreni81 etc.

În 1982, factorul de recuperare reprezintă 32,5% din total, ceea ce înseamnă o producție 186.794 tone țiței82. În 1984 se forează sonde de mare adâncime din care amintim pe cea de la Bucșani, preconizată să ajungă la 6.500 metri, pe cea de la Moreni ce urmărea să atingă 6.000 de metri, ca la Gura Ocniței să se încerce forarea la 5.500 metri, pentru a coborî la Ursei la 3.000 de metri, Sultanu - 2.800 metri; Colibași - 700 de metri.

Cu toate acestea producția este în scădere atât la petrol83, cât și la gaze84, sau gazolină, neîncadrându-se în planurile stabilite de „conducerea de partid și de stat".

În fapt, Consiliul Popular al județului Dâmbovița era cel care defalca pe localități planul de dezvoltare economico-socială în conformitate cu Decretul 260/1983, plan ce cuprindea absolut toate aspectele vieții dintr-o localitate, de la producția industrială, până la câți cartofi trebuie să se cultive și să se obțină pe ogorul propriu!

Multe din aceste sarcini nu erau urmărite sistematic, dar în ceea ce privește industria lucrurile erau extrem de complexe și realitatea acelor vremuri este greu de descris și analizat fără o prezentare atentă în contextul național de atunci.

Astfel, pentru 1984 se propuneau a se realiza 565.000 tone de țiței extras, 79.000 mii m3 gaze, 19.900 tone gazolină. Productivitatea muncii în industria republicană, pe baza valorii producției marfă pe o persoană, trebuia să atingă 283.854 lei, la valoarea leului din 1983. Ministerul petrolului avea pentru 1984 următoarele obiective de investiții, planul fiind în mii lei: descoperirea rezervelor de țiței - 30.000; procurarea de utilaje care nu necesită montaj - 30.000; cheltuieli pentru studii, cercetări și proiectări - 150; mărirea capacității de depozitare și modernizare a eficienței de încărcare - 2.000; dezvoltare bază tubulară - 20.800; descărcare la Depozitul Moreni - 800; dezvoltarea atelierului scule foraj-extracție Moreni - 2.000, etc.

Conform decretului 38/1983 s-au mai acordat 2.730 mii lei pentru investiții în utilizarea surselor noi și refolosibile. pe lista lucrărilor de investiție pentru 1984 mai figurau: descoperirea de noi rezerve de țiței, organizarea modernă a forajului pentru țiței, lucrări pentru punerea în producție a sondelor incluse în programul de recuperare și consolidare, de automatizare a producției, punerea în producție a sondelor, lucrări de instalare, de valoarificare a surselor de energie ce se defășoară de titular, utilaj care nu necesită montaj pentru foraj și extracție țiței, obținerea de mijloace de transport necesare activităților pentru industria de petrol, cheltuieli pentru studii, cercetări și proiectări în sector petrolier, procurarea de utilaje independente pentru dotarea uzinelor și dotări diverse pentru secția petrol și gaz metan etc.

În 1986, planul de producție la țiței continuă să nu fie îndeplinit, realizându-se doar 37,6% ceea ce reprezintă o producție fizică de 472.423 tone.

În schimb, la gaze, producția a fost realizată în proporție de 107,3%, depășiri realizându-se și la producția de gazolină. Pentru anul 1989, Direcția Județeană de Statistică nu mai înregistrează producția de gazolină, semn evident al totalei degringolade în care era societatea românească în acea perioadă.

Producția de țiței, cu toate creșterile înregistrate după anul 1987 reprezintă numai 10,7% din producția 1981, iar cea de gaze era în același an, 1989, de 137% față de producția anului 1981.

După 1990, Schela de producție înregistrează scăderi dramatice, semn al noii realități economice românești. Cauzele decăderii accentuate a producției Schelei sub toate aspectele au atât caracter obiectiv, puțin analizat, dar și subiectiv. Spre exemplu, aproape jumătate din forța de muncă a cuprins alte persoane, reprezentanții armatei părăsind producția. A fost o perioadă de democratizare rău înțeleasă și de revendicări care au dus la scăderea productivității muncii. În conformitate cu Legea 18, o parte din proprietarii pământurilor au dorit noi raporturi juridice, cu consecințe nefaste, spre exemplu Dezbenzinarea Țuicani fiind obligată să-și închidă porțile.

Producția de petrol scade cu 16% în anul 1990, când, în virtutea inerției încă se mai muncea conștiincios, dar ajunge la numai 69,39% în anul următor, semn al totalei degringolade a întreprinderii. Nici producția de gaze nu este un motiv de mândrie pentru colectivul de oameni ai unității, din moment ce, în 1996, cele 33.858 mii m3 nu reprezentau decât 27,4% din producția anului 1986.

La gazolină, Direcția de Statistică nici nu mai prezintă realitatea din anii 1988 și 1989, dar cele 9.227 tone din 1993 arată doar 40,9% din producția anului 1985.

Ca sector de lucru, Schela de petrol Moreni își desfășoară activitatea de producție pe zona Filipești de Pădure, Dițești, Mărginenii de Jos - din județul Prahova și localitățile Colibași, Vârfuri, Moreni, Gura Ocniței și Bucșani din județul Dâmbovița.

Exploatarea țițeiului și gazelor se realizează prin extracția acestora de pe nouă structuri geologice (Călinești, Moreni, Gura Ocniței - flanc nordic; Gura Ocniței - flanc sudic; Colibași, Siliștea, Mărgineni, Vârfuri, Filipești, Bucșani, Dealul Bătrân), care au în componență 30 de zăcăminte.

Producțiile zilnice cele mai mari se extrag în prezent din zăcământul Levantin (129 tone țiței/zi), Dacian superior (96t/zi) și Gross (82 t/zi) de pe structura Călinești-Moreni-Gura Ocniței, aflată pe raza localității Moreni, Țuicani, Gura Ocniței și zăcământul Oligocen (130t/zi) de pe structura Colibași.

Cele mai mici producții de țiței se extrag de pe zăcământul Meoțian Siliștea (1 tonă/zi), Drader (4,6 t/zi), Meoțian (5,7 t/zi), de pe structurile Siliștea și Filipești, aflate pe raza comunei Filipești de Pădure, zăcământul Dacian nedivizat (3,9 tone/zi), de pe structura Bucșani, zăcământul Drader III (3,7 tone/zi), de pe structura Dealul Bătrân și zăcământul eocen (4,8 tone zi), de pe structura Vârfuri.

În ultima perioadă de timp, respectiv în anul 1994, cel mai mare declin de producție s-a înregistrat la zăcămintele Meoțian Filipești - 0,25% și Meoțian Dealul Bătrân - zona veche - 2,58%. În anul 1995 s-au înregistrat declinuri mai mari de producție, respectiv de 5,55% la zăcământul Dacian nedivizat Bucșani, 4,72% la zăcământul Dacian intermediar, 3,96% la zăcământul Meoțian de suprafață din Colibași și 4,865 la zăcământul Eocen Vârfuri.

În prezent Schela de petrol Moreni are în exploatare peste 800 sonde de țiței prin care se extrage zilnic o cantitate de peste 7.500 m3 fluid din care se separă peste 900 tone țiței pe zi. Pe sistem de extracție situația este următoarea: 790 sonde de pompaj (87% din producție), 8 sonde de erupție naturală (7%), 9 sonde de gaz-lift (6% din producția schelei).

După debitele potențiale de producție, sondele din schelă se clasifică astfel: producție până la 0,5 tone țiței /zi la 370 sonde, între 0,5-1 t/zi pentru 194 sonde, 1-2 tone/zi pentru 139 sonde. Peste 20 tone țiței/zi dă o singură sondă, între 10-20 tone dau fiecare din cele 7 sonde din schelă, iar 10 sonde, dau între 5/10 tone țiței pe zi.

Din octombrie 1994 se folosesc la pompajul de adâncime, în afară de pompele românești și pompe cu cilindru lung, import SUA, de la firma „National Oil-Well" și import Canada de la firma „Harbison-Fischer", iar din aprilie 1996 se utilizează și pompe din import China.

Din anul 1993, în parcul 2 EPS și din septembrie 1995 la Stația de injecție a apei tehnologice și reziduale, se folosește o nouă tehnologie de îmbunătățirea calității apei pentru injecție prin utilizarea celulelor de flotație (500 m3/zi la parcul 2 EPS și două bucăți a 2.000 m3/zi, fiecare la stația de injecție). În prezent se realizează noi capacități de acest fel la parcurile „Epurare" și „Recepție".

Din anul 1994 se utilizează la curățirea dopurilor de nisip din sonde „Dispozitivul cu aspirație pentru curățirea sondelor cu viituri de nisip" - tip Pascu - care este o realizare tehnică înregistrată la PETROM R.A.

În anii 1993-1995 pe fondul de Tehnică Nouă s-a realizat în Schelă, cu bune rezultate, tratamentul anticoroziv al conductelor de transport apă tehnologică și reziduală prin folosirea unor anticorozivi noi, recomandat de I.C.P.T. Câmpina, respectiv ACOR 22 și INCOR 95.

Este în curs de realizare un experiment pentru creșterea duratei de funcționare a pompelor de adâncime care lucrează în mediu coroziv pe zăcămintele Meoțian și Drader Bucșani. La „Saro" SA Târgoviște se modernizează o instalație de șlefuit burlane prin electroeroziune, necesare pentru tubare de liniere și filtre la sondele cu viituri de nisip.

Pe zăcământul Oligocen Colibași, la șase din cele nouă sonde în gaz-lift, în vederea pornirii mai ușoare a acestora s-au introdus, la echipamentul de la puț, supape de pornire din import de tip Entera. În programul de modernizare pe anul 1996 este prevăzut la ca la două sonde în gaz-lift, în vederea reducerii consumului de gaze și deparafinarea sondelor, să se realizeze instalații de gaz-lift cu piston liber.

Pentru sistemul de pompaj de adâncime, Schela Moreni propune o comandă către UPETROM Ploiești pentru pompe tip MOINEANU la 2 sonde de pe raza schelei. Din 1994 se aplică cu bune rezultate pentru optimizare pompajului de adâncime, măsurători la sonde, folosind echipamentul Echometer din import, care dă indicații referitoare la nivelul static și dinamic al sondelor, control etanșeitate supape pompă, dinamograme, consum curent electric etc.

Pentru măsurarea corectă a cantității de apă tehnologică și reziduală care se injectează în sonde este în curs de experimentare la schelă, debitmetru fiabil din import tip Meineche-Weber, iar la sonda de injecție apă tehnologică 512 MP pentru creșterea duratei de exploatare a țevilor de injecție s-a introdus în sondă o garnitură de țevi de extracție aditivată la interior cu rășină epoxidică.

În colaborare cu firma Aport-impex srl Ploiești este realizat încălzitorul electric subteran pentru injecție de gaze calde în zăcământ, în vederea reducerii vâscozității țițeiului din zăcământul Levantin, iar împreună cu I.C.P.T. Câmpina s-a experimentat o pompă de fund introdusă cu prăjini tubulare prin care s-a realizat tratamentul de reducere a vâscozității țițeiului din zăcământ direct în pompaj sau s-a testat o pompă de fund cu închidere automată a supapei fixe.

De fapt, colaborarea cu institutul de la Câmpina este mai vastă, cuprinzând și alte experimente: tratarea anticrustă a conductelor, tratamente tensioactive cu produsul SOLVEM - pentru reducerea apei produse și creșterea cantității de țiței extras, folosirea unor dispozitive cu ajutaj în locul pompelor dozatoare la tratarea țițeiului, centrori cu role pentru tijele de pompaj la sondele derivate, etc.

Cu toate încercările evidente de a obține producții ridicate, rezultatele sunt departe de posibilitățile reale ale întreprinderii, noile măsuri organizatorice la nivel național pentru industria petrolului, urmând probabil să aducă Morenii la nivelul trecutului glorios și al posibilităților existente.

Funcția comercială a Schelei Moreni cuprinde activitățile care asigură legăturile unității cu exteriorul acesteia, respectiv: activitatea de aprovizionare tehnico-materială cu materii prime, materiale și desfacere a produselor obținute în afara întreprinderii. Până în anul 1989, funcția comericală verifică raporturile dintre prevederile planului și necesitățile de consum productiv și neproductiv pentru a se putea obține extracția petrolului și gazelor sau producerea gazolinei. În cadrul întreprinderii funcția comercială se concetizează mai ales în elaborarea necesarului produselor de aprovizionare, realizarea efectivă a aprovizionării.

Aprovizionarea tehnico-materială pentru anul 1983 spre exemplu cuprindea din numărul mare de repere: țevi extracție, țevi conducte, anvelope, clești Wilson, clești patenți, furtune „Rosary", elevatori țevi extracție, cârlige, chiolbași, tije pătrate, capete hidrostatice, mese Rotary, prevenitoare erupție, pompe extracție, pistoane, supape cu bilă, benzină, motorină, ulei, trolii, tractoare, motoare electrice, autocamioane „Roman" de 10 t., autolaboratoare „LEA", autodube „DAC", macarale, buldoexcavatoare, vane, oțeluri diferite, tacheți, vincii, baterii, acumulatori, curele trapezoidale, chimicale etc.

O mare parte din activitățile concentrate în funcția comercială era realizată până în anul 1990 de centralele industriale, acestea având unități specializate în transportul produselor obținute de la Schela Moreni.

În ceea ce privește transportul țițeiului, trebuie subliniat că acest aspect îmbracă două forme, de la sonda de exploatare la parcul de colectare, iar de la acestea țițeiul se distribuie prin conducte la parcurile de livrare spre rafinării.

Gazele de sonde sunt dirijate spre stația de sortare și pompare din incinta schelei de extracție (Dezbenzinarea Muntenia) după care cele slab productive mai aprovizionează încă o parte din locuințele orașului, cu toate că, după 1989, pentru încălzit s-a trecut la preluarea gazului metan din magistralele naționale.

Lungimea conductelor de distribuire a gazelor pentru populație era în 1950 de 10,1 km., livrându-se o cantitate de de 1.263 mii m3 gaze de sondă. Lungimea crește ajungând, în 1956, la 31 de kilometri, satisfăcând necesarul a 1.037 locuințe86 și la 42,3 km., când se livrează 11.924 mii m3 gaze, în 1985. După 1990, aceste conducte sunt înlocuite cu altele, motivat de înlocuirea gazelor de sondă cu gazul metan.

Dacă pentru transportul gazelor prezența conductelor este o necesitate absolută, pentru transportul de la parcurile de colectare spre centrele de rafinare se poate transporta țițeiul și prin alte mijloace (mașini speciale, mijloace C.F.R.). Este și motivul pentru care lungimea petrolconductelor este apreciată de unii la 60 km.87, dar după alte surse s-ar depăși 300 km. în funcțiune.

În cadrul întreprinderii de la Schela Moreni aprovizionarea unității cu energie electrică avea o importanță capitală. Acesta este motivul unei interesante corelări între extracția petrolului, forajul sondelor și energia electrică în evoluție istorică.

În anul1909, societatea Astra Română construiește la Moreni o centrală proprie de 750 KVA, pentru alimentarea sondelor acestei societăți care dispunea de 4 perimetre de la stat. Centrala debita curent trifazat de 1050 V, 50 Hz, tensiunile în schelă fiind de 1050 V, 220 V și 110 V. Centrala era racordată și la rețeaua societății Electrica88.

În anul 1910, se electrifică și Schela Filipești-Prahova89. În anul 1922 Societatea Astra Română construiește o linie dublă de de 25 kv Moreni-Ochiuri, în 1927 ia naștere centrala termo-electrică „Sirius Concordia" din Schela Gura Ocniței cu o putere de 16.300 Kw.

Construită și pusă în funcțiune în anul 1929, a fost trecută după anul 1930 în patrimoniul Societății „Concordia", centrala termoelectrică fiind instalată în mijlocul schelei petroliere, fiind prevăzută să consume gaze de sondă sau - în lipsa acestora țiței nerafinat.

Prin puterea ei instalată centrala era mult prea mare pentru alimentarea numai a sondelor „Sirius" de aceea a devenit centrală de distribuție publică prin debitarea energiei produse în rețeaua generală a societății „Electrica" (devenită și ea „Concordia") de pe Valea Prahovei.

A fost echipată în anul 1929 cu două grupuri turbogeneratoare cu abur a 2300 kv, 20 atm., 375 grade celsius, 6,5 kv trifazat, 50 Hz, iar în 1931 s-au pus în funcțiune încă 2 grupuri turbogeneratoare a 6400 kw, cu aceiași parametri. În 1929 s-au instalat 4 cazane, iar în 1931 încă două.

Cele 4 turbogeneratoare debitau pe un sistem de bare colectoare duble de la care plecau feederii în schelă. Pentru a se racorda la rețeaua generală „Electrica" s-a instalat un sistem de bare colectoare simple 66 kv în aer liber, alimentat prin 2 transformatoare 6,6/66 kv de către 7000 KVA.

De la centrala Gura Ocniței s-a construit o linie de 60 kv cu dublu circuit 6x50 mm2, până la stația de 25 kv Moreni a societății „Electrica" - Concordia.

Centrala electrică a societății „Astra-Română" din Moreni s-a echipat la început cu două grupuri de motoare cu gaze de sondă de câte 280 c.p. cu generatoare de 208 kw, completate până la sfârșitul anului 1925 la 8 grupuri, în total 8400 kw cu gaze de sondă și abur pentru instalațiilor locale ale „Astrei Române". Ea a fost legată după anul 1911, prin stații de transformare 25/1 și 25/0,5 kv și cu alte centrale electrice dezvoltate între timp în Schela Moreni și prin linia trifazată de 25 kv, în 1911 cu centrala electrică Câmpina, care alimenta șantierul petrolier Moreni.

În zona Moreni, fiecare societate încerca să-și asigure „independența" energetică, construindu-și propriile centrale dar, treptat sunt „înghițite" de cele două mari unități. Dintre acestea amintim: „Schela Roumanian Consolidated Moreni" cu o putere de 29 kw, Schela „Unirea Gura Ocniței" cu 18 kw (construită în 1924), Schela „Creditul Minier" Moreni cu 113 kw (construită în 1926), Schela „Roman-Petrolum" cu 25 kw (construită în 1929), Schela „Unirea" Moreni cu 20 kw (construită în 1929), Schela „Sondrum" Gura Ocniței cu 530 kw (construită în 1931). Majoritatea acestor centrale dispar după 1948 o dată cu naționalizarea, centralele „Sirius" Gura Ocniței și „Astra Română" Moreni, menținându-se mult timp racordate fiind sistemului energetic național. Desființate după anul 1968, fiind considerate nerentabile, centrala electrică „Astra Română" devine atelierul „IRUE Câmpina", centrala „Sirius" este lăsată în părăsire, după 1990 fiind distrusă complet, o parte din materiale fiind folosite de particulari. Asupra impactului energetic asupra procesului complex de cercetare a zăcămintelor de extracție a petrolului și de prelucrare se insistă mai puțin, documentația permițând aprecieri concludente până în anul

194090.

Funcția financiar-contabilă în cadrul Schelei cuprinde activitățile care asigură obținerea și folosirea rațională a mijloacelor financiare necesare desfășurării activității de ansamblu a unității, comensurarea cheltuielilor și veniturilor, depistarea fenomenelor ce influențează negativ prețul de cost și a beneficiului.

Activitățile acestei funcții au un pronunțat caracter de sinteză, control și dirijare urmând aspectele economice ale tuturor activităților unităților. Ele constau în execuție financiară, stabilirea prețurilor, etc.

Funcția de personal, urmărește să asigure unitatea economică cu forță de muncă calificată necesară realizării sarcinilor de plan de până în 1989 sau necesară pentru îndeplinirea obiectivelor stabilite prin lege Schelei, după 1990. Această funcție se referea la recrutarea, selecționarea, încadrarea, promovarea, retribuirea, pregătirea și specializarea personalului muncitor.

(Școala)

Pregătirea forței de muncă pentru industria petrolului în regiunea Moreni, a îmbrăcat, în evoluție istorică, aspecte contradictorii. Distingem două componente majore în pregătirea forței de muncă: aspectul pregătirii de către învățământul de stat sau particular prin diferite tipuri de școli și aspectul recrutării și perfecționării personalului direct de către întreprinderile de petrol.

În anul 1919 se deschid cursuri de calificare cu durata de doi ani unde se primeau absolvenți a patru clase primare. După doi ani de activitate practică efectivă urmează un examen teoretic și unul practic, conferind absolventului specializarea pe care o cerea întreprinderea91.

Deoarece școala nu avea local propriu, secția preparatorie de la Moreni folosea localul școlii Stavropoleos92. Concomitent, în această perioadă, mai era o unitate preparatorie în Schela Mare, necesară pentru pregătirea muncitorilor în Schela Gura Ocniței.

Începând cu anul școlar 1924-1925 o parte din elevii ucenici sunt mutați în „Liceul Asociației Funcționarilor" (actualmente Liceul nr. 2 de Petrol Moreni). În 1926 este preluat și localul „Asociației inginerilor" astfel încât întreaga activitatea școlară se va desfășura aici93.

Școala industrială Moreni pregătea ucenici pentru întreprinderile din oraș cât și pentru atelierele particulare. Dintre atelierele care aveau ucenici amintim pe cele conduse de Jean Horvatt, Gh. Varga94, Costică Ciur, Gh. Stelian95, Vasile Ghițu, Anghel Popescu96, iar dintre întreprinderile specializate amintim societățile „Astra Română", „Creditul Minier", „Concordia", „Cometa"97, „Dacia română" etc.98.

Elevii munceau în timpul zilei iar seara mergeau la cursuri, existand obligativitatea din partea elevilor de a suporta cheltuielile de școlarizare, o parte din ei beneficiind de sprijinul întreprinderilor.

Meseriile învățate erau foarte variate dovadă a puternicului impuls industrial al zonei din acea perioadă.

În 1930 se înființează școala profesională de 3 ani, transformată în școală de maiștri sondori, ce va funcționa independent. Școala de maiștri a fost absolvită, până în anul 1946 de 292 elevi99, prima promoție (și cea mai numeroasă cu 33 de absolvenți), terminând în anul 1931.

În privința numărului de elevi remarcăm creșterea constantă a acestora după 1924, ajungând la peste 200, în 1926, în condițiile în care în anul școlar 1924-1925 sunt aduși de la Scorțeni 35 de elevi, școala de acolo desființându-se100.

După anul 1931 școala este preluată de Ministerul Muncii, Sănătății și Ocrotirilor Sociale care înlocuiește „Ministerul Cooperației". este anul când în Schela Mare se construiește, prin contribuție exclusiv particulară, un nou local de școală, unde în cursul dimineții vor învăța elevii de la școala primară, iar după-amiaza, ucenicii101.

În ciclul primar, frecvența elevilor este convingătoare, absolvirea ciclului fiind condiția obligatorie pentru a putea intra în rândul muncitorilor petroliști, destul de bine plătiți, în schimb, școala de ucenici era abandonată de mulți elevi, întreprinderile angajând tineri și fără cursuri de calificare. Spre exemplu în anul școlar 1927-1928, în anul I. de ucenici erau 173 de elevi, dar la absolvire nu se mai întâlnesc decât 40 de persoane102.

În perioada 1934-1942 se pregăteau muncitori prin şcoala profesională de ucenici industrilai de trei ani. Începând cu anul şcolar 1943-1944, la şcoala din Moreni sunt admişi şi elevii şcolilor din Ploieşti şi Câmpina, oraşe supuse bombardamentelor103.

Baza materială a şcolii a rămas aproape aceeaşi în toată perioada 1924-1948. Elevii învăţau în una din cele patru săli de clasă spaţioase, bine îngrijite, dar extrem de sărăcăcioase.

Societăţile petroliere, direct interesate în pregătirea forţei de muncă se interesează de buna funcţionare a şcolii. În fapt, unităţile industriale sunt atrase în sprijinirea şi altor unităţi de învăţământ din Moreni sau Gura Ocniţei. Spre exemplu, în zona Stavropoleos, în anul şcolar 1937-1938, populaţia şcolară depăşeşte numeric capacitatea de absolvire ce o are şcoala, faptul necesitând utilizarea unor săli de clasă oferite de societăţile petroliere (în 1936 se amenajează săli de clasă de către societatea „Unirea")104.

Toate societăţile au sprijinit înfiinţarea cantinelor şcolare, atât de necesare în special în timpul războiului sau ofereau terenurile sportive pentru desfăşurarea unor activităţi specifice105.

Imediat după terminarea războiului, învăţământul morenar cunoaşte profunde frământări, unele cu consecinţe favorabile din care amintim: crearea Liceului Teoretic, sporirea numărului anilor de studiu pentru şcolile de ucenici. Din 5 iulie 1945 se dă un decret privind organizarea învăţământului tehnic mediu care la art.1 prevedea înfiinţarea şcolii de maiştri sondori din Moreni, cu durata de studiu de patru ani 106, care continuă activitatea vechii şcoli de maiştri.

Reforma învăţământului din anul 1948 a dat o nouă orientare şcolii româneşti.

Învăţământul a devenit o problemă de stat, fiind gratuit şi tinzând să cuprindă întreg tineretul, indiferent de sex, naţionalitate. Deşi reforma din 1948 a avut şi unele erori, mai ales prin subaprecierea experienţei învăţământului autohton de până atunci, prin preluarea unor şabloane nepotrivite condiţiilor noastre, şcoala românească a înregistrat progrese ferme.

Începând cu anul 1948, în localul şcolii se organizează „Şcoala de pe lângă fabrici şi uzine", cu cursuri de scurtă durată pentru meseriile de ajutor mecanic, întreţinere echipament foraj, sondor, lăcătuş mecanic, strungar, sudor, electrician auto, mecanic auto, electrician107 etc.

Din anul şcolar 1950-1951 numărul elevilor creşte vertiginos, în special cu sosirea tinerilor din toate judeţele ţării, numai în anul I fiind 389 de elevi, care se pregăteau pentru meseriile de sondori mecanici diesel - 73, mecanici - 80, sudori -30, etc108.

Pentru prima dată în istoria şcolii, în anul I de şcolarizare sunt admise la meseria de electrician şi două fete 109.

Anul următor, o „şcoală de pe lângă fabrici şi uzine" funcţionează şi la Schela Mare, în localul şcolii primare unde erau aduşi copiii cu situaţie foarte grea, orfanii de părinţi, elevii întreţinuţi de alte persoane, copiii de la orfelinate110. Şcolile de acest tip funcţionează până în anul 1955.

Începând cu anul 1955, şcoala se adaptează noilor condiţii survenite în viaţa social economică a ţării. Astfel prin HCM 91/1955, se reglementează organizarea şcolilor profesionale şi de maiştri. În consecinţă, Ministerul Învăţământului dă ordinele 247/1955 şi 610/1955 care delimitează clar atribuţiile, modul de funcţionare şi obligaţiile şcolilor profesionale şi de ucenici. În cadrul Ministerului Petrolului şi Chimiei, în oraşul Moreni va continua să funcţioneze o şcoală cu două profile: profesională şi de ucenici.

Majoritatea absolvenţilor lucrau în industria petrolului sau în unităţi subordonate ministerului, în condiţiile în care între unităţile economice şi elevi se încheiau contracte ferme, greu de anulat.

Recensământul din anul 1956 arată pentru oraşul Moreni un număr de 1.326 petrolişti, 12 ingineri geologi, 12 ingineri de petrol-gaze, 5 ingineri electricieni. Din cadrul petroliştilor (unde erau angajate şi 85 de femei), sondori erau 628, distilori - 24, la întreţinere erau 69, pompagii - 77, trolişti - 33, alţi muncitori -87. Numărul maiştrilor era de 249 (inclusiv o femeie), al tehnicienilor - 159 (inclusiv 35 de femei). Aceste date sunt raportate la populaţia oraşului Moreni, cu domiciliul stabil aici, dar nu reprezintă salariaţii Schelei Moreni, marea majoritate a muncitorilor locuind în comune.

Spre exemplu în 1962, muncitorii Schelei Moreni îşi aveau domiciliul: în Moreni - 653; Gura Ocniţei - 43; Colibaşi - 29; Mărgineni - 20; Diţeşti - 65; Filipeşti - 58; Mărgineni - 8; Călineşti - 4; Filipeşti de Târg - 4; Edera - 30; Vârfuri - 10; Vişineşti - 15; Valea Lungă 25; Ursei - 9, etc.

Numărul muncitorilor depăşea în anul 1962 cifra de 1.700 la Schela Moreni şi 1.200 la Schela Gura Ocniţei, salariaţii Schelei Moreni fiind încadraţi ca muncitori - 1.410, muncitori construcţii montaj - 35; reparaţii capitale sonde - 126; punerea în producţie - 9; transpoarte - 340; cantină şi gospodării anexe - 19; creşe-cămin - 4; SMS - 102; Şcoală profesională - 16. Aşa cum se poate observa Schela Mare plătea şi personalul de deservire de la creşe şi o şcoală profesională, între unitatea productivă şi unitatea şcolară subordantă existând de-a lungul existenţei istorice în anumite momente, relaţii atât de apropiate, încât şcoala era parte integrantă a Schelei.

În schimb, Schela Gura Ocniţei nu avea în subordine unităţi de învăţământ, sprijinind activ, inclusiv prin amenajarea unor ateliere şcoală de producţie, terenuri de sport, şcala nr. 2 Moreni.

În anul 1950, în Schela Gura Ocniţei erau 1.669 de salariaţi din care

1.241 muncitori; 100 - ingineri și tehnicieni (este anul când laboratorul de cercetare al Schelei trece la Institutul central din Câmpina), 48 - funcționari; 60 - muncitori de pază și pompieri și 6 angajați „conducători atelaje hipo" cu toate că „oficiul bunuri comune" nu mai poate pune la dispoziție „mijloace de transport hipo"111.

Necesarul de forță de muncă, în continuă transformare prin apariția de noi meserii și dispariția altora, impunea schimbări majore și la nivelul școlilor care pregăteau forța de muncă.

Prin HCM 876/1965 și în baza decretului 618 din 1965 se dă Ordinul ministrului petrolului nr. 102 privind organizarea Grupurilor școlare de petrol și a școlilor profesionale.

Din Ordinul 102/1965, cu privire la organizarea activității de pregătire a cadrelor pentru unitățile Ministerului Petrolului se arată:

- art. 1. - se înființează Grupul Școlar Petrol pe lângă trustul de Extracție Târgoviște, Schela Moreni.

- art. 2 - întreprinderile vor sprijini conducerile de școli pentru selecționarea celor mai bune cadre pentru a fi încadrate ca profesori la obiectele de specialitate.

Prin HCM 359 din 5 aprilie 1974 se înființează liceele industriale, astfel că din acest an școlar, în cadrul unității funcționează un liceu la zi, unul la seral și conform Ordinului Ministerului Învățământului nr. 1939/1970 Școala profesională. Mai există școala de maiștri, școala tehnică postliceală. Dacă până acum, majoritatea muncitorilor încadrați aveau ca studii 4 sau 7 clase, după 1980 se constată că sunt încadrați absolvenți ai școlii profesionale care au cel puțin 11 ani de studiu sau ai liceului, cu cel puțin 12 ani de studii.

Un element interesant în evoluția forței de muncă îl reprezintă fluctuația deosebită înregistrată pe parcursul anilor. Astfel în 1968 Schela Gura Ocniței avea 1.512 salariați din care 1.242 muncitori. Sunt angajați 243 persoane, în special absolvenți ai școlilor profesionale și de ucenici (ultima desființată după 1974) dar sunt disponibilizați 450 de persoane (reducere personal - 17, plecați la școală maiștri - 11, transferați - 128, plecați nemotivat - 56, demise - 13, decedați - 2, arestați - 1, pensionari - 177, plecați în armată - 45).

În felul acesta nu trebuie să surprindă faptul că Schela Moreni a avut până în 1990 un mare deficit de forță de muncă. Se fac deplasări repetate în școlile din Moldova de unde se aduc elevi, se oferă avantaje materiale elevilor, se construiesc cămine și noi localuri de școală, dar cu toate acestea, în 1974, școala profesională oferea numai 6% din personalul încadrat. Astfel că întreprinderea organizează diferite cursuri de pregătire profesională. Se organizează 6 cursuri de calificare cu 158 de participanți și 11 cursuri de pregătire profesională pentru pregătirea a 368 de sondori. În fapt, meseriile deficitare în forță de muncă erau: sondori intervenție, sondori producție, lăcătuș mecanic, fochist, sondori reparații capitale sonde, adică acele meserii ce necesitau multă muncă brută în condiții extrem de grele. Nu trebuie să ne surprindă că în acel an s-au încadrat 784 de oameni din care 437 sondori și au plecat 685 din care 356 sondori112, coeficientul de fluctuație ajungând uneori la 49,7%.

În anul 1979, 64,55 din persoanlul angajat era direct productiv, 5,9% lucra la deservire generală, 30,4% fiind indirect productiv.

În acel an erau angajați în întreprindere 592 - sondori, 408 - operatori extracție, 386 - lăcătuși, 27 - distilori, 107 - fochiști, 138 - electricieni, 57 - strungari, 75 - sudori, 867 fiind încadrați în alte meserii productive.

Cu toate măsurile luate, fluctuația forței de muncă se menție și în deceniul 9 al ultimului secol. Astfel, numai în 1983 sunt încadrați la Schela Moreni 857 oameni din care 479 sondori, plecând 574 oameni din care 365 sondori113. Acest lucru determină ministerul ca pentru anumite meserii deficitare să apeleze la forța armată, militarii fiind angajații Schelei Moreni până în anul 1990 când sunt înlocuiți cu muncitori. Restructurarea economică la care este supusă țara noastră a făcut ca un număr apreciabil de muncitori, cu înaltă calificare, de la IAM, IMUT, IM Mija să vină la Schela Moreni, înlocuind militarii și asigurând forța de muncă deficitară, determinând conducerea unității să anunțe că nu mai efectuează angajări.

Fluctuația deosebită a forței de muncă, anterioară anului 1990, ar putea fi pusă în strânsă legătură cu necesitatea activității cu școala de profil din oraș.

În realitate, Liceul de Petrol din Moreni își îndeplinea permanent planul de școlarizare cu elevii veniți din întreaga țară, puțini localnici frecventând liceul, mai ales în condițiile în care aveau șansa alegerii din multitudinea de meserii pe care le oferea noul înfințat liceul „Automatica".

După încheiere contractului, uneori chiar cu riscul plății unor penalități, absolvenții școlii profesionale sau ai liceului părăseau localitatea, îndepărtându-se spre locurile de muncă, din abundență, până în 1985, din apropierea localităților de naștere.

Schela de producție, Ministerul Petrolului, uneori Ministerul Învățământului au făcut eforturi mari pentru asigurarea celor mai bune condiții de muncă și viață elevilor. În 1968 apare o nouă construcție școlară care înlocuiește vechile clădiri din 1924. După 1980, în incinta școlii apar noi clădiri. Construcția principală cu două nivele este ocupată de laboratoare de specialitate, având la parter, atelierul de strungărie. În apropiere se află celelalte ateliere, sala de sport, cantina, internatele școlare. După 1990 internatele școlare sunt transferate schelei de producție care repartizează tinere familii, spre a-și stabili domiciliul, existând o presiune formidabilă din cauza crizei de locuinţe. Din cauza inexistenţei elevilor „interni", prin scăderea fluxului dinspre Moldova la zero, nici cantina şcolară nu mai funcţionează, fiind transformată în sală de gimanstică. Dispare şi laboratorul tehnologic pentru operatori şi sondori, învăţământul de la Liceul Petrol înregistrând scăderi pentru şcolile profesionale şi liceul industrial şi creşteri la numărul elevilor de la Liceul Teoretic. Pentru moment aceste schimbări nu vor afecta forţa de muncă de specialitate de la cele două unităţi cu profil petrol din Moreni dar, în viitor, probabil, forţa de muncă calificată va fi din nou în suferinţă.

În ultimii 30 de ani pe profile şi meserii, se organizau la toate nivelele concursuri pe meserii care atrăgeau pe cei mai buni elevi sau specialişti.

În anul 1995, în oraşul sondelor de pe Cricovul Dulce, pentru a doua oară în biografia sa, Grupul Şcolar Petrol Moreni organizează concursul pe meserii. S-au întrecut cu pasiune şi cu evidentă „ştiinţă de carte", viitorii specialişti ai „aurului negru" din grupuri şcolare şi şcoli profesionale de profil din Câmpina, Mediaş, Piteşti, Târgovişte, Ploieşti, Moineşti, Melineşti, Margita, Berca, Ianca, Sânicolaul Mare şi, bineînţeles, din Moreni.

Aceste concursuri sunt benefice, reprezentând teste foarte utile, funcţie de cerinţele impuse de economia de piaţă în domeniul aurului negru.

În structura forţei de muncă petroliste au loc modificări semnificative la cele două unităţi de profil din Moreni. Astfel, imediat după decembrie 1989, militarii în termen, care lucrau ca sondori au fost retraşi. Dificultăţile intervenite la uzina „Automecanica" Moreni şi necesarul de forţă de muncă, au făcut ca unii dintre specialiştii de bază de la „Automecanica" să se angajeze la unităţile petroliste.

Personalul feminin, ce prin planul de stat trebuia să reprezinte 10% din angajaţi este în scădere ajungând la 574 de persoane în luna iunie a anului 1996 (16%) faţă de 678 în 1993, la Schela Moreni. Aici, cifra maximă de angajaţi este în 1993 de 3.806, cea mai scăzută fiind tot în iunie 1996 când sunt 3.560 de salariaţi. Din 1995 creşte ponderea personalului TESA+maiştri, ajuns la 407 (11,4%) faţă de 379 în 1990 (10,2%).

la „Foraj" S.A. personalul TESA coboară de la 135 în 1990 la 119 în 1992, ponderea cea mai mare având-o persoanele cu studii superioare (94), numărul maiştrilor scăzând de la 34 în 1988 până la 22 în 1992. Muncitorii reprezentau în 1990, 88% din personalul de 1.187 salariaţi, cifra din acel an (1.048 muncitori) fiind cu 334 mai mare decât în 1992, când cu cei 712 muncitori se înregistrează cea mai scăzută cifră din istoria nouă a unităţii. se remarcă scăderea numărului de muncitori necalificaţi care ating cifra de 87 în 1992 faţă de 141 în 1990, scăderea fiind semnificativă şi la muncitorii calificaţi care reprezintă 77% din personalul unităţii.

Din cei 627 de muncitori calificaţi în anul 1992, aveau dublă sau triplă specializare, 50% dintre ei fiind calificați prin școli profesionale, licee industriale sau școli de maiștri.

Majoritatea muncitorilor erau calificați prentru activitatea de foraj (409) sau montaj (76), ceilalți lucrând ca tractoriști, șoferi, primitori-distribuitori, lăcătuși auto-greu, lăcătuș mecanic, electrician, fochist, sudor etc.

Din cei 850 de salariați pe care îi avea în anul 1992, 13,6% erau femei. În acest an, pe grupe de vârstă, în unitate erau 4 salariați sub 18 ani, 368 se încadrau în grupa de vârstă cuprinsă între 18-30 de ani, 288 salariații aveau între 31 și 40 de ani. Peste 40 de ani erau 23% din angajați, dar nici un salariat nu avea peste 60 de ani.

Cu o asemenea forță de muncă șansele lui „Foraj" S.A. sunt destul de mari pentru a reuși în tentativa de a se adapta unei economii de piață, aflată într-o continuă tranziție.

În evoluția istorică a unităților petrolifere din regiunea Moreni, paralel cu producția propriu-zisă se desfășoară un ansamblu de activități cu caracter social cultural, de asistență socială și politică.

După anul 1940, în unitățile economice etatizate, rolul preponderent începe să-l dețină partidul comunist, care are în Schele puternice organizații politice. Pe măsura dezvoltării vieții economice planificate, partidul acționa cu consecvență pentru instituirea unui sistem corespunzător de organe de conducere, cu putere de decizie forte.

Se ajunge, în special după insitutirea principiului muncii și conducerii colective la o simbioză între puterea politică și specialiștii producției, ultimii fiind tot mai mult obligați să accepte compromisuri politice, dar putând să-și pună în practică cunoștințele științifice dobândite.

Atât prin ideologia sa, cât și prin compoziția sa, partidul comunist a avut la nivelul Schelei un caracter profund muncitoresc, existând un procent bine determinat între numărul de muncitori membrii de partid și cel al specialiștilor, între tineri și adulți, între femei și restul personalului.

Așa s-a ajuns ca în anul 1982, la Schela Moreni, să fie un număr de 1.082 membri de partid, grupați în mai multe organizații de bază, după locul de muncă, conduși de un comitet de partid, în care secretarul deținea și funcția de președinte al Consiliului Oamenilor Muncii, având în subordine deci directorul unității.

Partidul acționa pe multiple căi pentru afirmarea rolului conducător al clasei muncitoare în toate domeniile vieții sociale. Participarea clasei muncitoare la conducerea activității societății petrolifere se realiza și prin sindicate, care cuprindeau în componența lor, absolut toți salariații unității, înscriși în această organizare social-politică, fără a fi consultați, încă de la angajare.

Generalizarea principiului conducerii colective, punct teoretic-ideologic pe care partidul insista foarte mult în deceniul 8-9, se stabilea şi prin instituţionalizarea reprezentării de drept a sindicatelor cu toate organele de conducere de la nivelul unităţilor, fapt ce permitea reprezentanţilor sindicali să ridice şi probleme de natură socială, culturală, sportivă a salariaţilor.

Partidul a urmărit cu consecvenţă până în 1989, atragerea tineretului în mişcarea politică de tip comunist, încercând prin aceasta să poată conduce de pe principii totalitare întreg mecanism economico-social. În mod oficial toţi tinerii până la 30 de ani făceau parte din organizaţia U.T.C. a Schelei, o parte din ei, intrând în rândul membrilor de partid.

În sistemul politic al Schelei Moreni funcţionau şi organizaţii de masă în care erau cuprinşi toţi salariaţii membri ai partidului (ex. organizaţia democraţiei şi unităţii socialiste - ODUS).

Întregul sistem politic, ajuns în 1989 într-o puternică criză se destramă imediat după transformările majore intervenite în ţara noastră începând cu 1990.

Singura structură organizatorică existentă în Schela Moreni şi Foraj Moreni este „Sindicatul liber", înfiinţat în luna martie 1990. Imediat după evenimentele din 1989 au avut loc o serie de mişcări revendicative care treptat s-au canalizat sub conducerea unor „comitete de iniţiativă" în structuri organizatorice noi de tip sindical.

La început s-a stabilit, în cadrul adunărilor salariaţilor Statutul juridic al sindicatului, găsindu-se calea corectă de a îmbina cerinţele salariale cu regulile democraţiei într-o unitate economică.

În martie 1990, delegaţii de la locurile de muncă, stabilite prin vot deschis al salariaţilor şi reprezentanţi numiţi din cadrul Schelei s-au întrunit la Clubul Flacăra 2 pentru a stabili noua formă de organizare sindicală.

A fost o expunere amplă a situaţiei existente atunci în Schelă, a obiectivelor în plan profesional, precizându-se importanţa extracţiei ţiţeiului ca sursă energetică. S-a aprobat şi s-a trecut la constituirea Comitetului de conducere a noului sindicat; comitet format din reprezentanţii tuturor sectoarelor de lucru. A urmat alegerea biroului executiv şi a liderului de sindicat, după care noul organ constituit a luat legătura cu alte sindicate din ramură din ţară, ulterior „Sindicatul Liber Independent din Schela de Petrol Moreni" afiliindu-se la cartelul „Alfa".

În contextul acestei situaţii au apărut formele concrete prin care sindicatele se manifestă în relaţiile cu patronatul, în cazul petroliştilor relaţia se exprimă astfel: sindicalist-director, sindicat-regie, Federaţie sindicală-guvern.

Aceste forme de manifestare sunt înmănuncheate pe plan legal în Contractul Colectiv de Muncă, apărut în 1992, unde sunt vizate relaţiile de muncă, relaţiile social-culturale, etc.

Relațiile sindicat-patronat sunt stipulate în sfatul sindicatului, unde sunt precizate formele de luptă sindicală, probleme de legislație a muncii, protecția salariaților, datoriile și obligațiile sindicaliștilor, etc.

Un rol important în stabilirea relației patronat-sindicat, îl are „nivelul de trai", concept impus în special de muncitori, în virtutea inerției anilor anteriori.

În aprecierea nivelului de trai se folosesc o serie de indicatori cum sunt: veniturile reale ale membrilor societății, volumul și calitatea bunurilor materiale consumate, condițiile de muncă, de locuit și de odihnă, durata și modul de utilizare a timpului liber, durata medie a vieții, gradul de dezvoltare a asistenței sociale și sanitare, accesul oamenilor la știință, artă și cultură, etc.

Până în anul 1990, se încearcă prin planificarea riguroasă și egalizatoare, un anumit raport între rezultatul economic și relația de repartiție. Este perioada când, pentru atragerea forței de muncă, deficitară în industria petrolului, se asigură venituri suplimentare pentru personalul direct productiv, fenomen care continuă și după anul 1990.

În ansamblul problemei se remarcă după 1992, în special o scădere continuă a puterii de cumpărare, fapt reflectat în procurarea tot mai redusă a bunurilor de folosință îndelungată (exceptând televizoarele color), a participării la manifestările cultural-artistice, turistice și de petrecere a timpului liber.

Un aspect interesant îl prezintă fondul locuibil de care beneficiază Schela Moreni. Imediat după 1948, când se trece la marea naționalizare, sunt trecute în proprietatea statului toate locuințele schelelor existente în regiunea Moreni. Locuințele sunt trecute în custodia unei unități de profil (I.G.O. Moreni), sau la Consiliile locale, Schela urmând să mențină în proprietatea sa numai acele clădiri necesare procesului productiv. Deoarece până în 1977, Moreniul era aproape în totalitate o localitate petroliferă, principalii beneficiari ai închirierilor noilor locuințe erau muncitorii petroliști.

După 1980, în Moreni începe construcția blocurilor, apariția unor unități economice de interes republican, determinând consiliul popular local la o repartiție mai diversificată a spațiului locuibil, spre exemplu, în Moreni dându-se în folosință 677 apartamente, numai între anii 1970-1980, din care 33% revenind lucrătorilor din industria petrolului.

Tinerii necăsătoriți beneficiau de numeroase locuri în cămine muncitorești sau de nefamiliști. Astfel în 1974 din totalul de 746 de locuri existente în căminele de nefamiliști erau ocupate 620.

Căminul reprezentativ era „Batapșa" cu 50 de locuri, ocupat atunci de avocați, medici, „2 reprezentanți ai Securității", antrenori de fotbal, fotbalişti, subingineri, militari, maiştri şi... muncitori.

Principalele cămine muncitoreşti erau atunci cele de la „Batapşa" (60 de locuri), „Pompieri" (12 locuri) devenit între timp bloc de locuinţe pentru familişti, „Telefoane" (29 de locuri), „Porumbei" (73 de locuri), ocupat acum mai mult de familişti, „transporturi" (80 de locuri), „Steaua" (82 de locuri), „Schela Mare" (115 locuri), transformat în bloc de familişti, „Dispensar Schela Mare" (30 de locuri), „Cămin fete" (18 locuri), „Cămin TEG" (51 locuri), preluat de la G.S. Petrol, „Cazarmă Bucşani" (21 locuri), „Cămin 4 Schela Mare" (157 de locuri), „Cămin 5 Schela Mare" (18 locuri).

În aceste cămine locuiau 5 muncitori de la foraj, 3 lucrători ai Ministerului Sănătăţii, 33 muncitori ai Energomontaj Llieşti, 11 muncitori I.R.U.E., 2 de la baza de aprovizionare, 3 de la „Investiţii", 2 de la „Energopetrol", 164 de militari, 1 de la I.U.M. Filipeşti şi 3 elevi.

După anul 1985, în special prin căsătorii frecvente şi lipsa investiţiilor în domeniul construcţiei de locuinţe, Schela este pusă în situaţia de a acorda noilor familii, locuinţe în căminele de nefamilişti. astfel capacitatea de cazare a „Serviciului Social Administrativ" al Schelei Moreni, în 1945, era de 145 de locuri pentru familişti şi 143 de locuri pentru nefamilişti. Serviciul preia în totalitate un cămin ce a aparţinut Liceului Petrol precum şi un etaj de la celălalt cămin, asigurând acolo locuinţe pentru 53 de familii. Presiunea socială a familiilor nou constituite, lipsa locuinţelor, lipsa investiţiilor în acest domeniu (în ultimii şapte ani Schela reuşind să dea în folosinţă un bloc de locuinţe pentru familişti), au determinat Serviciul Social să ofere 10 camere pentru familişti, la căminul „3 TEG" (ocupat şi de 11 nefamilişti), 4 familii la căminul „168 Garaj" (ocupat şi de 23 de nefamilişti), 19 familii la căminul „116 Porumbei" (ocupat şi de 18 nefamilişti), 11 familii la căminul „119 Batapşa" (sunt şi 14 nefamilişti), 27 familii la căminul 139, 3 familii la căminul „261 Steaua" (49 nefamilişti), 9 familii la căminul „344", 49 familii la căminul „Bloc Schela Mare".

Aceste cămine beneficiază de serviciul a zeci de muncitori, care efectuează lucrări de văruire, vopsire, curăţenie interioară, întreţinerea instalaţiilor de lumină, sanitare, de căldură, etc.

Serviciul Social mai are în administrare şi alte cămine locuite numai de familii („Maici", „4 Schela Mare", „24 Schela Mare", „Dispensar Schela Mare", „21 Schela Mare", „Naumov", „Bucşani"), multe clădiri recuperate după 1990.

În aceste clădiri, condiţiile de locuit sunt de-a dreptul mizerabile. Spre exemplu la „Căminul 344", în camere de 3/3, locuiesc 5-6 persoane, grupul sanitar, bucătăria şi baia fiind comune pentru toate familiile.

Ocrotirea sănătăţii personalului muncitor al Schelei din Moreni reprezintă o altă componentă a nivelului de trai al populaţiei.

Schela Moreni avea în structura sa şi un Serviciu Special Sanitar. În anul 1947, la Spitalul Ţuicani ia fiinţă Serviciul „Chrirugie", iar în 1951, serviciile medicale se unifică, Schela predând în propiul spital care va deveni nucleul viitorului spital orăşenesc. Schela continua să mai aibă un dispensar sanitar în cadrul unităţii, deservit de un medic, un punct sanitar la Schela Mare, rezultat din transformarea vechiului dispensar al Schelei Gura Ocniţei şi, pentru un timp, dispensar recuperatoriu ce funcţiona în actualul local al grădiniţei Schela Mare. Sistemul sanitar este centralizat direct subordonat Spitalului Unificat Moreni, salariaţii Schelei folosind policlinicile şi spitalul local în aceleaşi condiţii ca şi alţi lucrători ai localităţii.

Activitatea de petrecere a timpului liber al oamenilor muncii de la schelele de petrol din regiunea Moreni a fost în ultimii 50 de ani strâns legată de activitatea oficială culturală a partidului, dar şi de continuarea unor tradiţii culturale seculare, la care salariaţii, în special cei din comune, redeveniţi după serviciu ţărani, nu au renunţat.

Cu toate transformările intervenite din cauza programului strict de la serviciu, a impactului cu alternativele culturale impuse de TV şi radio, în zonă s-au menţinut tradiţiile, mult simplificate, legate de nuntă şi botez, iar până prin deceniul 70, cele legate de horă şi bal.

Muncitorii veniţi din alte zone geografice şi care nu aveau posibilitatea să continue tradiţiile, încercau să-şi petreacă timpul liber în special în cadrul clubului „Flacăra 2", dar şi la stadion, în excursii şi drumeţii sau în localurile publice, devenite tot mai neprimitoare după 1985 şi transformate în discoteci, săli de jocuri mecanice sau săli de „Bingo", după 1990.

Clubul „Flacăra 2" aflat sub directa administrare şi subordonare a Schelei de petrol a fost locul unor manifestări culturale de înaltă ţinută profesionistă, susţinute de artişti de clasă ridicată114, inclusiv de la teatrele de prestigiu din Bucureşti, care în deceniul al 8-lea aveau aici stagiune permanentă.

În fond, activitatea culturală a Schelei s-a desfăşurat în acest local, devenit cu timpul, Casa de Cultură a oraşului Moreni.

Până în anul 1968, în impresionanta clădire a „Cazinoului" Schela Mare, devenit între timp spaţiu locuibil, a avut loc activitatea culturală a Schelei Gura Ocniţei, în special cea făcută de „artiştii" amatori ai unităţii pentru colegii de serviciu, dar şi pentru spectatori din comunele apropiate. Activitatea culturală de amatori atât de contestată după 1990, a atins la Moreni adevărate valori profesioniste fiind apreciată, de mai multe ori, la nivel superlativ, atât în ţară, cât şi în străinătate.

Apariţia controversatului festival naţional „Cântarea României" a dat un puternic impuls mişcării artistice de amatori, cercetării tehnico-ştiinţifice, readucerii în prim plan a tradiţiilor şi obiceiurilor, legături intrinsece cu activitatea profesionistă.

Nu tebuie să surprindă faptul că primul titlu de laureat a revenit, „Corului petroliştilor" în ediţia 1977, formaţie ce a editat un disc „Electrecord" şi care a obţinut întotdeauna locul I, (excepţie făcând ultima ediţie din 1989, când a ocupat locul al II-lea), având ca dirijor pe Vlădescu Ion. Anterior „Corul petroliştilor" obţinuse „Marele Trofeu" la concursurile „Cîntarea Patriei"115, corul participând, până în anul 1974, la 10 concursuri republicane, la 8 obţinând premii şi menţiuni116. În 1968 sărbătorinudu-se „25 de ani de activitate continuă, neîntreruptă" sub titlul „Arpegii la sărbătoarea Moreniului", ziarul „Dâmboviţa" făcea bilanţul muncii artistice de amatori din oraşul petroliştilor, apreciind la peste un milion de spectatori numărul celor care au aplaudat reuşitele artiştilor amatori pe parcursul celor peste 3.800 de spectacole117. Ziarul apreciază activitatea corului petroliştilor cu zeci de înregistrări la radio şi pe micul ecran, precum şi montajele puse în scenă de regretatul Preda Octavian, cel care a reuşit „să îmbine plastic modernul cu tradiţionalul", creând „un stil nou, viu, al pateticului".118

"Foarte bine Morenii", „Flacăra de la Moreni" erau titlurile ziarelor şi emisiunilor de radio care vorbeau „despre înalta ţinută artistică, despre pasiunea şi talentul artiştilor amatori prezenţi la al V-lea festival bienal de teatru" „I.L. Caragiale" unde au obţinut succese deosebite cu montajele literar-muzicale „Reacţie în lanţ" sau „Preludiu cosmic"119.

Activitatea cultural-artistică avea tradiţii avansate din moment ce în 1957 se sărbătorea sub forma unui festival „zece ani de activitate artistică la Moreni", festival ce se repetă la 10 ani, până în anul 1987. Schela Moreni atrăgea specialişti în pregătirea artistică a amatorilor, aceştia fiind angajaţi ai unităţii pe diferite posturi, până în 1989. Astfel, în 1979, se consemnează că erau 11 inşi ce făceau parte din orchestra de muzică populară şi 61 de persoane pentru estradă. Formaţia de muzică populară nu a reuşit niciodată cucerirea premiului I la „Cîntarea României", la fel ca şi estrada120, abonată permanent la locul II pe ţară. În schimb, alţi artişti amatori au primit laurii primului loc: Aurică Popa, C. Mierloi, Corina Dragomir la muzică populară, Dumitrescu C. la recitări, dansul modern, solist la dans etc.

În 1989 lucrarea monografică „Morenii" de Ion Stoica obţinea premiul Special al juriului naţional, apreciată fiind şi activitatea bibliotecii, de asemenea evidenţiată printr-un premiu la faza naţională.

Dacă activitatea artistică de amatori cunoaşte după 1989 o prăbuşire totală, abia în 1996 încercându-se să se reia activitatea la cor, munca culturală la Clubul „Flacăra 2" continuă, adaptându-se noilor condiţii. Funcţionare cercurilor, posibilă acum prin finanţarea de către cursanţi (apărând cercuri noi ca „gimnastică de întreţinere", „culturism", „karate",

„depanatori auto", „şah", „contabilitate" sau „coafură"), care îşi desfăşoară activitatea alături de cercuri cu o bogată activitate („dactilografie", „radio-tv", „pian", „acordeon").

Biblioteca Clubului are un fond de carte de peste 37.000 volume, numărul scăzut faţă de deceniul trecut fiind cauzat de retragerea unui număr însemnat de cărţi de o anumită factură politico-ideologică, moment început în anul 1989, când în curtea bibliotecii au fost scoase sute de volume cărora li s-a dat foc, în condiţiile evenimentelor din decembrie.

Din 1972 se deschide la Moreni o expoziţie muzeistică intitulată „Lupta revoluţionară a petroliştilor din Moreni" deschisă de Muzeul judeţean Dâmboviţa şi care prezintă aspecte semnificative din lupta şi viaţa petroliştilor de pe aceste meleaguri121. Noul sistem muzeal de organizare, intervenit după anul 1990, a făcut ca două din sălile expoziţiei să fie transformate în săli etnografice, întreaga expoziţie urmând să fie reorganizată.

Desigur, pentru a surprinde cadrul psihologic al muncitorului petrolist din zona Moreni ar trebui prezentat şi modul cum se manfestă el în cadrul unor momente ce marchează viaţa omului, la momentele sărbătoreşti specifice muncii lui („Ziua petrolistului" desfăşurată la 8 septembrie), modul de manifestare în colectivitate, familie sau pe stradă, felul cum se îmbracă, tipul nou al portului, modul cum recepţionează transformările sociale şi cum reacţionează la ideile novatoare, felul cum înţelege tradiţia, trecutul, prezentul şi viitorul...

pentru toate acestea este nevoie de un studiu sociologic complex, realizat în timp şi de cadre de specialitate, motiv pentru care, prin aceste rânduri, noi nu am dorit decât să incităm pe toţi cei care ar fi dispuşi să surprindă realitatea muncitorului petrolist contemporan.

Sănătatea muncitorului petrolist, realizată prin educaţie fizică şi sport, era o noţiune ce îşi găsea rareori prezenţa în documentele vremii.

Folosirea timpului liber de către tineretul muncitor pentru practicarea educaţiei fizice, reprezenta o luptă împtriva obiceiurilor mai vechi sau mai noi ce se înfiripau în noua structură a aşezării de tip urban ce devenea Morenii.

În 1920 ia fiinţă prima echipă de fotbal denumită „Izvorul", formată din elevi, a cărei activitate122 desfăşurată pe terenul schelei petrolifere, se rezuma la întreceri cu caracter amical. treptat, mai iau fiinţă diverse colective sportive care-şi propuneau ca principal scop al existenţei lor atragerea masei de muncitori şi de salariaţi de la societatea petrolieră „Astra Română", la practicarea sportului în general şi a fotbalului, în special.

Concomitent exista şi o altă asociaţie „Prietenii Naturii", care a fost preluată şi subordonată mişcării muncitoreşti de stânga, motiv pentru care la 23 iulie 1924, printr-o ordonanţă, este dizolvată în întreaga ţară123.

În 1930, în Moreni, apare pentru scurt timp, Clubul I.M.S.E.R. condus de militanţi ai mişcării muncitoreşti, club care se desfiinţează după un an de activitate, din considerente mai mutl politice. „Prin sport noi urmărim să ridicăm nivelul general al bunei stări fizice a proletariatului.

Prin rezistenţă vrem să-i asigurăm clasei muncitoare rezistenţa morală şi curaj, în marea sa luptă de eliberare... în sport noi afirmăm sus şi tare că punem în toate domeniile activităţii noastre tendinţa pregătirii proletariatului pentru marea lui misiune de a desfiinţa regimul actual al nedreptăţii şi a-l înlocui cu unul bazat pe o organizare economică şi politică mai dreaptă"124.

Logic „Uniunea federaţiilor sportive din România" încearcă să preia organizarea activităţii sportive, după un plan guvernamental adoptat prin lege. la nivelul Moreniului, în locul desfiinţatului IMSER, reapare clubul „Astra Română", având în structura sa organizatorică o echipă de fotbal afiliată la districtul Ploieşti, în 1932, la categoria „Onoare". În 1937, la districtul Târgovişte, apare o altă echipă valoroasă, „Muncitorul Schela Mare".

la 25 iunie 1933, IMSER institua în ilegalitate „Ziua internaţională a sportului muncitoresc" care prilejuieşte o serie de manifestări sportive, serbări, activităţi în aer liber, fapt ce determină cercurile guvernamentale să ia măsuri pentru aplicarea legii O.E.R.T. şi a legii pregătirii paramilitare.125

Prin legea pentru organizarea şi funcţionarea „Straja ţării" din decembrie 1938, toate organizaţiile de tineret, inclusiv cele sportive, au fost subordonate acestuia.

În 1938, „Astra Română" câştigă turneul zonal pentru promovarea în Divizia B. Lipsită însă de sprijinul material necesar, echipa petroliştilor din Moreni renunţă, în favoarea formaţiei „Mociornita" Bucureşti, la dreptul de a evolua la nivel competiţional superior şi va continua să activeze în cadrul districtului Ploieşti până în anii de după război.

În anul 1940, ia fiinţă organizaţia sportului românesc, consecinţă a tendinţelor de militarizare a vieţii politice şi sociale din România de după 1938, fapt cu consecinţe şi pentru sportul muncitoresc morenar.

În 1944, „Astra Română" se reorganizează sub conducerea ing. Dulgacov şi Gh. Harold. Doi ani mai târziu, în 1946, „Astra Română" este integrată în Divizia C şi la sfârşitul campionatului 1946/147, ocupând primul loc în seria a 12-a, cu 10 puncte avans faţă de a doua clasată (uzinele Codlea), promovează în Divizia B, eşalon competiţional în care activează neîntrerupt până în anul 1971 când a retrogradat în Divizia C. În 1950, echipa petroliştilor se va denumi „Partizanul", în continuare denumirea echipei fiind „Flacăra", la care din 1977 se adaugă „Automecanica", până în 1989 când va reveni la denumirea care a consacrat-o.

Echipa „Flacăra" cochetează de mai multe ori cu locurile de promovare, dar lipsa unui sprijin material adecvat nu-i permite să promoveze în prima ligă de fotbal a țării. În campionatul 1986-1987, turul Divizie B, seria 1, aduce în frunte echipa petroliștilor.

Surpriza se mărește, mai ales după ce morenarii prin naștere, se implică tot mai mult în destinul echipei, reușind ca la finele campionatului să promoveze în prima divizie națională.

„Flacâra" va activa în campionatul național al României timp de patru ediții, susținând 136 de meciuri, din care a câștigat 53, a pierdut 60, 23 de partide terminându-se la egalitate. A reușit să marcheze 180 de goluri, primind cu 18 mai mult, cele 129 de puncte acumulate plasând echipa pe locul 42, într-un clasament general al anilor 1982-1994, un loc în superclasamentul primei divizii126, loc la care nu se așteptau nici cei mai înfocați suporteri ai echipei.

Cea mai mare surpriză a oferit-o echipa din Moreni, la finele campionatului 1988-1989 când, având un lot extrem de valoros, adus de la multe echipe din țară, se reușește performanța de a fi în rândul participanților la cupele europene. În primul tur al competiției „Cupa U.E.F.A.", „Flacăra Automecanica" Moreni are ca adversar valoroasa și celebra echipă portugheză „F.C. Porto", primul meci jucându-se în țara lusitanilor. Echipa Morenară a pierdut cu 0-2, „nu printr-un joc slab, ci și din cauza faptului că echipa locală a avut practic în brigada de arbitri austriacă condusă de Kapl, un al 12-lea jucător!"127 „Fie-mi îngăduit să afirm... „Flacăra" Moreni, deși învinsă cu 2-0 a obținut cea mai bună performanță, ținând seama de valoarea și palmaresul internațional al lui F.C. Porto...

O formație care și-a îmbogățit vitrina clubului în ultimii 2 ani cu 3 prestigioase trofee internaționale: Cupa campionilor Europeni, Cupa Intercontinentală și Supercupa Europei"128.

la 27 septembrie 1989, Morenii trăiesc clipe unice: urmează returul. Un stadion arhiplin, cu multe ore înainte, un oraș în stare de asediu și 7 țări care transmit meciul în direct la TV. „Un rezultat care nu reflectă realitatea. Ieri, la Moreni, Flacăra-F.C. Porto 1-2!" scria ziarul „Sportul"129 de a doua zi, despre ceea ce s-a întâmplat la Moreni, comentarii realizând toate ziarele centrale.

Evenimentele din decembrie 1989 au produs transformări și în fotbal, comunismul trebuind „să pice" și în acest domeniu. „Victoria" București (echipa Miliției capitalei) și „F.C. Olt-Scornicești" (echipa fostului șef al statului) fiind desființate. „Flacăra Automecanica" Moreni, redevenită „Flacăra" (considerată echipa securității statului comunist) va trebui să retrogradeze, întreg returul fiind în fapt o parodie, cu care eram obișnuiți anterior şi care s-a continuat mulţi ani după 1990.

„Flacăra" revine acolo unde îi este locul, adică în Divizia B, ultimii doi ani găsind echipa petroliştilor (principalul sponsor!) în cel de-al treilea eşalon al ţării.

Dar la Moreni, fotbalul nu este legat numai de activitatea echipei fanion, ba mai mult, petroliştii aveau o a doua echipă a lor130.

În anul 1937, ia fiinţă echipa de fotbal „Concordia" Schela Mare, patronată de societatea petroliferă „Concordia" care activa în campionatul districtual, după un an promovând în categoria „Onoare", alături de „Astra Română" Moreni, „Astra Ochiuri", „Columbia Moreni", „Creditul Minier Moreni", „Româno-Americană Moreni", „Arsenalul Târgovişte", „IAS Pucioasa", „Sporting Găeşti", etc.

În 1946, echipa „Concordia Gura Ocniţei" promovează în Divizia C şi câştigă prima „Concordiadă" din ţară, lăsând echipei „Astra" Moreni dreptul de a susţine barajul de promovare în Divizia B. În anul 1948 echipa „Partizanul Gura Ocniţei" noua denumire a fotbaliştilor din Schela Mare ajunge în şaisprezecimile Cupei României, fiind întrecută cu 5-3 de „Metalo-Chimica" Bucureşti".

În anul 1952 încearcă să promoveze în divizia B, pierzând barajul, ca apoi din 1953 să activeze în campionatul raional Târgovişte. Din anul 1957 echipa se va numi „Muncitorul Schela Mare", este realizată tot în Cupa României, când divizionara naţională „Jiul" Petroşani învinge pe terenul construit în 1939, într-un cartier mărginaş al viitorului oraş Moreni, cu 1-0 echipa petroliştilor din cartier.

În 1969, ca urmare a comasării Schelei Moreni cu Schela Gura Ocniţei, „Muncitorul Schela Mare" este desfiinţată, lăsând multe amintiri în rândul localnicilor130.

La Moreni, sport nu înseamnă numai fotbal, ci şi o constantă existenţă a întrecerilor sportiv-recreative cu o masivă participare a salariaţilor din întreprinderi. Şi din această efervescenţă deosebită nu se putea să nu apară un talent rar, un sportiv de clasă ca Herold Constantin, cel mai mare polisportiv al României.

Întrecerile de amatori pe secţii erau o permanenţă a muncitorilor petrolişti, apoi, după apariţia altor întreprinderi în oraş, desfăşurându-se competiţii locale la fotbal, handbal, volei, trântă, atletism, şah, tenis de masă, tenis de câmp, etc. toate având loc pe terenurile şi în sălile de sport ale Schelei de producţie Moreni.

Conferinţa pe ţară a mişcării sportive din anul 1982 a stabilit obiectivele şi direcţiile principale ale activităţii de educaţie fizică şi sport, care prevăd îmbunătăţirea substanţială a activităţii sportive de masă şi de performanţă, în concordanţă cu „Regulamentul de organizare şi de desfăşurare a competițiilor sportive naționale „Daciada" aprobat de Comitetul Politic Executiv al C.C. al P.C.R. la 6 august 1977132.

Chiar dacă fotbalul este cel care a întreținut cel mai mult interesul sportiv în localitate, petroliștii morenari au sprijinit material și alte discipline sportive, rezultatele cele mai bune le-a obținut atletismul care, după anul 1975 a realizat performanțe care au depășit granițele țării. În 1985-1986, Barbu Victor stabilește 3 recorduri republicane la 1500 m (de 2 ori) și 5000 m, primul record nefiind depășit până în 1992. Sportivul, apariție meteorică în istoria atletismului, a devenit campion național la oraș și este campion balcanic.

Drumul participărilor balcanice a sportivilor petroliști morenari (unii dintre ei nu erau salariații Schelei dar făceau parte din echipa fanion a petroliștilor: „Flacăra"), a fost deschis în 1971 de Cristian Pascu, pe podium la 60 m juniori, cel care a deținut și recordul național în 1971.

Inclus în lotul național, aruncătorul de greutate Stroe Ion a realizat 9 titluri de campion, fiind unul dintre sportivii Moreniului, cu cea mai prestigioasă performanță.

Alte discipline au făcut ca sportul petroliștilor morenari să fie apreciat pe plan național: motocrosul (preluat ulterior de uzina de profil „Automecanica"), luptele (Badea Florin a devenit vicecampion național134, boxul (în 1987, spre exemplu, echipa obține 7 titluri județene din 11 posibile, unii sportivi ajungând la faza finală)133, șahul (participant la calificări pentru Divizia B), etc.

Un alt sport cu mingea a realizat după anul 1979 salturi spectaculoase: handbalul. Constituind o veche tradiție locală, C.S.S. „Petrolul", sprijinit de multe ori de Schela de Petrol, reușește să obțină rezultate notorii în campionatul național de juniori, majoritatea jucătorilor devenind titulari în campionatele naționale de seniori. Jucătorul Voica Eliodor este component al lotului național, participant la campionatele mondiale și europene de handbal masculin, fiind până acum produsul cel mai valoros al acestui club sportiv.

Turismul, ca parte componentă a activității, în special sindicatele celor 2 schele petroliere din regiunea Moreni, la fel ca și sportul de masă, aflate în declin după 1990, încearcă la ora actuală o anumită revigorare, adaptat rigorilor economiei de piață.

Incontestabil, scăderea nivelului de trai de după anul 1990, este evidentă, afectând și personalul angajat al Schelei Moreni și al „Foraj S.A. Moreni".

În aprecierea nivelului de trai se folosesc o serie de indicatori cum sunt: veniturile reale ale membrilor societății, volumul și calitatea bunurilor materiale consumate, condițiile de muncă, de locuit și de odihnă, durata și modul de utilizare a timpului liber, durata medie a vieții, gradul de dezvoltare a asistenței sociale și sanitare, accesul angajaților la știință, artă, cultură, sport, etc.

Încercarea noastră a urmărit numai să sugereze câteva coordonate, în timp, a gradului existent la un moment dat, a nivelului de trai, fără a avea pretenția de a analiza atent acest aspect, mai ales în contextul în care lucrarea monografică s-a dorit a prezenta succint o parte din munca și activitatea petroliștilor morenari.

BIBLIOGRAFIE

1. Baciu, Nicolae „Agonia României 1944-11948", Editura „Dacia", Cluj Napoca, 1990;

2. Baciu, Nicolae „Yalta și crucificare României", Editura Europa, Roma, Italia;

3. Georgescu, Vlad „Istoria românilor de la origini până în zilele noastre", Editura Humanitas, București, 1992;

4. Georgescu, Titu, „România între Yalta și Malta", Casa de editură și presă SANSA SRL, București, 1993;

5. Frunză, Victor, „Istoria stalinismului în România", Editura Humanitas, București, 1990;

6. Universitatea București, Facultatea de istorie-filozofie, „Manual de economie politică", vol. 1-2, București, 1978;

7. *** Istoria României în date, Ed. Enciclopedică română, București, 1971, p. 389;

8. Niculescu-Mizil, Paul, „Bătălia pentru CAER", în „Vremea", nr. 800/17. nov. 1995;

9. *** „Istoria României în date, Ibidem, p.394;

10. Ibidem, p. 398;

11. Arhiva Schelei Moreni, Fond 2 Autotranspoarte, Dosar 330;

12. Ibidem;

13. Dogaru, Leon „Institutul C.P.T. la 45 de ani, Trecut prezent și viitor", broșură de popularizare, 1993;

14. Arhiva Schelei Moreni, Fond 1, Oficiul Bunuri Comune și sociale.

15. Ibidem, Dosar 2, procese verbale de la micii exploatatori 1948-1950, p. 1,14,15,;

16. Ibidem, Fond „SOVROMPETROL", Dosar, R.C.S.;

17. Ibidem, Fond Schela Gura Ocniței;

18. Ibidem, Dosar 3;

19. S.C. „Foraj Sonde" S.A. material de propagandă;

20. Dogaru, Leon, „Institutul C.P.T. la 45 de ani, Trecut prezent și viitor", broșură de popularizare, Câmpina, 1993;

21. Aldea, Gheorghe „135 de ani de activitate în domeniul forajelor și

extracției țițeiului în România", Câmpina;

22. Ibidem;

23. Anexa nr. 32;

24. Anexa nr. 33;

25. vezi capitolele precedente;

26. S.C. „Foraj Sonde" S.A. Moreni The Best!" material publicitar;

27. Dincă, Neagu, „ Studii de prefezabilitate referitor la activitatea economică a S.C. „Foraj Sonde" S.A. Moreni", 1992;

28. Arhiva Schelei Moreni, Dosar nr. 2, procese verbale de la micii exploatatori 1948-1950;

29. Anexa nr. 34;

30. „Comunicat asupra rezultatelor executării planului de stat pe anul 1950" în „Scânteia" din 2 februarie 1951;

31. Tuluc, Dumitru, „Studiu geografic complex al orașului Moreni", lucrare științifico-metodică în vederea obținerii gradului I, în învățământ, 1978, 128 de pagini;

32. Ibidem;

33. Ibidem;

34. Arhiva Schela Moreni, Dosar 2/1952;

35. Ibidem, Dosar „Realizări producție de țiței", 1952;

36. Ibidem, Dosar 2/1953;

37. Ibidem, Dosar 7/1953;

38. Ibidem, Carton de producție pe 1953;

39. Arhiva Schela Gura Ocniței, Dosar 11, carton de producție pe 1953;

40. Arhiva Schela Filipești, Dosar Plan și Realizări Producție, 1954;

41. Arhiva Schela Moreni, Dosar 4/1954;

42. Ibidem, p.137;

43. Ibidem, Dosar 5/1955;

44. Ibidem, Dosar 7/1956;

45. Ibidem, Dosar „Rapoarte sinteză", 1958;

46. Ibidem, Dosar „Rapoarte de producție, rapoarte de sinteză, Planuri pe Schelă, Planuri pe secții", 1958;

47. Ibidem, Dosar „Rapoarte sinteză", 1958;

48. Stoica, Ion, „Dezvoltarea social-economică și politică a localității Moreni între anii 1944-1988", Maramureș 1989, lucrare pentru obținerea gradului didactic I.;

49. Arhiva Schela Moreni, Dosar „Rapoarte sinteză", 1958;

50. Ibidem, Dosar Plan-Producție Țiței-Gazolină Gura Ocniței, 1957;

51. Ibidem, Gura Ocniței, 1950;

52. Ibidem, Dosar „Carton de producție" pe anul 1962";

53. Ibidem;

54. Ibidem;

55. Ibidem, dosar 28, planuri de producție, 1963;

56. Ibidem, Dosar „Carton de producție, Gura Ocniței, 1963";

57. Arhiva Grupului Școlar Petrol Moreni, Dosar 34/1965;

58. Arhiva Schela Moreni, Dosar „Carton de producție" pe anul 1965";

59. Ibidem, Dosar „Carton de producție" pe anul 1966";

60. Ibidem;

61. Ibidem, „Dosar Instalația de deshidratare gazolină - Secția de Dezbenzinare Gura Ocniței și Bucșani", Schela Târgoviște (!);

62. Ibidem;

63. Anexa nr. 35;

64. Dare de seamă susținută de Consiliul Oamenilor muncii în adunarea generală a salariaților;

65. Arhiva Schela Moreni, Dosar nr. 12;

66. Ibidem, „Dosar administrativ-tov. director";

67. Dare de seamă asupra activității C.O.M. și a principalelor acțiuni întreprinse de Comitetul de Sindicat pentru realizarea planului, a angajamentelor în întrecerea socialistă și a prevederilor contractului colectiv de muncă în 1979;

68. Ibidem;

69. Ibidem;

70. Ibidem;

71. Ibidem;

72. Ibidem, dosar administrativ, Tov. Director;

73. Ibidem;

74. Ibidem;

75. Ibidem;

76. *** „Epoca Nicolae Ceaușescu - Cronologie istorică", Editura științifică și enciclopedică, București, 1988, p.228-230;

77. Ibidem, p. 246-247;

78. Ibidem, p. 257;

79. Cuvântare la Plenara Comitetului Județean de Partid Dâmbovița;

80. Ibidem;

81. Ibidem;

82. Ibidem, Dare de seamă la Adunarea generală a reprezentanților oamenilor muncii, februarie 1983;

83. Anexa nr. 36;

84. Anexa nr. 37;

85. Anexa nr. 38;

86. Arhivele Statului Dâmbovița, Fond Primăria Moreni, dosar 21/1956, fila 1;

87. Tuluc, Dumitru, „Studiu geografic complex al orașului Moreni", lucrare științifico-metodică în vederea obținerii gradului I. în învățământ,

1978, 128 pagini;

88. Dinculescu, Constantin, „Electrificarea României de la primele începuturi până la anul 1950", vol. I. Editura tehnică, 1981;

89. Ibidem;

90. Ibidem;

91. Monitorul oficial din 1 mai 1919;

92. Arhiva G.S.P. Moreni, Dosar nr. 4/3b, fila 14;

93. Stoica, Ion, „Pagini de monografie, Grupul Şcolar Petrol 1921-1980", manuscris, Moreni, 1980;

94. Arhiva G.S.P. Moreni, Dosar 2-48/1926, fila 24;

95. Ibidem, fila 26;

96. Ibidem, fila 30;

97. Ibidem, fila 10;

98. Ibidem, fila 20;

99. Furdulescu C. „Pregătirea personalului tehnic mediu şi inferior din industria de petrol" în Monitorul Petrolului III-IV./1946, p. 97;

100. Arhiva G.S.P. Moreni, Dosar4/48, din 1938;

101. Stoica, Ion, „Pagini de monografie şcolară, Şcoala nr. 2 Moreni, Schela Mare-Sirius, mauscris, Moreni, 1983;

102. Arhiva G.S.P. Moreni, Dosar 4-48;

103. Ibidem, Dosar 6/81, fila 4;

104. Arhiva Şcolii 1, dosar 5, proces verbal din 11 ianuarie 1940;

105. Stoica, Ion, „Pagini de monografie şcolară, Şcoala nr. 1Stavropoleos", manuscris, Moreni, 1989;

106. Monitorul oficial nr. 149/5 iulie 1945;

107. Arhiva G.S.P. Moreni, Dosar 3-59, fila 31;

108. Ibidem, dosar 11-48; 12-48; 13-48;

109. Ibidem, dosar 11-48; fila 2;

110. Ibidem, dosar 31-78, fila 16;

111. Arhiva Schela Moreni, Dosar nr. 53/1960 Gura Ocniţei;

112. Ibidem, dosar administrativ, 1979;

113. Ibidem, dosar „dare de seamă la Adunarea generală a reprezentanţilor oamenilor muncii, februarie 1983;

114. „Dâmboviţa" din 31 martie 1995;

115. „Contemporanul" NR. 12/25.03.1977;

116. „Dâmboviţa", an VII, 1974, 8 iulie;

117. Ibidem, an I, 1968, nr. 226, din 9 noiembrie;

118. Ibidem, an I., nr. 205, 16 octombrie 1968;

119. Ibidem;

120. Arhiva Schela Moreni, Dosar 12/1979;

121. „Dâmboviţa",nr. 1505, din 27. dec. 1972, p. 1-3;

122. Arhiva C.C. al P.C.R., fond 6, dosar 1218, fila 457;

123. Ionescu, Mihai; Tudoran, Mircea, „Fotbal de la A la Z", Editura „Sport-Turism", Bucureşti, 1984;

124. *** „După muncă - Trei ani de activitate a IMSER 1930-1932", Editura IMSER, 1932;

125. Munteanu, N.G. „50 de ani de sport muncitoresc", editura Stadion, 1971;

126. „Sportul românesc", nr. 883/11 august 1994;

127. „Sportul" nr. 12355/15.IX., 1989;

128. „Fotbal", nr. 230/22 sep. 1989;

129. „Sportul" nr. 12366, din 26 sept. 1989;

130. Amănuntele despre echipa „Muncitorul Schela mare" au fost primite în scris de la fostul jucător al echipei Istodorescu Constantin.

131. revista „Sport", anul XIX, nr. 18, 1966, pag. 18;

132. *** Epoca Nicolae Ceauşescu, cronologie istorică, idem., pag. 170;

133. Ziarul „Dâmboviţa", nr. 2620/25 iulie 1987;

134. Ziarul „Dâmboviţa", nr. 2602/21 martie 1987.

ÎNCHEIERE

Valoarea deopotrivă științifică și educativ-patriotică a istoriei a fost pusă în lumină de toți acei mari și luminați bărbați din trecut. Istoria locală este parte integrantă din istoria națională și oferă avantajul deosebit al formării concepțiilor istorice, având posibilitatea să se pornească de la aspecte cunoscute, cu care cititorul din zonă este familiarizat. Desigur, studiul istoriei locale este pândit de o primejdie de netăgăduit: concentrarea asupra unor aspecte minore, asupra unor mici chestiuni de parohie.

Fenomenul poate fi mult atenuat prin integrarea istoriei locale în istoria patriei, fapt ce s-a încercat uneori, pe parcursul expunerii. Lucrarea este o completare firească, necesară, pentru a putea oferi concetățenilor noștri încă o filă în dosarul mult așteptatei monografii a zonei și în special a Moreniului. Având în vedere studiile anterioare, lucrarea a urmărit să nu aprofundeze cercetările făcute, surprinzând numai acele idei care să dovedească continuitatea vieții pe aceste meleaguri, contribuția locuitorilor zonei la progresul societății românești.

Prin elementele de geografie fizică s-a urmărit încadrarea Moreniului într-un spațiu bine precizat la nivelul județean și național, surprinzând caracteristicile ce-i sunt specifice și care-i oferă originalitate.

Localitățile din bazinul Cricovului Dulce au cunoscut o dezvoltare ascendentă datorită muncii și eforturilor oamenilor, ajungând la începutul sec. al XX-lea, până la stadiul în care Morenii să se încadreze în rândul așezărilor capabile de transformări de tip industrial. Așezarea, apărută ca o comună de sine stătătoare destul de târziu, s-a dezvoltat de o parte și de alta a Cricovului Dulce, pe vatra fostelor sate de clăcași de pe moșiile Moreni și Stravopoleos.

O dezvoltare asemănătoare au avut toate satele dependente de Mănăstirea Mărgineni (Dărmănești, Caragiale, Ghirdoveni, Vlădeni), de

Mănăstirea Dealu sau Gorgota (Valea Lungă, Gorgota, Colibaşi) sau de puternicele familii ale boierilor Cantacuzini (Cricov, Puturosu), sate dependente ce au cunoscut o dezvoltare de tip feudal cu preponderenţă pentru o economie agrară.

Cu toate că erau şi sate libere (Vârfuri, Ursei), nu se poate vorbi de dezvoltări marcante în evul mediu, unde aşezările se menţin la nivelul unor sate tradiţionale, înviorate doar de bâlciurile anuale.

Descoperirea petrolului, dar mai ales prelucrarea industrială a acestuia, a determinat schimbări esenţiale în viaţa social-economică şi politică a zonei. Pătrunderea masivă a capitalului străin atras de bogatele zăcăminte de ţiţei, necesarul de forţă de muncă au modificat în special vechea şi liniştita aşezare a Moreniului, devenit centrul activităţilor economice.

Începând din 1925, Moreniul preia pentru multă vreme întâietatea în topul naţional al producătorilor de petrol, numele localităţii fiind pronunţat cu respect sau teamă la Haga sau Londra, la Berlin sau Paris.

Aproape toate evenimentele de seamă din istoria naţională au avut corespondent la Moreni, petrolul morenar determinând multe din deciziile capitale ce se luau în marile cancelarii ale lumii, în special în timpul celor două războaie mondiale.

După 1944, părăsită de toţi, România trece printr-un nou stadiu de dezvoltare care marchează şi istoria localităţii.

Instaurarea noilor organizări la conducerea schelelor şi localităţii, formarea noilor structuri organizatorice, naţionalizarea din 1948, contribuţia adusă de petrol la plata datoriilor de război, accentuarea dictaturii, în anumite etape de dezvoltare, au schimbat total viaţa economică, socială, politică a zonei.

Cu toate că aportul zonei Moreni la producţia naţională de ţiţei a fost deosebit, ajungând uneori la 80%, dezvoltarea urbană a centrului de la Moreni începe numai după 1948, motiv de discuţii contradictorii, unii considerând că oraşul ar trebui să fie numai din marmură, alţii criticând dictatura care nu s-a preocupat în ultimii 50 de ani ca Moreniul să-şi menţină prestigiul internaţional avut înainte de 1945, aşezarea fiind astăzi încadrată în rândul centrelor industriale dezvoltate, dar numai dacă ne raportăm la propriul judeţ.

Nu putem să nu amintim o anumită diversificare a industriei după 1965, industria petrolului reprezentând în 1986 doar 16,8% din producţia industrială de stat a localităţii, în timp ce industria constructoare de maşini şi a prelucrării metalelor reprezenta în acel an 64,4%.

Localităţile din jur, atât de optimiste la începutul secolului, s-au mulţumit în evoluţia timpului mai mult cu rolul de furnizor de forţă de muncă, fiind total dezavantajate, din moment ce mari producători de gaze naturale şi petrol (Caragiale, Ghirdoveni, Colibaşi, Iedera, Vârfuri, V. Lungă, Vişineşti, Ursei) nu beneficiau, la peste un secol de la începutul exploatării petrolului pe raza localităţii lor, nici măcar de gazul necesar încălzirii locuinţelor.

Comunele din apropierea Moreniului, pierzându-şi specificul tradiţional, au rămas nişte aşezări rurale alipite Moreniului ce nu puteau oferi prea mult pentru o dezvoltare armonioasă visată de locuitorii începutului de secol 20.

Dorinţa noastră a fost să dedicăm această carte fenomenului petrolier din zona Moreni, cu suişurile şi coborâşurile sale, dar mai ales acelor truditori care fie că s-au numit puţari, păcurari, petrolişti, au dus greul acestei activităţi şi au făcut ca tradiţia să meargă mai departe.

Arhivele reţin nume precum Călăraşu, Copoiu, Baldovin, Teodori care între anii 40 - 60 au condus destinele petroliştilor din sud.

De asemenea memoria colectivă reţine numele monştrilor sacri Grigore Guţu, Gheorghe Ciobanu, Nicolae Bădescu, Ion Modolea, Ariton Ionescu, Ion Preda, care între anii 60-90 s-au confundat cu istoria modernă a petrolului morenar.

Nu în ultimul rând merită să-i amintim pe cei de azi: Gheorghe Aldescu, Ion Petrescu, Cassian Popa, Stelian Ivana, Nicolae Petruţ, Vasile Juravle, Ionel Preda, care au obligaţia morală să ducă mai departe tradiţia petrolului în oraşul Moreni.

Autorii

ANEXE

Prod. de petrol pe proprietăți particulare

Nr. crt	Numele exploatatorului sau societăți	Schela	1899	1900	1901	1902	1903	1904	1905	1906	1907
						Prod. totală în t					
1.	CANTACUZINO	Drăgăneasa	-	-	-	-	-	388	335	830	444
2.	Schopira IONESCU	G.Ocniței	-	-	-	-	-	-	15	25	-
3.	CAMPINA-MORENI	Moreni	-	-	-	-	-	14293	-	-	
4.	MORENI-BAICOI	Moreni	-	-	-	-	-	18785	-	-	
5.	ASIRA	Moreni	-	-	-	-	-	-	-	-	38182
6.	PLEITE	Moreni	-	-	-	-	-	-	35838	-	
7.	REGATUL ROMAN	Moreni	-	-	-	-	-	-	30167	-	
8.	ROMANO-AMERICANA	Moreni	-	-	-	-	-	-	150753	125087	828

Prod. de petrol pe proprietățile statului

Nr. crt	Numele exploatatorului sau societăți	Schela	1899	1900	1901	1902	1903	1904	1905	1906	1907
1.	REGATUL ROMAN	Moreni							97733		
2.	STEAUA ROMANA	Moreni			85						
3.	Campina-Moreni	Moreni						8402			
4.	ASTRA	Colibasi									185
5.	FRANCO-ROMANA	Colibasi				537					
6.	PLEYIE	Colibasi						380		680	
7.	Grigorescu	Colibasi	3079	3315	2904	3926	5235	4603	3820	3589	3351
8.	Cenianu	G.Ocnitei					689	2833	1081	1298	1343
9.	Ing.STRAROSTESCU	G.O.						6,5		130	21
10.	INTERNATIONALA	G.O.	5143	6830	9719	16591	16807	20019	16360	14824	23074
11.	LAZARESCU AMEDEU	G.O.						32	75	474	1132
12.	FRANCO ROMANA	G.O.						162			
13.	OLIE DE BOOR	G.O.						33			
14.	SCORIESCU	G.O.							309	261	195
15.	VAN SAANEN HetRAKY	G.O.						143	455	325	282

ANEXA 2

SCHELA COLIBAȘI

Structura geologică și petrolul

Start geologic	An	Puțuri producție	Puțuri părăsite	Sonde producție	Sonde părăsite	Prod. +o	M. forați	Ad. max
Miocen	1903	23	23	1	2	5870	161.13	
	1904	22	41	1	-	4756	80.01	
Levantin	1903	24	29	5	9	17.409	209	294
	1904	29	85	6	8	19.738	185.39	

ANEXA 3

Producția de petrol la principalele schele dsin țară

Localități	producție în tone					Sonde productive				
	1903	1904	1905	1906	1907	1903	1904	1905	1906	1907
Buștenari	42539	47731	36585	100858	99245	25	31	24	71	89
Campina	102303	109212	95824	103099	230802	41	43	48	52	75
Băicoi	4101	1099	1980	42893	45219	5	5	5	13	15
Moreni	-	4350	55970	164232	299663	-	1	8	20	45
Gura Coniței	17409	14162	17434	13333	26025	6	8	8	12	14
Colibași	5635	7354	7862	6414	6373	1	1	3	6	6

ANEXA 4

Producția principalelor schele în anul financiar 1915/1916

Nr. crt	.	Localitate/județ	T°	*1913/1914
1.		Moreni/Prahova	705645	968425
2.		Buștenari/Prahova	182846	
3.		Băicoi/Prahova	135722	
4.		Arbănași/Buzău	123862	
5.		Campina/Prahova	115989	
6.		Tinita/Prahova	77333	
7.		Gura Ocniței/Dambovița	55500	

Producția petrolieră pe schele -tone

Denumirea	Comuna	1906 1907	1907 1908	1908 1909	1909 1910	1910 1911	1911 1912	1912 1913	1913 1914	1914 1915	1915 1916	Obs.
Moreni	Moreni	97255	180389	220148	327527	358844	458110	795101	835520	714533	574543	Prop. particulară
Drăgăneasa	Provița	870	443	374	163	85	14	-	-	-	-	
Filipești	Filip. de Pădure	-	-	-	-	1541	985	744	337	95	143	
Moreni	Moreni	97733	127897	120135	90585	60665	196356	150247	132905	162287	131001	Prop. stat
Ochiuri	Răzvad	-	-	-	-	-	-	-	-	5054	32813	Prop. particulară
G. Ocniței	G. Ocniței	17360	25741	21666	24881	43845	85896	49462	42291	58336	55500	Prop. stat
Colibași	Colibași	4269	3537	2296	2074	1817	1661	-	939	1401	1391	Prop. stat
Malu Roșu	Ocnița	119	85	51	35	51	34	22	23	15	13	
Buștenari		-	-	393699	318269	-	-	-	-	-	-	
Poiana	Campina	-	-	311147	333352		-					

ANEXA 5

Societatea	Schela	Producția	Sonde		
			Părăsite	În lucru	Producție
Astra Romană	Stravopoleos	348814	37	12	38+
	Bana	63580	2	8	5
Romano-Americană	Stravopoleos	191574	19	20	17
Steaua Română	Bana	118	-	1	2
	Țuicani	2979	-	2	-
Romanian Oilfields	Bana	1703	-	-	-
Romanian Consol Oilfields	Bana	31273	11	13	7
Moreni	Bana	6491	-	-	-
Moreni-Băicoi	Țuicani	-	-	-	-
Concordia	Țuicani	34250	1	6	-
Hamilton	Bana	167	-	1	-
Columbia	Țuicani	195723	-	2	1
Siemens	Bana	78	-	2	-
Petrolul	Bana	250	-	1	-
Penciulescu	Bana	-	-	-	-
Internaționala	Gura Ocniței	71703	9	14	13

ANEXA 6

Producția Schelei Moreni în 1913

Firma	Schela	Producția (tone)	puțuri			sonde		
			A	L	P	A	L	P
1. Astra Romană	Stravopoleos	3332589	-	-	-	32	13	48
2.	Bana	63579	-	-	-	1	10	7
3. Romano-Americană	Bana	306469	-	-	-	18	16	12
4. Steaua Romană	Bana	1234	-	-	-	-	2	1
5.	Țuicani	14912	-	-	-	8	2	1
6. Romanian Consol Oilfields Ltd.	Bana	54766	-	-	-	8	16	9
7. Columbia	Țuicani	199403	-	-	-	-	5	1
8.	Bana	45	-	-	-	-	2	-
9. W. Siemens	Bana	129	-	-	-	-	-	-
10. Meis Petrol Trust Ltd.	Bana	625	-	-	-	-	1	2
11. Concordia	Țuicani	-	-	-	-	-	1	-
12. Concordia	Bana	509	-	-	-	2	2	1
13. Orion	Bana	2317	-	-	-	-	-	1
14. Stavropoleos Moreni	Bana	987	-	-	-	1	-	1
15.	Stavrapoleos	-	-	2	-	1	-	-
16. Petrolul	Bana	171	-	-	-	-	1	-
17. L. Hamilton	Bana	-	-	-	-	-	1	-
18. Schela Fortuna	Stavropoleos	-	-	-	-	1	-	-
19. M.O.D. Syndicate	Bana	198	-	-	-	-	1	-
20. Penciulescu (colectare)	Bana	754	-	-	-	-	-	-

A = abandonate; L = în lucru; P = în producție

ANEXA 7
Anul 1913/1914

Numele și prenumele	Schela/Comuna	Suprafața în exp. ha.	puțuri			sonde				Producția (kg.)
			P	S	L	A	L	P	Prod.	
Soc. ASTRA ROMANĂ	Bana Moreni	50	-	-	-	-	18	18	8	62.453.738
ROUMANIEN C-td Oil Ltd.		25	-	3	31	-	7	18	11	59.158.000
Orion		1	-	3	5	-	-	-	1	3.031.341
STAVROPOLEOS Moreni		1	-	1	-	-	2	-	1	1.143.682
STEAUA ROMANĂ		2	-	-	-	-	-	4	2	831.474
MAISELS PETROLEUM TRUST Ltd.		1	-	-	-	-	-	-	1	637.401
Concordia		10	-	-	-	-	1	6	1	508.126
C.H.C. Moller		1	-	-	-	-	-	-	1	306.717
Lewis Hamilton		0.7	-	-	-	-	-	-	-	-
Romano-Americană	Moreni	175	-	-	1	33	16	16	24	352.957.599
Columbia	Țuicani-Moreni	10	-	13	1	-	-	8	2	123.809.890
Steaua Romană	Moreni	3	-	-	-	-	-	3	1	16.128.185
Penciulescu colector		-	-	-	-	-	-	-	-	1.843.908
Sigmund Cohn	Furtuna-Moreni	0.3	-	-	-	-	-	1	-	-
Ion Grigorescu	Moreni	1.3	-	5	-	-	-	1	-	-
Astra Romana	Filipești	100	-	-	1	-	-	12	2	20.378.100
Steaua Romană	Filipești	10	-	-	-	-	2	2	1	387.609
Orion	Filipești	1.6	-	-	-	-	1	2	-	-
Roumanien Oil	Filipești	0.9	-	-	-	-	-	2	-	-
General Brandau	Filipești	0.9	-	-	-	-	-	2	-	-
Astra Romana	Ochiuri Răzvad	2	-	-	-	7	-	-	-	-
Romano-Americană	Vîrfuri	5	-	-	-	-	-	2	-	-
Vasiliu (fosta Concordie)	Vișinești	5	-	-	-	1	1	-	-	-

Exploatările de petrol pe proprietățile statului în anul 1913/1914

Denumirea exploatatorului	Numirea schelei/comuna	Suprafața în ha.	puțuri				sonde				Producția (kg.)
			P	S	L	Prod.	A	L	P	Prod.	
Astra Romană	Stravapoleos	87.7	-	-	-	2	-	3	-	14	131.703.202
Ion Grigorescu	Resca Colibași	63	34	4	-	5	6	-	1	5	939.588
Internaționala Rucăreanu	Gura Ocniței	40	-	-	-	-	-	-	12	13	25.297.000
Cezeanu și Filodor	Gura Ocniței	13	51	11	-	11	-	2	2	4	13.359.065
Vernescu	Gura Ocniței	40	20	-	2	-	-	2	1	1	2.755.040
Lăzărescu	Gura Ocniței	40	4	3	-	-	-	2	-	1	17.785
Scorțescu	Gura Ocniței	36	1	-	-	-	-	-	-	1	9.746
Vernescu II	Gura Ocniței	40	6	3	1	1	-	2	1	-	-
Henry van Saanen (B. Marcu)	Gura Ocniței	40	7	3	-	-	-	2	-	-	50.508
Dîmbovița	Gura Ocniței	26	5	1	-	4	-	2	-	-	-
Cezeanu	Malu Roșu - Ocnița	29	6	-	-	-	-	-	-	-	23.460
Cezeanu	Copăcişi - Ocnița	40	4	2	1	3	-	-	-	-	-
Cezeanu	Valea Olan - Ocnița	40	-	-	-	-	-	-	-	-	-

Legenda:

A = abandonate; L = în lucru; P = părăsite; Prod. = în producție

Anexa 8

Exploatările de petrol pe proprietățile particulare în anul 1914/1915

Denumirea exploatatorului	Numirea schelei/comuna	Suprafața în ha.	puțuri P	S	L	sonde P	S	L	Prod.	Producția (kg.)
Astra Romană	Bana-Moreni	25	-	-	-	3	17	5	7	59.210.200
Romanian C-M Oil	Bana-Moreni	25	-	6	43	-	7	23	8	29.189.000
Aquala Franco-Romană	Bana-Moreni	1	-	-	1	-	1	1	1	12.2341.269
Stavropoleos-Moreni	Bana-Moreni	1	-	1	-	-	3	-	1	545.070
Steaua Romană	Bana-Moreni	1	-	-	1	-	-	6	2	451.826
Maisels Petrol Trust	Bana-Moreni	1	-	-	-	-	-	1	2	140.756
C.H.C. Moller	Bana-Moreni	1	-	-	-	-	-	1	1	117.411
Concordia	Bana-Moreni	10	-	-	-	-	-	1	1	102.955
Petrolul	Bana-Moreni	1	-	-	-	-	-	-	1	84.549
Lewis Hamilton	Bana-Moreni	0.7	-	-	-	-	-	1	-	-
Simpson	Bana-Moreni	0.6	-	1	-	-	-	-	-	-
Robs Jurwis	Bana-Moreni	0.1	-	-	-	-	1	-	-	-
Romano-Americană	Moreni	175	-	-	1	33	16	21	21	368.009.351
Steaua-Romană	Moreni	75	-	2	1	-	14	18	21	182.655.770
Steaua-Romană	Moreni	1	-	-	1	-	-	6	2	46.929.268
Columbia	Țuicani	10	-	13	1	-	-	11	1	3.335.717
Sigmund Cohn	Fortuna	0.38	-	-	-	-	-	1	-	-
Concordia	Moreni	8.39	-	-	12	-	1	7	-	-
Călărașu	Moreni	0.4	-	-	2	-	-	-	-	-
Grigorescu	Moreni	1.1	-	8	-	-	1	-	-	-
Petre Mirică	Moreni	0.3	-	3	-	-	-	-	-	-
Nafta	Moreni	0.6	-	2	-	-	-	3	-	-
SFA Alpha	Moreni	10	-	-	-	-	-	1	-	-
Stănescu et Găvănescu	Moreni	0.12	-	-	-	-	-	-	-	-
Astra Romană	Filipești	25	-	-	1	-	4	10	1	10.325.00
General Brandău	Filipești	5	-	-	-	-	-	1	-	-
Orion	Filipești	2	-	-	-	-	-	2	-	-
Roumania C-td	Filipești	3	-	-	-	-	-	2	-	-
Steaua Romană	Filipești	4	-	-	-	-	1	3	-	-
Iancu Grigorescu	Gorgoteni G. Ocnței	5	-	-	1	-	-	-	-	-
Romano-Americană	Vîrfuri	5	-	-	-	-	-	1	-	-

Exploatările de p etrol pe proprietățile statului

Denumirea exploatatorului	Numirea schelei/comuna	Suprafața în ha.	puțuri P	S	L	sonde A	L	P	Prod.	Producția (kg.)
Astra Romană	Stravapoleos-Moreni	87	-	1	1	-	10	6	7	147.119.671
Teodor Penchilescu	Moreni	40	-	1	1	-	-	15	6	11.810.413
Ion Grigorescu	Resca Colibași	63	34	4	-	6	-	1	5	1.401.694
Rucăreanu	Gura Ocnței	10	-	-	-	-	-	-	-	-
Cezeanu - Filiodor	Gura Ocnței	13	20	-	1	-	3	4	3	15.347.385
Vernescu	Gura Ocnței	40	7	3	-	-	2	1	1	2.300.085
Lăzărescu	Gura Ocnței	40	1	-	-	-	1	-	1	4.590
Scorjescu	Gura Ocnței	36	6	3	-	2	1	1	1	78.720
Internaționala Romană	Gura Ocnței	40	61	10	7	5	3	16	9	39.884.000
Van Saanen (Marcu)	Gura Ocnței	40	5	2	-	-	3	-	1	721.392
Dîmbovița	Gura Ocnței	26	6	-	-	-	2	-	-	-
Cezeanu	Malu Roșu - Ocnița	29.6	5	-	-	-	-	-	-	15.377
Cezeanu	Copăciș - Ocnița	40	-	-	-	-	-	-	-	-
Cezeanu	Valea Olan - Ocnița	40	-	-	-	-	-	-	-	-

Legenda:

A = abandonate; L = în lucru; P = părăsite; Prod. = în producție

Anexa 9

Exploatările de petrol pe proprietățile particulare în anul 1915/1916

Denumirea exploatatorului	Numirea schelei/comuna	Suprafața în ha.	puțuri				sonde				Producția (kg.)
			P	S	L	Prod.	P	S	L	Prod.	
Astra Română	Bana-Moreni	65	-	8	-	-	-	15	6	9	39.492.358
Aqila	Bana-Moreni	2	-	-	-	-	8	1	2	1	23.294.304
Petrolul	Bana-Moreni	1	-	-	-	-	-	-	-	1	155.900
Orion	Bana-Moreni	3	-	4	7	-	-	-	5	1	1.462.668
Maissels Petrol	Bana-Moreni	1	-	-	-	-	-	1	1	1	153.290
Lewis Hamilton	Bana-Moreni	0.7	-	-	-	-	-	1	-	-	-
Nafta	Bana-Moreni	0.3	-	3	-	-	-	1	-	-	-
Robb, Serwis	Bana-Moreni	0.1	-	-	-	-	-	1	-	-	-
Simpson	Bana-Moreni	0.1	-	1	-	-	-	-	1	-	-
Webster	Bana-Moreni	0.1	-	-	-	-	-	-	1	-	-
Romano-Americană	Moreni	175	3	10	10	-	51	12	15	24	266.752.612
Astra Română	Moreni	160	-	-	2	-	-	12	12	30	127.045.026
Romanian Ctd.	Moreni	25	-	7	48	-	-	6	30	9	51.482.000
Steaua-Română	Moreni	5	-	-	-	-	-	2	5	4	36.307.219
Columbia	Țuicani-Moreni	25	-	12	-	-	-	-	12	2	21.861.561
Concordia	Moreni	10	-	-	14	-	-	3	8	2	2.789.409
T. Penciulescu	Moreni	-	-	-	-	-	-	-	-	-	3.005.000
Ioniță Dinu Soare	Moreni	-	-	-	-	-	-	-	-	-	842.500
Alpha	Moreni	10	-	-	-	-	-	-	1	-	-
Bischoff	Moreni	1	-	-	4	-	-	-	-	-	-
Grigorescu	Moreni	1	-	8	-	-	-	-	1	-	-
Carol Ochbrich	Fortuna-Moreni	0.2	-	-	-	-	-	-	-	1	-
Stavropoleos	Fortuna-Moreni	1	-	-	-	-	-	3	-	-	-
Astra Română	Filipești	50	-	-	1	-	-	7	11	2	8.680.079
Steaua Romană	Filipești	5	-	-	-	-	-	-	2	2	148.926
Iancu Grigorescu	Gura Ocniței	5	-	-	1	-	-	-	-	-	-
Roumania Ctd	Pucioasa	2	-	-	-	-	1	-	-	-	-
Romano-Americană	Vîrfuri	5	-	-	-	-	-	-	-	-	-
General Brandău	Filipești	5	-	-	-	-	-	1	-	-	-
Orion	Filipești	5	-	1	-	-	-	3	-	-	-
Roumain Ctd.	Filipești	3	-	-	-	-	-	2	-	-	-

Exploatările de petrol pe proprietățile particulare în anul 1915/1916

Denumirea exploatatorului	Numirea schelei/comuna	Suprafața în ha.	puțuri				sonde				Producția (kg.)
			P	S	L	Prod.	P	S	L	Prod.	
Astra Romană	Stavropoleos-Moreni	87	-	3	1	-	-	12	11	23	127.459.886
Astra Romană	Bana-Moreni	40	-	3	1	-	-	12	11	23	3.542.000
Ion Grigorescu	Reșca-Colibași	63	45	14	3	10	7	-	1	3	1.391.423
Internaționala	Gura-Ocniței	40	61	9	2	16	5	3	10	16	27.643.320
Cezeanu-Filidor	Gura-Ocniței	13	20	-	1	-	-	3	3	5	23.235.037
Sindicat Vernescu	Gura-Ocniței	40	4	3	-	-	-	2	3	1	4.210.755
Sindicat II	Gura-Ocniței	36	7	3	-	-	-	2	-	2	4.210.755
Scorțescu	Gura-Ocniței	40	6	4	-	1	-	-	-	1	111.840
Lăzărescu	Gura-Ocniței	40	1	-	-	-	1	3	1	-	-
Roumanian Ctd. (Sanen)	Gura-Ocniței	26	5	2	-	4	-	3	-	-	299.212
Dambovița	Gura-Ocniței	29	6	-	-	-	-	2	-	-	-
Most. Cezeanu	MaluRoșu-Ocnița	29	5	1	1	3	-	-	-	-	13.698
Steaua Romană	Copăciș-Ocnița	40	-	-	-	-	-	-	1	-	-
Most. Cezeanu	Valea Olan-Ocnița	40	-	-	-	-	-	-	-	-	-

Anexa 10

Personalul întrebuințat în exploatările petroliere ân luna martie 1916

Schela	Ingineri			Funcționari			Maiștri			Sondori+Lăcari			Meseriași ateliere			Paznici			Salahori			Total		
	R	S	T	R	S	T	R	S	T	R	S	T	R	S	T	R	S	T	R	S	T	R	S	T
Moreni	17	7	24	74	14	91	189	30	219	1354	9	1363	901	74	975	471	23	494	783	-	783	3789	160	3949
Filipești	2	-	2	9	3	12	9	2	11	64	7	71	44	6	50	79	6	85	70	-	70	277	24	301
G. Ocniței	-	2	2	6	2	8	35	6	41	288	3	231	46	8	54	39	5	44	97	-	97	451	26	477
Ochiuri	2	-	2	10	-	10	26	-	26	91	-	91	58	-	58	28	3	31	43	-	43	258	3	261
Roșca Colibași	-	-	-	1	-	1	-	1	-	23	-	23	7	-	7	13		13	-	-	-	44	1	45
Gorgoteni	1	-	1	1	-	1	-	-	-	4	-	4	-	-	-	2	-	2	-	-	-	8	-	8
Pucioasa																								

Legenda:
R = Romani
S = Străini
T = Total

Anexa 11

Producția șantierului Moreni pe anul 1919

Nr. crt.	Firma	Schela	Prod. în tone	Sonde		Observații
				Lucru	Prod.	
1.	Astra Română	Stavropoleos	108.916	18	12	
	Astra Română	Bana	3775	-	6	
2.	Romano-Americană	Stavropoleos	96480	9	2	
3.	Exploatarea terenului statului Steco	Stavropoleos	23.622	2	4	Transferat în Societatea Creditul Minier
4.	Steaua Română	Bana	9432	-	3	
	Steaua Română	Țuicani	26.989	1	2	
5.	Roum. Consol. Oilf. Ltd.	Bana	11.117	-	8	
6.	Columbia	Țuicani	-	2	-	
	Columbia	Cricov	1.663	1	-	
7.	Concordia	Țuicani	-	2	-	
	Concordia	Bana	2.981	2	1	
8.	Orion	Bana	392	1	-	
9.	Aquila Franco-Română	Bana	-	2	-	
10.	Stavropoleos Moreni Oil Prop.	Stavropoleos	88	-	1	

Anexa 12

Producția pe terenurile în proprietatea statului (în tone)

Nr. crt	Denumirea	Comuna	Anii																	
			1920	1921	1922	1923	1924	1925	1926	1927	1928	1929	1930	1931	1932	1933	1934	1935	1936	1937	1938
1.	Moreni	Moreni		190111	267153	322536	538591	673849	953693	1854251	1128304	1029431	1774788	1487580	952404	771201	763396	751026	534914	623260	
2.	Piscuri	Moreni																	930308	404248	
3.	Colibași Roșca	Colibași		265	411	430	296	288	267	278	196	169	19	6							
4.	Malu Roșu	Ocnița			33	63	21	31													
5.	Ochiuri	Răzvad		27888	40335	75336	48835	80206	116555	222781	237148	326878	186330	207330	268637				333082	261831	
6.	Bucșani	Bucșani															335545	1644471	3680642	
7.	Ghirdoveni Mărgineni	Hoimale																		382359	
8.	Gura Ocniței	Gura Ocniței		51696	39853	102943	57292	117787	424609	611220	632218	769518	787633	1393944	1810461	1861416	2444079	2316101	1647425	1348689	

221

Anexa 12

Producţia pe şantiere în perioada interbelică (în tone)

Nr. crt	Denumirea	Comuna	1920	1921	1922	1923	1924	1925	1926	1927	1928	1929	1930	1931	1932	1933	1934	1935	1936	1937	1938
1.	Moreni	Moreni		327588	342755	343522	339936	400125	419062	342060	463818	523864	903176	847362	579639	456549	423088	360780	203247	210203	1317156
2.	Piscuri	Moreni																	119713	137592	
3.	Filipeşti	Filipeşti		7360	8052	5525	18672	16495	19911	17208	12348	9540	81807	9220			305	25797	70808	75830	
4.	Vf. Drăgăneasa	Proviţa		33	934	15157	3753	3848	10581	5543	1770	682	297								
5.	Cervenia	Diţeşti									184	6									
6.	Ochiuri	Răzvad		81660	98555	127150	118750	102723	258604	175428	209858	197200	120073	82501	245083						1483479
7.	G. Ocniţei Schitu Mare	G. Ocniţei											96051	564716	1243116	1479624	1096812	463884	248327	163673	
8.	Mărg.-Ghird.	Haimale																		38259	
9.	Bucşani	Bucşani																307984	532084	594684	

ANEXA 13
Situaţia petroliferă Moreni în 1922

Firma	Schela	Producţia (tone)	Sonde		
			Părăsite	În lucru	Producţie
Astra Română	Stravopoleos	290263	-	16	37
	Bana	6593	-	7	12
Romano-Americană	Ţuicani	166838	69	11	17
Creditul Miner	Ţuicani	32369	3	15	4
Steaua Română	Bana	4715	3	-	3
	Ţuicani	10842	2	2	1
	Stravopoleos	-	-	1	-
Romanian Consol Oilfields Ltd.	Bana	13419	6	5	6
	Stravopoleos	568	2	2	1
Columbia	Ţuicani	28743	2	6	1
	Cricov	2797	3	2	3
Concordia	Ţuicani	16836	-	3	-
	Bana	1364	-	-	2
Orion	Bana	971	2	1	2
	Stravopoleos	-	-	2	-
Aquila Franco-Română	Bana	5541	-	4	1
	Stravopoleos	-	-	2	-
Petrol Bloc	Bana-Ţuicani	-	-	4	-
Expl. Kenedy Iones	Bana	-	1	-	-
Expl. Drader	Bana-Stravopoleos	-	-	2	-
Dacia Romano	Stravopoleos	2043	-	2	-
Unirea (Phoenix)	Stravopoleos-Ţuicani	21800	-	5	-
Stavrop. Moreni	Bana	183	-	1	2
I.R.D.P.	Piscov	87	-	7	-
Moreni-Băicoi	Cricov	3746	-	3	-
Unirea Petroliferă	Bana	-	-	1	1
Renaşterea Română	Stravopoleos	-	-	2	1
Petrolia	Stravopoleos	-	-	1	-
Romania Petroliferă	Stravopoleos	-	-	1	-
TOTAL		609718	93	108	94

ANEXA 14

Producția de petrol la Moreni în 1925

Firma	Schela	Producția (tone)	Sonde În lucru	Sonde Producție
Astra Română	Sud, nord, Bana	259319	46	53
Creditul Miner	Cricov, Picov	313339	27	20
Steaua Romana	Țuicani, Bana, Stat	8379	3	4
Phoenix Oil	Stravopoleos-Bana	7384	4	2
Romanian Consol Oilfields Ltd.	Stravopoleos-Bana	18218	2	5
Unirea	Stravopoleos-Țuicani	23675	3	4
Stavrop. Moreni Oil Prop.	Stravopoleos	14714	9	1
I.R.D.P.	Cricov-Piscov	224691	11	17
Romano-Americană	Sud-Pleașa	125691	9	20
Columbia	Cricov-Țuicani	33754	5	7
Concordia	Stravopoleos-Bana	800	3	2
Aquila	Stravopoleos, Bana	9138	10	15
Franco-Română	Pleașa			
Petrol Block	Bana, Țuicani	5249	-	2
Romania Petroliferă	Nord	449	2	-
Dacia Rom. Petr. Synd.	Nord	6761	5	1
Inter Omnium Petrol	Nord	8814	3	2
Romano-belgiană de Petrol	Nord	-	1	-
Minerva	Nord	4106	3	1
Petrolmina	Nord	204	3	-
Cometa	Țuicani, Nord	677	1	3
Sospira	Nord	1756	3	1
Craiova	Nord, Cricov, Bana	2933	7	1
Renașterea Romană	Nord	102	4	-
Sondajul	Nord, Țuicani, Pleașa	3295	4	-
Vulturul Roman	Moreni	864	1	-
Forajul	Moreni	-	1	-
Apex	Moreni	-	2	-
Petroleu	Bana	-	2	-
Solar-Romano	Stravopoleos	-	1	-
Soarele	Pleașa	-	2	-
TOTAL		1073803	169	161

ANEXA 15

Producția petrolieră a societăților din zona Moreni în anii 1930 - 1932

Denumirea societății	Zona de exploatat	Producția pe ani			Anul 1932					
		1930	1931	1932	Sup. con.	Metri forați	AB.	Sus	Buc.	Prod.
Astra Romană	Stavropoleos	-	-	95045	117	-	2	4	-	23
	Țuicani-Bana	726515	477727	307880	110	4031	9	7	3	55
	Pîscov-Bana	-	-	-	-	-	-	-	-	-
Steaua Romană	Țuicani	-	-	11741	26	-	2	3	-	2
	Stavropoleos	12283	67050	-	33	-	7	-	-	-
	Filipești	-	-	-	89	-	4	-	-	-
	Gura-Ocniței	284407	387866	349803	84	11175	4	22	2	23
	Pîscov	-	-	145583- Pe primele 9 luni						
Concordia	Bana-Țuicani	95056	176673	55178	25	-	15	4	-	10
	Gura Ocniței	-	-	678615	253	14330	81	49	24	62
	Rucăreanu	48154	36011	-	-	-	-	-	-	-
	Sindicat I.	97584	33395	-	-	-	-	-	-	-
	Sindicat II.	75076	185000	-	-	-	-	-	-	-
	Romafrica	75146	73306	-	-	-	-	-	-	-
	Foraky	54235	61303	-	-	-	-	-	-	-
	Foraj Lemoine	36000	26023	-	-	-	-	-	-	-
	Cezeanu	1696	-	-	-	-	-	-	-	-
	Pîscov	17543	113695	-	-	-	-	-	-	-
	Adînca	638	79739	246191	980	10647	1	-	2	9
Creditul Miner	Țuicani, Pîscov	-	-	-	-	-	-	-	-	-
	Cricov, Bana	460721	422960	366630	162	7033	1	10	-	48
	Piscuri	77625	94772	-	-	-	-	-	-	-
	Gura Ocniței	-	-	38551	3	4864	-	-	1	3
Romano-Americană	Țuicani	204964	15638	49547	81	-	-	23	-	19
	Ghirdoveni	-	11619	39135	-	-	-	-	5	1
	Gura Ocniței	21316	221286	303752	133	14162	-	4	-	11
Roumanien Consold. Oilf Ltf.	Piscuri-Bana	101086	96763	97477	66	1754	66	2	-	10
	Stavropoleos	-	-	-	20	-	20	2	-	-
	Gura Ocniței	57478	22937	437993	194	22039	3	4	5	14
Unirea	Piscuri-Moreni	109528	141327	109080	12	661	3	1	-	10
	Gura Ocniței	-	-	57587	10	50	Nu sunt date			
Colombia	Moreni (particular)	75554	64232	126360	48	-	25	25	1	15
	Moreni (stat)	112090	115435	-	-	-	-	-	-	-
	Gura Ocniței	58765	85811	16811	167796	253	7884	-	4	28
Dacia Romano-Petrol Sindicat	Piscuri-Pleașa	68874	80375	43398	16	-	-	1	-	8
	Bana	-	-	-	-	-	-	-	-	-
Cometa	Țuicani	3603	2166	10850	3	-	-	-	1	1
Sospiro	Tisa	737	-	2169	153	-	6	-	-	1
	Piscuri-Valea Seacă	253	7263	14060	25	1414	1	-	1	2
	Roșioara (Filipești)	2686	1534	-	3587	-	1	6	-	-
	Palanca (Filipești)	76	524	-	-	-	-	-	-	-
	Drăgăneasa	297	-	-	-	-	-	-	-	-
	Cervenia	354	-	4157	-	-	-	-	-	-
Craiova	Moreni	-	-	24	2	-	-	1	-	-
Orion	Stavropoleos	-	-	-	2	-	13	1	-	-
	Gura Ocniței	69045	244573	130636	6	2771	-	2	-	8
Industria Romană de Petrol (I.R.D.P.)	Pîscov	187950	109015	15224	34	-	3	2	-	5
	Cricov	-	-	-	-	-	-	-	-	-
	Pietriș (G.Ocniței)	23975	31217	13169	83	-	5	2	-	3
	Merișor (Ocnița)	-	-	93298	91	3357	-	2	1	9

Romano-Belgiană de Petrol	Moreni	-	-	-	13	-	-	1	-	-
Petrol Blok	Bana	3585	2764	1740	4	-	3	-	-	-
Petrolul Romanesc	Piscov	95120	62666	43129	29	-	-	17	1	14
	Ochiuri (G.Ocniței)	-	-	5535	20	-	-	1	-	2
Redevența	Gîrla-la-luncă Moreni	-	-	-	1	-	2 puțuri părăsite			
Sondajul	Tuicani-Bana	102869	159378	61026	2	-	-	1	2	2
	Tuicani	-	-	-	0.7	-	-	-	1	-
Starnaphta	Piscuri	-	-	73712	24	1961	-	-	-	6
Romano-Africană	Plaiul Bălțata (G.Ocniței)	-	978	38066	156	1397	-	-	-	-
Stavropoleos	Moreni	-	-	-	7	-	8	-	-	-
Prahova	La Chiru	31896	90357	114414	73	1494	1	1	-	8
	(G.Ocniței)	-	-	-	73	1201	-	1	-	5
	Dealu Bătrîn	-	-	64561	-	-	-	-	-	-
	Valea Misleanu	-	-	50170	40	4871	-	-	2	3
	Valea cu apă	-	-	13101	40	-	-	1	-	1
	Reșca (Colibași)	-	-	4779	0.5	-	-	-	-	1
Petrol-Mină	Stupărie (G.Ocniței)	-	-	20697	0.8	1374	-	-	-	1
Foraky Romanesc	Valea Morții Dealul Crucii (G.Ocniței)	5690	7972	22764	1	3742	1	-	1	4
Foring	G.Ocniței	-	-	978	1	1140	1	-	1	1
Sandrum	G.Ocniței	60331	33391	165716	Nu sunt date					
Metal - Petrol	G.Ocniței	-	104939	143374	Nu sunt date					
Anglo-Petrolieră	Moreni	4272	5104	5174	Nu sunt date					
	Constantinescu G.Ocniței	-	-	1261	Nu sunt date					
Subsolul Romanesc	Moreni	126666	89561	9542	Nu sunt date					
Buna Speranță	Moreni	10304	11431	5632	Nu sunt date					

ANEXA 16

Producția petrolului brut pe exploatări în anul 1932 din județul Prahova

Nr. crt.	Numele și prenumele exploatatorilor	Denumirea schelei	Comuna	Suprafața în concesiune ha.	m²	în exploatare ha.	m²	Puțuri Părăsite	Suspendate	În lucru	Productive	TOTAL	Sonde Părăsite	Suspendate	În lucru	Productive	TOTAL	Producția petrolului brut	Metri săpați la sonde și la puțuri în cursul anului
1.	Unirea SA	Piscuri-Pietriș	Moreni	12	6940	5	5284	-	-	-	-	-	3	1	-	10	14	109080	661
2.	Roumanian Consolidated Oilfields Ltd.	Piscuri-Bana	Moreni	66	1630	6	7951	-	-	-	-	-	66	2	-	10	78	97477	1754
3.	Astra Română SA	Stavropoleos Tuicani-Bana	Moreni	100	8851	100	8851	-	-	-	-	-	2	4	-	23	29	95045	-
4.	Colombia SA	Moreni	Moreni	38	7008	18	6588	-	18	-	-	18	22	23	-	7	32	66260	-
5.	Concordia SA	Bana-Tuicani	Moreni	25	3583	5	-	-	-	-	-	-	4	4	-	10	18	55178	-
6.	Romano-Americană	Tuicani	Moreni	81	3277	74	-	-	-	-	-	-	-	23	-	19	42	49547	-
7.	Dacia-Romano Petroleum	Piscuri-Pleașa	Moreni	16	9748	1	0.880	-	-	-	-	-	-	1	-	8	9	43398	-
8.	Steaua Română SA	Tuicani	Moreni	26	0.628	1	5000	-	-	-	-	-	2	3	-	2	7	11741	-
9.	Cometa SA	Tuicani	Moreni	3	4218	-	4735	-	-	-	-	-	-	-	1	1	2	10850	-
10.	Saspiro SA (Anglo-Petrolif.)	Tisa-Moreni	Moreni	153	8875	13	-	-	-	-	-	-	6	-	-	1	7	2169	-
11.	Expl. Tuicani-Moreni (Arm. Taubes)	Tuicani	Moreni	-	1770	-	1000	-	-	-	-	-	-	-	-	1	1	1898	-
12.	Craiova SA	Moreni	Moreni	2	5432	2	0.642	-	7	-	-	7	-	1	-	-	1	624	-
13.	Craiova SA (Anglo-Petrolif.)	Moreni	Moreni	-	-	-	-	-	-	-	-	-	-	-	-	2	2	4786	-
14.	Petrol Block SA	Bana	Moreni	4	-	2	-	3	-	-	-	3	3	-	-	-	3	-	-
15.	Orion	Stavropoleos	Moreni	2	4124	-	3201	-	-	-	-	-	13	1	-	-	14	-	-
16.	Minerva SA	Stav ropoleos	Moreni	7	2265	1	-	-	2	-	-	2	3	1	-	1	5	107	-
17.	Romano-Belgiană de petrol SA	Moreni	Moreni	-	3992	-	-	-	-	-	-	-	-	1	-	-	1	-	-
18.	Redevența SA	Gîrla la luncă	Moreni	1	2265	-	-	-	2	-	-	2	-	-	-	-	-	-	-
19.	Stavropoleos-Moreni Oil. Prop Ltd.	Stavropoleos	Moreni	7	1689	-	-	-	-	-	-	-	-	8	-	-	8	-	-
20.	Creditul Minier	Tuicani	Moreni	1	8488	1	8488	-	-	-	-	-	-	-	-	2	2	16963	-
21.	Saspiro SA	Piscuri-Valea Seacă	Moreni	25	-	2	-	-	17	-	-	17	1	-	1	2	4	14060	1414
22.	Iordănescu Stelian	Bana	Moreni	-	1200	-	1200	-	-	-	-	-	-	1	-	-	1	306	-

225

Nr.	Exploatator	Comuna/teren	Schela	Date
23.	Sondajul SA	Țuicani	-	7900 - 7900 · · · · · · · 1 · 1 · · ·
24.	Expl. petr. N. Teodoru și N. Bratu	-	Moreni	578 8683 237 6520 5 44 · · 49 133 68 3 100 304 579639 3829

Exploatări situate pe teren proprietatea Statului

Nr.	Exploatator	Teren	Schela	Date
1.	Creditul Minier SA	Pîscov, Cricov, Bana	Moreni	162 7237 162 7237 · · · · · 1 10 · 48 59 366630 7033
2.	Astra Română SA	Pîscov, Cricov, Bana	Moreni	127 0.700 127 0.700 · · · · · 9 7 3 55 74 307880 4031
3.	Sternaphta SA	Piscuri	Moreni	24 · · 5451 · · · · · · · · 6 6 73712 1961
4.	Sondajul SA	Bana	Moreni	10 · 10 · · · · · · 7 · 7 14 64683 -
5.	Colombia	Moreni	Moreni	10 1486 10 1486 · · · · 3 2 1 8 14 60100 -
6.	Subsolul Roman SA	Piscov	Moreni	12 5000 10 · · 1 · · 1 · 7 · 5 12 21036 -
7.	I.R.D.P. Ind. Rom. de Petrol	Piscov, Cricov	Moreni	34 5087 31 4087 · · · · 3 2 · 5 10 15224 -
8.	Romano-Americană SA	Ghirdoveni	Moreni	Perimetru de explorare · · · 1 [în marks] ·
9.	Steaua Română SA	Stavropoleos	Moreni	33 6127 · · · · · 7 · · 7 · ·
10.	Roumanian Consolid. Oilfields Ltd.	Stavropoleos	Moreni	20 · · · · · · 2 · · 2 · ·
11.	Grupul Petrolul Romanesc SA	Piscov	Moreni	29 6000 29 6000 · · · · · 17 1 14 32 43029 -
12.	Ilie Chișcan (colector)	Apa Cricov	Moreni	· 2572 · 2572 · · · · · · · · 110 ·
	Totalul schelei Moreni	·		464 4209 381 7533 · · · 1 25 52 6 148 231 952404 13025

Producția petrolului brut pe exploatări în anul 1932 din județul Dîmbovița

Nr. crt.	Numele și prenumele exploatatorilor	Denumirea schelei	Comuna	Suprafața ha/m²	Puțuri/Sonde la 31 dec. 1932	Producția / Metri
1.	Roumanian Consolidated Oilfields Ltd.	Gura-Ocniței	Gura-Ocniței	145 5613 21 2224	· · · · · · · 3 5 11 19	430436 22039
2.	Româno-Americană SA	Gura-Ocniței	Gura-Ocniței	133 8636 133 8636	· · · · 4 · 11 15	303752 14162
3.	Metal-Petrol SA	La Cruci, Val. Tțuiloaiei	Gura-Ocniței	15 · 2 ·	2 · 1 2 5	160125 3493
4.	Orion SA	Gura-Ocniței	Gura-Ocniței	6 2696 4 2120	· 2 · 8 10	130636 2771
5.	Unirea SA	Băltata, Gorgoteni	Gura-Ocniței	12 5081 3 9740	· 3 3	39553 -
6.	Creditul Minier SA	Gura-Ocniței, Gorgoteni	Gura-Ocniței	3 · 3 ·	1 3 4	38651 4864
7.	Româno-Africană SA	Plaiul Băltata	Gura-Ocniței	156 · 1 5000	1 · 1 · 1 1	37974 1397
8.	Româno-Africană SA	Gura-Ocniței	Gura-Ocniței		1 1	92 ·
9.	Expl. Sonda nr.1 Sindicat	Gorgoteni	Gura-Ocniței	1 438 1 438	1 1	21349 1241
10.	Petrolmina Sonda nr.4 a Soc. Cometa	Stupărie	Gura-Ocniței	· 8932 · 8932	1 1	20697 1374
11.	Prahova SAA	Gorgoteni	Gura-Ocniței	· 8041 · 2080	1 1	17503 1248
12.	Foraky - Rom. pentru Soc. Petrolina	Valea Morții	Gura-Ocniței	4 2580 4 2850	1 3 4	16710 3742
13.	Foraj Lemoine SA	Gorgoteni	Gura-Ocniței	21 2558 1 5670	2 1 3	13688 2520
14.	Foraky Rom pt. Soc. Petrol-Block	Dealul Crucii	Gura-Ocniței	· 4580 · 4580	1 1	6054 ·
15.	Foring (ing. Brătășanu)	Gura-Ocniței	Gura-Ocniței		1 1	1140
16.	R. Vaan Sickle	Gorgoteni	Gura-Ocniței	· 8600 3 1000	2 2	5396 3822
17.	SARVEG	Gura-Ocniței	Gura-Ocniței		2 2	2173
18.	Asoc. Florea Gherasim și I. Dumitrescu (Colector)	Ciubucești	Săcueni	· 600 · 600	·	500 ·
	Totalul schelei Gura-Ocniței	·	·	507 8355 181 3600	1 · · 1 2 9 13 50 74	1243116 65986

Producția petrolului brut pe exploatări în anul 1932 din județul Dîmbovița

Exploatări situate pe teren proprietatea Statului

Nr. crt.	Numele și prenumele exploatatorilor	Denumirea schelei	Comuna	Suprafața ha/m²	Puțuri/Sonde la 31 dec. 1932	Producția / Metri
1.	Concordia SA	Gura-Ocniței	Gura-Ocniței	253 6000 253 6000	81 49 4 62 196	678615 14330
2.	Concordia SA	Adânca	Gura-Ocniței	980 - Explorare	1 · 2 9 12	246191 10647
3.	Steaua Română SA	Gura-Ocniței	Gura-Ocniței	84 6000 34 ·	4 22 2 23 51	349803 11175
4.	Colombia SA	Gura-Ocniței	Gura-Ocniței	57 · 21 8000	· 4 · 7 11	164574 4688
5.	Prahova SA Perim. XXI	La Chinu	Gura-Ocniței	73 8000 6 4320	1 1 · 8 10	114414 1494
6.	Prahova SA Perim. XXII	Dealul Băltata	Gura-Ocniței	73 8000 4 6600	1 · 5 6	64561 1201
7.	Prahova SA Perim. XXXII	Valea Mislenului	Gura-Ocniței	40 · 1 5267	2 3 5	50170 4871
8.	Prahova SA Perim. I	Valea cu apă	Gura-Ocniței	40 · 9733	1 · · 1 2	13101 -
9.	Prahova SA	Valea Reșca	Gura-Ocniței	· 5000 · 5000	1 1	4779 -
10.	Româno-Americană	Adânca	Gura-Ocniței	986 · Explorare	1 1	51216 535
11.	Creditul Minier SA	Perim I, II, OEI a, OEI b	Gura-Ocniței	50 6700 50 6700	3 · 9 12	19020 -
12.	Sondrun SA	Gura-Ocniței	Gura-Ocniței	25 4218 15 4218 2 1	3 11 2 · 7 20	15870 4574
13.	IRDP SA	Gura-Ocniței, Pietriș	Gura-Ocniței	83 8000 45	5 2 · 3 10	13169 -
14.	Roumanian Consol. Oilfields Ltd.	Gura-Ocniței	Gura-Ocniței	49 · 49 ·	3 1 · 3 7	7557 -
15.	Petrolmina SA	Val. Uitmului	Gura-Ocniței	40 · 1 903	2 2	5965 -
16.	Petrolul Românesc SA	Ochiuri	Gura-Ocniței	20 6000 10 ·	1 · 2 3	5535 -
17.	Româno-Americană	Val. Ursaria	Gura-Ocniței	· Explorare	1 1	294
18.	Locot.-Col. Branco Duma (Colector)	Poiana cu Meri	Adânca	· 5620 · 5620	·	5921 -
	Totalul schelei Gura-Ocnița	·	·	2859 3538 195 2361 2 1	3 107 86 11 146 350	1810461 53809

ANEXA 17

Captarea și utilizarea gazului natural pe exploatări în anul 1932

Nr. crt.	Numele și prenumele exploatatorilor	Denumirea schelei	Comuna	Județul	Pentru forță motrice și pt. scopuri industriale	Pentru iluminat și încălzit	Pentru producerea gazolinei	TOTAL	Gaz natural pierdut pe conducte, evacuat în aer sau neîntrebuințat
					Metri cubi				
25.	R. van Sickle sonda nr. 1 Syndic.	Gura Ocniței	Gura Ocniței	Prahova	-	-	1156300	1156300	-
26.	Ing. T. Minculescu	Gorgoteni	Gura Ocniței	Prahova	-	-	-	-	14500
27.	Metal-Petrol SA	Gămălaiu	Gura Ocniței	Prahova	3688500	-	-	3688500	2947200
28.	Concordia SA	Gura Ocniței	Gura Ocniței	Prahova	32346800	3751300	218166900	254265000	-
29.	Steaua Română SA	Gura Ocniței	Gura Ocniței	Prahova	144966	-	24141400	24286366	576934
30.	Româno-Americană	Gura Ocniței	Gura Ocniței	Prahova	37614000	-	66068000	103682000	11751000
31.	Colombia SA	Gura Ocniței	Gura Ocniței	Prahova	5916950	12200	35821200	41750350	11105500
32.	Româno-Americană	Adâncata	Gura Ocniței	Prahova	1755000	-	-	1755000	2486000
33.	Sandrum SA	Valea Misleanului	Gura Ocniței	Prahova	365600	165500	-	531100	-
34.	Foraj Lemoine	Gorgoteni	Gura Ocniței	Prahova	1036750	-	1609330	2646980	1668400
35.	Steaua Română SA	Glodeni	Glodeni	Dâmbovița	19749	-	-	19749	-
36.	Concordia SA	Viforâta	Viforâta	Dâmbovița	36600	-	-	36600	135800
37.	Retoil	Viforâta	Viforâta	Dâmbovița	3973660	-	-	3973660	14062390
38.	Creditul Minier SA	Viforâta	Viforâta	Dâmbovița	1475500	-	-	1475500	-
39.	Petrolmina SA	Valea Ulmului	Gura Ocniței	Dâmbovița	174560	-	-	174560	998500
40.	Prahova SA	Val. Reșca, La Chiru	Gura Ocniței	Dâmbovița	13000039	426660	45024220	58450919	7289930
41.	Steaua Română	Bucșani	Bucșani	Dâmbovița	448472	-	-	448472	714628

ANEXA 17

Captarea și utilizarea gazului natural pe exploatări în anul 1932

Nr. crt.	Numele și prenumele exploatatorilor	Denumirea schelei	Comuna	Județul	Pentru forță motrice și pt. scopuri industriale	Pentru iluminat și încălzit	Pentru producerea gazolinei	TOTAL	Gaz natural pierdut pe conducte, evacuat în aer sau neîntrebuințat
					Metri cubi				
1.	Unirea SA	Piscuri	Moreni	Prahova	5777730	-	8951840	14729570	6993430
2.	Raumanian-Consol. Oilfields Ltd.	Bana, Piscuri	Moreni	Prahova	39929560	-	3869300	43798860	5472650
3.	Concordia SA	Bana	Moreni	Prahova	8685200	13744000	40170700	62599900	3024900
4.	Româno-Americană	Țuicani	Moreni	Prahova	5196400	6000	105601000	110802400	1300600
5.	Dacia-Romano. Petrol-Syndic. Ltd.	Piscuri	Moreni	Prahova	4408350	-	10027100	14435450	687900
6.	Creditul Minier SA	Piscuri	Moreni	Prahova	18632589	186575	5787871	24607035*	43175755
7.	Astra Română SA	Stavropoleos	Moreni	Prahova	72705410	1094900	4776900	78577210	4337390
8.	Stamaphta SA	Piscuri	Moreni	Prahova	1395090	-	-	1395090	2025210
9.	Sondajul SA	Bana	Moreni	Prahova	3033046	-	1272800	4305846	3297195
10.	Colombia SA	Moreni	Moreni	Prahova	918200	-	56909084	57827284	11724636
11.	IRDP SA	Moreni	Moreni	Prahova	59548900	-	17052000	76600900	124100
12.	Steaua Română SA	Țuicani	Moreni	Prahova	19039008	-	8594640	27633648	5436470
13.	Astra Română	Filipeștii de Pădure	Filip. de Păd.	Prahova	119500	-	-	119500	-
14.	Unirea SA	Gura Ocniței	Gura Ocniței	Prahova	10220300	1200000	28864830	40284830	52577870
15.	Raumanian Consol. Oilfields Ltd.	Băltața-Gorgoteni	Gura Ocniței	Prahova	38900410	488440	44809350	84198200	10577980
16.	Raumanian Consol. Oilfields Ltd.	Valul Voevozilor	Gura Ocniței	Prahova	480000	61560	1581140	2122700	4138300
17.	Foraky Românească SA	Val. Morții, Dealul Crucii	Gura Ocniței	Prahova	62000	-	7869440	7931440	1868500
18.	Creditul Minier SA	Gura Ocniței	Gura Ocniței	Prahova	4388325	-	-	4388325	-
19.	Orion SA	Gura Ocniței	Gura Ocniței	Prahova	4935190	200000	13541550	18676740	8706260
20.	IRDP SA	Gorgoteni	Gura Ocniței	Prahova	440000	-	-	440000	-
21.	Sondajul SA	Gura Ocniței	Gura Ocniței	Prahova	649000	-	-	649000	-
22.	Româno-Africană SA	Gura Ocniței	Gura Ocniței	Prahova	6294900	-	-	6294900	-
23.	Anglo-Petroliferă SA	Gura Ocniței	Gura Ocniței	Prahova	981900	-	1315880	2297780	-
24.	Excelsior SA	Gura Ocniței	Gura Ocniței	Prahova	-	-	-	-	474010

ANEXA 18
Personalul întrebuințat în exploatările petrolifere pe anul 1932

Schela	Ingineri și șefi de exploatări		Maeștri sondori șefi		Maeștri sondori și ajutori		Sondori și lăcași		Alți lucrători speciali		Maeștri în ateliere		Meseriași în ateliere		Salahori, lucrători cu ziua		Funcționari De birou		Funcționari Exteriori		Oameni de serviciu, gardieni		Totalul general al personalului		TOTAL
	Rom.	Str.	Rom.	Str.	Rom.	Str.	Rom.	Str.	Rom.	Str.	Rom.	Str.	Rom.	Str.	Rom.	Str.	Rom.	Str.	Rom.	Str.	Rom.	Str.	Rom.	Str.	
Prahova																									
1. Moreni	46	11	22	2	127	3	827	.	419	.	108	12	796	25	450	.	114	7	238	3	307	3	3454	66	3520
2. Chiciura+Telega+Bușteni	50	1	31	.	81	.	728	1	124	.	42	1	119	.	65	.	80	3	50	1	161	.	1531	7	1538
3. Scorțeni	20	3	17	.	83	.	542	.	40	.	13	.	60	.	9	.	28	5	30	.	90	.	932	8	940
4. Câmpina	21	5	5	.	7	.	105	.	70	.	35	2	481	14	101	.	112	2	84	.	52	.	1073	23	1096
5. Boldești	18	10	9	1	48	2	264	1	91	.	40	1	212	.	213	.	25	3	79	.	49	.	1048	20	1068
6. Ceptura	9	1	5	.	19	.	116	.	83	.	25	.	107	1	77	.	13	.	65	1	66	.	585	3	588
7. Băicoi	11	2	7	.	12	.	108	2	21	.	12	.	18	1	3	.	28	2	9	.	73	3	302	10	312
8. Țintea	3	1	7	.	8	.	131	.	22	.	9	.	39	.	15	.	5	.	7	1	40	1	286	3	289
9. Bordeni	2	.	3	.	6	.	25	.	1	.	1	.	4	.	.	.	1	.	1	.	23	.	67	.	67
10. Filipeștii de Pădure	2	.	2	.	12	.	23	.	11	.	5	.	11	.	5	.	3	.	13	.	13	.	100	.	100
11. Alte schele	7	1	3	.	31	.	87	.	7	.	8	.	28	.	10	.	6	.	12	1	31	.	230	2	232
TOTAL	189	35	111	3	434	5	2956	4	889	.	298	16	1875	43	948	.	415	22	588	7	905	7	9608	142	9750
Dâmbovița																									
12. Ochiuri	11	1	9	1	64	.	308	.	122	.	12	5	79	.	93	.	34	3	67	.	75	.	874	10	884
13. Gura-Ocniței	61	8	31	.	186	1	897	.	370	7	46	3	638	9	406	3	117	8	170	2	238	7	3160	48	3208
14. Glodeni	.	1	1	.	8	.	29	.	7	.	.	.	1	.	.	.	1	.	1	.	5	.	53	1	54
TOTAL	72	10	41	1	258	1	1234	.	499	7	58	8	718	9	499	3	152	11	238	2	318	7	4087	59	4146

ANEXA 18
Personalul întrebuințat în exploatările petrolifere pe anul 1933

Schela	Ingineri și șefi de exploatări		Maeștri sondori șefi		Maeștri sondori și ajutori		Sondori și lăcași		Alți lucrători speciali		Maeștri în ateliere		Meseriași în ateliere		Salahori, lucrători cu ziua		Funcționari De birou		Funcționari Exteriori		Oameni de serviciu, gardieni		Totalul general al personalului		TOTAL
	Rom.	Str.	Rom.	Str.	Rom.	Str.	Rom.	Str.	Rom.	Str.	Rom.	Str.	Rom.	Str.	Rom.	Str.	Rom.	Str.	Rom.	Str.	Rom.	Str.	Rom.	Str.	
Prahova																									
1. Moreni	39	8	19	1	138	2	856	.	341	.	50	7	920	22	454	.	84	4	248	3	265	13	3414	60	3474
2. Chiciura+Telega+Bușteni	25	3	20	.	64	.	585	1	59	.	45	1	102	.	52	.	63	1	36	.	138	.	1189	7	1196
3. Scorțeni	21	1	11	1	80	1	621	.	42	.	18	.	96	.	53	.	26	3	25	.	89	.	1082	6	1088
4. Câmpina	21	10	3	.	4	.	68	.	45	1	14	.	755	23	12	.	128	1	50	1	19	.	1119	36	1155
5. Boldești	22	5	9	1	53	1	307	1	106	.	17	2	182	3	192	.	33	3	83	.	24	.	1028	16	1044
6. Ceptura	10	.	5	.	15	.	122	.	71	.	21	.	110	1	56	.	19	2	51	4	38	3	518	10	528
7. Băicoi	7	2	7	.	28	.	113	1	19	.	11	.	30	3	11	.	26	1	12	.	63	.	327	7	334
8. Țintea	2	1	7	.	10	.	124	.	20	.	9	.	47	.	3	.	5	.	6	1	79	1	312	3	315
9. Bordeni	4	.	4	.	12	.	55	.	3	.	6	.	1	.	.	.	4	.	2	.	23	.	114	.	114
10. Aricești	15	.	6	.	59	.	168	1	110	.	3	1	88	2	117	.	12	1	27	1	17	.	622	6	628
11. Alte schele	9	2	3	.	35	.	112	.	27	.	5	.	36	.	42	.	13	2	14	1	44	.	340	5	345
TOTAL	175	32	94	3	498	4	3131	4	843	1	199	11	2367	54	992	.	413	18	554	12	799	17	10065	156	10221
Dâmbovița																									
12. Ochiuri	9	1	8	.	54	.	313	1	96	.	16	1	122	1	100	.	27	2	58	.	60	2	863	8	871
13. Gura-Ocniței	76	7	38	1	253	1	1279	6	452	8	70	2	875	18	401	2	105	7	171	3	228	.	3948	58	4006
14. Glodeni	1	.	1	.	.	.	5	.	2	.	.	.	.	.	.	.	1	.	.	.	10	.	20	.	20
TOTAL	86	8	47	1	307	1	1597	7	550	8	86	3	997	19	501	2	133	9	229	3	298	5	4831	66	4897

ANEXA 19

Producția petrolului brut pe exploatări în anul 1934 din județul Prahova

Nr. crt.	Numele și prenumele exploatatorilor	Denumirea schelei	Comuna	Suprafața în concesiune ha. m²	Suprafața în exploatare ha. m²	Numărul și situația puțurilor și sondelor la 31.XII.1934 Puțuri Productive	Puțuri În lucru	Sonde Productive	Producția lunară în tone a 1000 Kg. Ianuarie	Februarie	Martie	Aprilie	Mai	Iunie	Iulie	August	Septembrie	Octombrie	Noiembrie	Decembrie	Totalul general 1934 (tone)	Metri adânci la sonde și la puțuri în cursul anului
Exploatări situate pe teren proprietate particulară																						
1.	Astra Romană SA	Stavropoleos Țuicani, Bana	Moreni	96 4321	15 7221	·	·	32	8379	7386	7979	7660	7300	6470	7880	8383	8254	8061	7186	7402	92340	·
2.	Unirea SA	Piscuri-Pietriș	Moreni	13 7214	8 191	·	·	7	5488	4877	5499	5064	4950	4793	5183	5020	3981	4659	4452	4307	58273	·
3.	Roumanian Consolidated Oilfields Ltd.	Piscuri-Bana	Moreni	58 1217	18 6325	·	·	10	4800	4240	4578	4287	4209	3833	3551	3721	3200	3392	3213	3674	46698	1438
4.	Dacia-Rom. Petr. Syndicate Ltd.	Piscuri-Bana	Moreni	29 8130	6 6237	·	·	7	4104	3872	3807	3550	3485	2801	2901	2846	2743	2483	2540	2612	37744	745
5.	Sospiro SA (Anglo-Petrolif.)	Valea Seacă	Moreni	1115 1598	2	·	·	3	1719	1819	3691	3392	3325	2740	1708	1536	1649	3045	3772	3225	31621	59
6.	Steaua Romană SA	Țuicani	Moreni	26 628	1 5000	·	·	2	539	494	552	538	556	531	589	615	514	534	540	558	6560	·
7.	Concordia SA	Bana-Țuicani	Moreni	25 3583	5	·	2	6	3607	2825	2995	2775	2512	2532	2517	2304	2083	1912	1836	1686	29584	·
8.	Romano-Americană	Moreni	Moreni	67 3338	67 3338	·	·	19	3675	3580	4186	4340	4645	4600	5361	5787	5123	4764	4993	5001	56055	·
9.	Colombia SA	Moreni	Moreni	38 7008	18 6588	·	1	9	3611	3730	4046	4310	4423	4232	5266	4562	4517	4400	4218	4349	51664	·
10.	Sondajul SA	Țuicani	Moreni	· 790	· 790	·	·	·	62	46	32	24	18	18	·	45	45	62	81	32	465	·
11.	Sospiro SA	Tisa	Moreni	153 8875	2	·	·	1	276	225	278	262	285	187	225	254	269	273	255	249	3038	·
12.	Expl. Țuicani-Moreni	Țuicani	Moreni	· 1770	· 1000	·	·	1	135	130	67	100	120	116	115	116	110	56	·	·	1065	·
13.	Cometa SA	Țuicani	Moreni	3 4218	· 2200	·	·	1	126	68	40	66	54	60	60	50	75	75	48	51	773	·
14.	Craiova SA	Stavropoleos	Moreni	2 5432	2 462	·	·	1	209	177	118	207	217	182	182	206	199	189	189	101	2176	·
15.	Continentala Petroliferă	Țuicani	Moreni	· 3200	· 3200	·	·	1	·	·	·	·	307	303	463	512	511	484	423	307	3310	·
16.	N. Gh. Călătrașu	Bana	Moreni	· ·	· 8000	2	·	1	·	·	·	·	·	43	44	46	172	89	82	83	559	·
17.	Marin Scurtu și A. Copoiu	Bana	Moreni	· 1040	· 1040	1	·	·	160	85	89	92	66	·	40	54	44	51	52	52	785	·
18.	Nicolae Teodoru și N. Bratu	Bana	Moreni	· 4800	· 4800	·	·	1	20	·	20	15	45	30	48	30	40	40	50	50	388	·
	Totalul schelei Moreni			1631 7162	149 6392	1	5	102	36910	33554	37977	36642	36517	33471	36133	36687	33529	34560	33930	33739	423098	2242

ANEXA 19

Producția petrolului brut pe exploatări în anul 1934 din județul Prahova

Nr. crt.	Numele și prenumele exploatatorilor	Denumirea schelei	Comuna	Suprafața în concesiune ha. m²	Suprafața în exploatare ha. m²	Numărul și situația puțurilor și sondelor la 31.XII.1934 Puțuri Productive	Puțuri În lucru	Sonde Productive	Producția lunară în tone a 1000 Kg. Ianuarie	Februarie	Martie	Aprilie	Mai	Iunie	Iulie	August	Septembrie	Octombrie	Noiembrie	Decembrie	Totalul general 1934 (tone)	Metri adânci la sonde și la puțuri în cursul anului
Exploatări situate pe teren proprietatea Statului																						
1.	Astra Romană SA	Păscov Cricov, Bana	Moreni	127 700	127 700	·	·	79	25970	23282	22536	22401	23563	21388	21771	22607	21499	22374	20901	21877	270169	1992
2.	Astra Romană SA	Piscuri	Moreni	36 9255	6	·	·	10	6437	5428	8023	7334	7227	6542	6064	5970	5547	6935	9523	9641	84671	6153
3.	Creditul Minier	Bana,Ghirdoveni	Moreni	339 2250	339 1250	·	·	13	8109	9487	9247	9076	8662	7926	7959	7450	7041	7279	7287	7369	96892	5135
4.	Creditul Minier	Păscov, Cricov	Moreni	51 8487	51 8487	·	·	33	6762	5903	6444	6544	6757	6410	6472	6467	6234	6721	6151	6130	79995	·
5.	Starnaphta SA	Piscuri	Moreni	24 ·	3 5000	·	·	11	6825	5848	6260	5943	6607	6513	6536	6690	5817	5928	5523	6064	74554	3061
6.	Colombia SA	Moreni	Moreni	10 1486	10 1486	·	·	8	2069	1913	2131	2066	2150	2045	2263	2210	2122	2159	2183	2229	25540	·
7.	Petrolul Românesc	Păscov	Moreni	29 6000	29 6000	·	·	17	5164	4606	6681	6495	6390	6040	4915	5296	5786	5851	5912	5503	69079	483
8.	Sondajul SA	Bana	Moreni	10 ·	10 ·	·	·	5	3495	3711	4227	3772	3932	3613	3599	3556	3332	3388	3378	3445	43448	·
9.	Buna Speranță	Păscov	Moreni	12 5000	12 5000	·	·	2	589	598	690	710	709	669	742	669	634	655	635	560	7860	·
10.	IRDP SA	Păscov, Cricov	Moreni	44 5087	26 7687	·	·	3	1026	505	535	369	280	274	246	313	346	490	372	378	5134	·
11.	Soc. Petroliferă Română	Piscuri	Moreni	20 870	·	1	·	·	·	·	·	·	·	·	·	·	·	·	·	·	·	1769
12.	Subsolul Român	Moreni	Moreni	12 5000	10	·	·	3	982	935	1217	983	1248	1155	356	601	628	578	613	668	9964	·
	Totalul schelei Moreni			718 4135	626 5610	·	5	184	67428	62216	67991	65693	67535	62575	60923	61829	58986	62358	62478	63394	763396	18548

ANEXA 20
Producția petrolului brut pe exploatări în anul 1934 din județul Dâmbovița

Exploatări situate pe teren proprietate particulară

Nr. crt.	Numele și prenumele exploatatorilor	Denumirea schelei	Comuna	Suprafața în concesiune ha. m²	Suprafața în exploatare ha. m²	Puțuri Productive	Puțuri În lucru	Sonde Productive	Ianuarie	Februarie	Martie	Aprilie	Mai	Iunie	Iulie	August	Septembrie	Octombrie	Noiembrie	Decembrie	Totalul general 1934 (tone)	Metri adânci la sonde și la puțuri în cursul anului
1.	Unirea SAR	Gura Ocniței	Gura Ocniței	47 4831	31 8171		2	16	28585	21336	30923	30171	27710	24855	22563	22662	21933	18322	14499	12412	275971	14609
2.	Unirea SAR	Valea Voivozilor	Gura Ocniței	10 7790	9 5140		2															841
3.	Concordia SA	Insurăței	Gura Ocniței	42				1													2100
4.	Roumanian Consol. Oilf. Ltd.	Bălțața-Gorgoteni	Gura Ocniței	220 9163	70 1028		5	21	18725	17357	20424	21309	19630	17747	18553	18985	17601	15769	14304	29402	229799	15800
5.	Româno-Americană	Gura Ocniței	Gura Ocniței	128 2372	128 2372			15	13249	9257	9869	9248	12014	14308	14715	10384	9015	8459	8645	9645	130808	3844
6.	Foraky Românească	Gura Ocniței	Gura Ocniței	11 7296	11 7296		1	6	6163	6283	6935	6483	6382	5653	7926	4484	3615	5434	7282	5284	71924	6231
7.	Colombia SA	Gorgoteni	Gura Ocniței	23 4256	3 6852			6	5703	5086	6045	5792	5330	4598	4562	4187	4099	3864	3484	3324	56084	184
8.	Creditul Minier SA	Gura Ocniței	Gura Ocniței	30	14			1	10579	8255	8337	9564	10189	7622	6462	5727	5542	5010	4027	3738	85052	7099
9.	Orion SA	Gura Ocniței	Gura Ocniței	13 5491	5 4880			9	6163	5647	5985	5717	5198	4213	6605	8474	7542	6928	6708	6700	75880	1561
10.	IRDP SA	Gorgoteni	Gura Ocniței	2 3814	2 3814			3	3119	3452	3418	2921	2800	2367	2306	2235	1948	1990	1598	1288	29442	39
11.	Foraj Lanoine	Gorgoteni	Gura Ocniței	2 8158	2 8158		1	4	1903	1481	2123	3019	2916	2338	2293	1981	1362	1354	1210	1070	23050	1566
12.	Zeloil SA	Gura Ocniței	Gura Ocniței	3 8836	3 3636			1	1686	1522	1402	1186	1065	1085	1239	1419	739				11343	17
13.	Petrolmina	în Ogrăzi, Cărpiniș	Gura Ocniței	1 3000	1 3000			2	1034	568	488	469	419	210	88						3276	
14.	Petrolmina	la Fântână	Gura Ocniței	1 2936	1 2936			2	318	540	630	958	1834	1887	1877	1845	1949	1865	1491	1433	16627	1636
15.	Soc. de Petrol Gavora	Gorgoteni	Gura Ocniței	10	4			2	2073	1761	1785	1538	1377	1169	1022	921	885	946	864	772	15113	
16.	Sondajul SA	Gura Ocniței	Gura Ocniței		5245			2	1834	1455	1450	1246	1305	1183	812	824	764	690	609	514	12686	632
17.	SAARVEG	Valea Morții	Gura Ocniței	4	2			1	557	579	1456	1829	1696	909	753	369	951	685	265		10049	1056
18.	Româno-Africană	Pl. Bălțața, la Țigani	Gura Ocniței	156	1 5000		1	1	1193	962	1005	824	852	1026	808	727	667	729	427	73	9293	4135
19.	Anglo Petrolifera·Pălărieru	Gura Ocniței	Gura Ocniței	1	1			1	2681	1412	326	217	26	42							4704	
20.	Anglo-Petrolifera	Gura Ocniței	Gura Ocniței	1	1			1						163	1296	1036	803	686	548	480	5012	1493
21.	Metal Petrol SA	Gura Ocniței	Gura Ocniței	2 4181	2 4181			1	815	776	824	555	441	234	683	572	449	418	360	424	6551	
22.	Excelsior SA	Pe Mal	Gura Ocniței	1 8000	1500			1	312	322	240	28	163		284	113	128	187	180	114	2071	15
23.	Prahova SA	La Ogrăzi	Gura Ocniței	19 6994	2 480			2	146	47					544	1508	1382	1395	1782	1721	8525	4676
24.	R. von Sickdile	Gura Ocniței	Gura Ocniței	34 4886	3 7063			1	697	656	513	459	422	477	457	256	305	208	248	4698		
25.	R. von Sicله sonda nr. 1	Valea Ocnei	Gura Ocniței		7650	7650		1	604	333	26					102	330	318	298	289	2300	
26.	N. Rosnovanu & I. Dumitrescu	Ciebucești	Gura Ocniței		800			1	562	215	598	71	21	185	376	278	158	133	233	363	3193	
27.	D. Mirescu & Maican	Ciebucești	Gura Ocniței		600			1	29	197	137	114	461	314	303	276	130	47	73	62	2143	
28.	Spiru Vasilescu și C. Costescu	Ogrăzi	Gura Ocniței		4050			1						125	253	172	63	42	35	57	63	810
29.	Vasile Sitaru	Poalele Gămăloiului	Gura Ocniței					1	35	54	59	82	91	78	114	86	76	55	40		770	
30.	N. Lăzărescu	Valea Morții	Gura Ocniței	200	200			1									48	56	66	170		

Exploatări situate pe teren proprietatea Statului

Nr. crt.	Numele și prenumele exploatatorilor	Denumirea schelei	Comuna	Suprafața în concesiune	Suprafața în exploatare	Puțuri	Sonde	Nr.	Ianuarie	Februarie	Martie	Aprilie	Mai	Iunie	Iulie	August	Septembrie	Octombrie	Noiembrie	Decembrie	Total 1934	Metri
1.	Concordia SA	Gura Ocniței	Gura Ocniței	563 6000 216			4	95	89411	82530	99912	96387	95351	89131	87099	90604	95218	99930	93189	91431	1110223	22951
2.	Prahova SA	Valea cu apă, Valea Mislea, la Chira	Gura Ocniței	153 8000 22	1533			22	44234	34497	41934	45961	55595	57210	49323	45323	51368	52043	45309	51250	574091	13249
3.	Steaua Română	Gura Ocniței	Gura Ocniței	84 6000	40			37	16917	16791	17096	16988	17012	16100	18137	18070	15820	15588	14358	14950	190827	1892
4.	Româno-Americană	Valea Unarici	Gura Ocniței	40	40			1	11603	12938	23904	27917	30291	22564	21561	28905	31521	25644	25956	28480	291286	7916
5.	Colombia SA	Gura Ocniței	Gura Ocniței	137	126		3	14	7590	8216	8718	8998	8791	11395	16895	20665	25527	25225	23646	23429	189095	15865
6.	Româno-Americană	Adâncata-Seceani	Gura Ocniței	936	în exploatare			1	5454	5332	5933	5543	5490	5332	5170	4746	3761	6338	5755	5687	64541	
7.	Sondorul	Valea Mislea la vale	Gura Ocniței	26	15 4218			2	97	156	192	207	186	160	148	194	161	177	120	124	1922	
8.	Roum. Consol. Oilf. Ltd.	Gura Ocniței	Gura Ocniței	49	49			2	331	327	361	327	311	284	258	246	247	180	28	209	3109	
9.	IRDP	Perim. Pietriș	Gura Ocniței	73 8000 2	5120			1		64	58	115	97	94	90	102	88	69	56	60	893	
10.	Petrolmina SA	Valea Ulmului	Gura Ocniței	40	4500			2	155	100	210	117	117	79							778	
11.	Prahova SA	Gergota	Gura Ocniței		5000	5000		1	897	896	927	836	186			61	361	230	165	123	4702	
12.	Loc. Colonel B. Duma	Poiana cu Meri	Gura Ocniței		6620	6620		1	458	270	329	194	318	339	363	249	281	311	277	223	3612	

| Totalul schelei Gura Ocniței | 2194 | 4620 | 512 | 1991 | 8 | 183 | 174252 | 161221 | 198647 | 203734 | 213559 | 204718 | 199665 | 209104 | 232992 | 225505 | 204694 | 215843 | 2644079 | 61873 |

ANEXA 21
Captarea și utilizarea gazului natural pe exploatări în anul 1934

Nr. crt.	Numele și prenumele exploatatorilor	Denumirea schelei	Comuna	Județul	Cantitatea și valoarea gazului natural utilizat — Pentru forță motrice și pt. acapuri industriale	Pentru iluminat și încălzit	Pentru producerea gazolinei	TOTAL	Gaz natural pierdut pe conducte, evacuat în aer sau neîntrebuințat	Putere calorică Aer aproximativ %
					Metri cubi					
1.	Astra Română SA	Stavropoleos, Bana, Țuicani	Moreni	Prahova	55528477	1940290	3240140	60708907	13444093	
2.	Astra Română SA	Piscuri	Moreni	Prahova	11301108	432210	664800	12398118	2547082	
3.	Unirea SA	Piscuri, Pietriș	Moreni	Prahova	2076060	100000	11577740	13753800	797600	
4.	Roumanian-Consol. Oilfields Ltd.	Bana, Piscuri	Moreni	Prahova	15882240	380000		16262240	1394840	
5.	Dacia-Romano. Petrol-Syndic. Ltd.	Bana, Piscuri	Moreni	Prahova	3629909		1861200	5491109	2335491	
6.	Sospiro SA	Piscuri, Valea Seacă	Moreni	Prahova	2330300		7989000	10319300		
7.	Steaua Română SA	Țuicani	Moreni	Prahova	151228			151228	7068072	
8.	Concordia SA	Țuicani, Bana	Moreni	Prahova	6286700	57000	34622990	40966690	2643710	
9.	Româno-Americană	Moreni	Moreni	Prahova	1093000	264400	24526600	25884000	153100	
10.	Craiova SA	Stavropoleos	Moreni	Prahova	60326			60326		
11.	Creditul Minier SA	Păscov, Cricov, Bana	Moreni	Prahova	9797394	192733	3055700	13045827	4300000	
12.	Stampahția SA	Moreni	Moreni	Prahova	1232600			1232600	1117300	
13.	Colombia SA	Moreni	Moreni	Prahova	730000		25028108	25758108	15972812	
14.	Gr. Petrolul Românesc SA	Păscov	Moreni	Prahova	1450330			1450330		
15.	Sondajul SA	Țuicani	Moreni	Prahova			44600	44600		
16.	Sospiro SA	Cervenia de Jos	Dițești	Prahova	74345			74345		
17.	Sospiro SA	Piscuri	Moreni	Prahova	613553			613553	2436201	
18.	Colombia SA	Gorgoteni	Gura Ocniței	Dâmbovița	4329755		34098148	38427903	27377697	
19.	Roumanian Consol. Oilfields Ltd.	Gorgoteni	Gura Ocniței	Dâmbovița	15220040	615523	83280380	99115943	12482457	
20.	Româno-Americană	Gura Ocniței	Gura Ocniței	Dâmbovița	9311000	1989000	43800000	55100000	19979000	
21.	Metal-Petrol SA	La Cruci, Valea Teșfiloaiei	Gura Ocniței	Dâmbovița	2424940		3286852	5722792	22932960	
22.	Orion SA	Gura Ocniței	Gura Ocniței	Dâmbovița	2360650	5501	40697117	43063268	5734942	
23.	Unirea SA	Gorgoteni	Gura Ocniței	Dâmbovița	338710		7789100	8127810	502950	

ANEXA 17
Captarea și utilizarea gazului natural pe exploatări în anul 1932

Nr. crt.	Numele și prenumele exploatatorilor	Denumirea schelei	Comuna	Județul	Pentru forță motrice și pt. scopuri industriale	Pentru iluminat și încălzit	Pentru producerea gazolinei	TOTAL	Gaz natural pierdut pe conducte, evacuat în aer sau neîntrebuințat
					Cantitatea și valoarea gazului natural utilizat — Suprafața (Metri cubi)				
24.	Creditul Minier SA	Gorgoteni	Gura Ocniței	Dâmbovița	5194480	14190	-	5208670	2913000
25.	Româno-Africană SA	La Cruci	Gura Ocniței	Dâmbovița	11620070	-	-	11620070	-
26.	Petrolmina SA	Valea Ulmului, Stupăria	Gura Ocniței	Dâmbovița	234900	471000	-	705900	1991470
27.	Prahova SA	La Ogrăzi, La Chiru Valea Misloanului	Gura Ocniței	Dâmbovița	98000	-	38937010	39035010	5982175
28.	Foraky Românească SA	Valea Morții	Gura Ocniței	Dâmbovița	71300	93	50500	121893	4304429
29.	Foraj Lemoine	Gorgoteni	Gura Ocniței	Dâmbovița	629500	-	-	629500	9603800
30.	Foraky Românească SA pentru Petrol Block	Dealul Crucii	Gura Ocniței	Dâmbovița	-	-	-	-	355569
31.	R. van Sickle	Gorgoteni	Gura Ocniței	Dâmbovița	493400	-	-	493400	690640
32.	Concordia SA	Gura Ocniței	Gura Ocniței	Dâmbovița	17333200	623000	-	17956200	-
33.	Steaua Română SA	Gura Ocniței	Gura Ocniței	Dâmbovița	139207	-	49846938	49986145	4648655
34.	Româno-Americană	Gura Ocniței	Gura Ocniței	Dâmbovița	43000	-	464000	507000	3728000
35.	Sondrum SA	Gura Ocniței	Gura Ocniței	Dâmbovița	240000	36000	-	276000	-
36.	IRDP SA	Gura Ocniței	Gura Ocniței	Dâmbovița	724000	-	-	724000	-
37.	Petrolul Românesc SA	Gura Ocniței	Gura Ocniței	Dâmbovița	33660	-	-	33660	-

Note (coloane verticale): Puterea calorică · Aer aproximativ % · Puterea calorică a gazului natural captat este de 2000 - 7000 calorii pe un m^3. · Gazul ajuns la locul de consumație conține 20 - 70% aer.

ANEXA 22
Personalul întrebuințat în exploatările petrolifere pe anul 1934

Schela	Ingineri și șefi de exploatări R	S	Maeștri sondori șefi R	S	Maeștri sondori și ajutori R	S	Sondori și lăcași R	S	Alți lucrători speciali R	S	Maeștri în ateliere R	S	Meseriași în ateliere R	S	Salahori lucrători cu ziua R	S	De birou R	S	Exteriori R	S	Oameni de serviciu, gardieni R	S	Totalul general R	S	TOTAL
Prahova																									
1. Moreni	27	2	29	3	104	1	644	-	355	3	54	8	799	13	436	-	71	2	207	3	239	-	2965	35	3000
2. Chiciura+Telega+Bușteni	23	1	24	-	64	1	645	-	42	-	32	2	75	1	48	-	60	1	40	1	162	1	1215	7	1222
3. Scorțeni	19	2	10	-	65	1	370	1	13	-	22	1	65	-	26	-	36	6	28	1	80	-	734	12	746
4. Câmpina	19	8	3	-	5	70	-	60	-	16	-	672	23	97	-	130	1	81	1	51	-	1	1204	34	1238
5. Boldești	24	3	9	1	70	2	340	-	110	-	18	4	259	2	243	-	44	1	106	-	36	-	1259	13	1272
6. Ceptura	6	-	4	-	17	-	110	-	80	-	12	-	75	-	24	-	22	1	24	-	32	-	406	1	407
7. Băicoi	6	2	6	-	27	-	134	-	19	-	8	1	42	1	13	-	28	1	22	-	42	-	347	5	352
8. Țintea	3	1	7	-	16	-	106	-	39	-	10	-	63	-	16	-	4	-	8	1	84	-	356	2	358
9. Bordeni	3	-	3	-	6	-	34	-	3	-	-	-	-	-	4	-	3	-	1	-	20	-	77	-	77
10. Aricești	9	-	5	-	29	-	143	1	47	-	12	-	76	3	121	-	15	-	31	1	25	-	513	5	518
11. Alte schele	9	1	5	-	33	-	154	-	25	-	11	-	25	1	40	-	12	-	13	-	39	-	366	2	368
TOTAL	148	20	105	4	436	4	2750	2	793	3	195	16	2151	44	1068	-	425	13	561	8	810	2	9442	116	9558
Dâmbovița																									
12. Ochiuri	13	2	13	2	50	1	311	6	150	7	14	1	232	2	169	2	34	1	82	2	67	4	1135	30	1165
13. Gura-Ocniței	82	7	47	2	197	-	1152	2	495	4	48	2	712	22	559	3	100	4	182	3	213	2	3787	51	3838
14. Glodeni	1	-	1	-	6	-	14	-	3	-	-	-	-	-	-	-	1	-	-	-	4	-	30	-	30
15. Viforâta	8	-	5	-	43	-	245	-	42	1	8	-	73	-	22	-	6	-	19	-	21	-	492	1	493
11. Alte schele	4	-	2	-	22	-	54	-	13	-	3	-	18	-	4	-	6	1	5	1	10	-	141	2	143
TOTAL	108	9	68	4	318	1	1776	8	703	12	73	3	1035	24	754	5	147	6	288	6	315	6	5585	84	5669

ANEXA 23
Situația petroliferă în regiunea Moreni - Gura Ocniței în anul 1935

Proprietăți particulare

Schela	Suprafața (în ha.) concesionată	Suprafața (în ha.) aflată în exploatare	Sonde în lucru	Sonde productive	metri	Producția forați
Filipești	799	21	1	2	4598	25797
Moreni	2715	150	5	103	2967	360780
Bucșani	2459	5	4	15	34619	307984
Gura Ocniței	612	263	2	95	-	463394

Proprietăți ale Statului

Schela	Suprafața (în ha.) concesionată	Suprafața (în ha.) aflată în exploatare	Sonde în lucru	Sonde productive	metri	Producția forați
Mărgineni	1600	300	3	-	5057	-
Vornicu Mărgineanu	-	3	1	-	1129	-
Moreni	562	493	9	201	25734	751026
Bucșani	2480	11	5	9	23819	335545
Gura Ocniței	2092	495	9	194	26696	2316101

ANEXA 24
Situația gazului natural în anul 1935

Schela	Producția	Cantitatea gazului natural utilizat scopuri industriale	iluminat și încălzit	gazolină	Gaz pierdut
Moreni	201099740	116194729	10651316	74253695	68536996
Filipești de Pădure	3725300	3725300	-	-	920400
Bucșani	84913577	48389418	113886	34405253	67420293
Gura Ocniței	408616803	202161816	4737677	201717310	31301103

ANEXA 25
Situația extracției de petrol pe proprietățile particulare în anul 1937

Societatea	Localitatea Gura Ocniței	Bucșani	Moreni
Steaua Română	-	277974	
Concordia	-	7523	
Roum. Consol. Oilf.	35777	-	-
Colombia	15783	160150	25377
Româno-Americană	36918	-	37750
Astra Română	102006	-	60516
Total	**190484**	**444547**	**123643**

Situația extracției de petrol pe proprietățile de stat în anul 1937

Societatea	Localitatea Gura Ocniței	Bucșani	Moreni	Piscuri	Mărgineni-Haimanale	Filipești
Redevența	-	-	-	-	14915	-
Steaua Română	74897	125800	5197	-	-	-
Concordia	643929	16733	17818	-	-	-
Unirea	19594	135203	8894	-	-	-
Roum. Consol. Oilf.	6827	-	11245	31625	-	-
Columbia	109683	75126	22721	7006	-	-
Româno-Americană	27733	13970	216732	8395	19587	-
Creditul Minier	19015	20085	111378	-	2801	-
Prahova	248955	-	-	236413	-	-
Dacia	-	-	-	15354	-	-
Petroliferă	-	-	-	43286	-	-
IRDP (Pietriș)	35385	-	5046	510	-	-
Starnaphta	-	-	-	41069	-	-

(continuarea pe pagina următoare)

(continuare)

Foraky	142	38	-	12752	-	-
Sondaj	1023	-	-	-	-	-
Sondorum	1277	-	19599	-	-	-
Tiperman	-	-	2587	-	-	-
Sarvea	7282	-	-	-	-	-
Astra Română	-	-	176675	80132	1000	72275
Româno-African	6986	-	-	-	-	-
Excelsior	199	-	-	-	-	-
Norman (Cohn)	-	-	2582	-	-	-
Lupescu	978	-	-	-	-	-
Scurtu	-	-	948	-	-	-
Obonsia petroliferă	366	-	168	-	-	-
Iordănescu	-	-	307	-	-	-
Sindycat	12424	-	-	-	-	-
Chişcan Ilie	-	-	3739	-	-	-
Coconea	2099	-	-	-	-	-
Dumitrescu	-	-	2520	-	-	-
Copoiu	-	-	1237	-	-	-
Theodoru	264	-	-	-	-	-
Sospiro	-	-	-	49324	-	2755
Petrolul Românesc	-	-	55316	4839	-	-
Hegzinewsky	-	-	826	-	-	-
Subsolul Român	-	-	8712	-	-	-
Satelit	-	-	3005	-	-	-
Continentala	-	-	2429	-	-	-
Moreni-Ţuicani	-	-	182	-	-	-
Călăraşu	-	-	6943	-	-	-

ANEXA 26

Producţia de petrol în timpul celui de-al Doilea Război Mondial

Schela	1939	1940	1941	1942	1943	1944	1945
Gura Ocniţei	1279240	1096852	956583	1019174	1036326	698501	799346
Moreni	1101050	1035963	1122284	1118677	946082	751325	9809778
din care:							
Mărgineni	-	124633	182817	149702	74165	30061	36180
Bucşani	-	-	-	-	-	-	19751
Filipeşti	-	-	40577	87675	94906	103099	206289
Ghirdoveni	-	-	-	-	-	50985	-
Piscuri	-	348474	223801	260363	193184	162794	-
Moreni	-	562876	675089	620937	583827	404386	718758

ANEXA 26

Producţia de petrol pe proprietăţile particulare şi de stat în anul 1945 (în tone)

Schela	Particular	Stat
Moreni	225900	492858
Mărgineni	35196	984
Bucşani	6706	13045
Filipeşti	185853	20436
Gura Ocniţei	368914	430432

ANEXA 28

Producția de petrol în 1945 pe societăți

Societatea	Particulari					Stat				
	Moreni, Piscuri Ghirdoveni	Mărgineni	Gura Ocniței	Bucșani	Filipești	Moreni	Gura Ocniței	Mărgineni	Bucșani	Filipești
Astra Română	104411	20	.	5539	185853	111855	.	21	2	20436
Concordia	5358	.	41929	1167	.	4602	298702	.	13043	.
Româno-Americană	42135	35176	51974	.	.	70846	3026	720	.	.
Steaua Română	6875	.	.	.	.	16731	11169	.	.	.
Unirea	33225	.	43478	.	.	15534	3938	.	.	.
Columbia	7147	.	3511	.	.	15667	70163	.	.	.
Creditul Minier	.	.	20194	.	.	26576	.	243	.	.
IRDP	.	.	13502	.	.	8144	26589	.	.	.
Exploatări Per. stal.	.	.	.	.	.	40471	.	.	.	.
Redevența	.	.	.	.	.	26486	.	.	.	.
Dacia	13370	.	.	.	.	316	.	.	.	.
Petrolina	4477	.	.	.	.	.	.	.	.	.
Starnaphta	2170	.	.	.	.	2614	.	.	.	.
Buna Speranță	.	.	.	.	.	5638	.	.	.	.
Auxiliera	1657	.	.	.	.	.	.	.	.	.
Coconea	.	.	.	.	.	4297	.	.	.	.
Călărașu	3101	.	.	.	.	.	.	.	.	.
Trimidat	624	.	.	.	.	.	.	.	.	.
Călărașu	1350	.	.	.	.	.	.	.	.	.
Prahova	.	.	194326	.	.	.	.	.	.	.
Sondr.	.	.	.	.	.	.	16745	.	.	.

ANEXA 29

Tabel cu situația forărilor în schelele din regiunea Moreni în perioada războiului (metri liniari)

Schela	1940	1941	1942	1943	1944
Piscuri	14004	13900	14849	6309	5381
Moreni	8237	4537	3995	4770	1156
Ghirdoveni	.	227	1840	.	.
Filipești	.	1027	12522	19536	11438
Mărgineni	20728	12444	4074	1931	2720
Vlădești, Mănești	.	.	.	49	2318
Gura Ocniței	31991	49468	95704	84329	32202
Bucșani	192	.	.	4073	

ANEXA 30

Tabel cu producția de gaze de sonde (mii m³)

Schela	1941	1942	1943	1944
Piscuri	48941	72106	52612	32473
Moreni	91475	66974	66246	59576
Ghirdoveni	12419	10040	6804	1951
Filipești	9784	27365	32090	19215
Mărgineni	97120	93461	47225	34002
Gura Ocniței	110521	99038	103562	65029

ANEXA 31

Tabel cu producția de gazolină (mii m³)

Schela	1941	1942	1943	1944
Moreni	42516	49765	35827	20072
Gura Ocniței	50672	41808	42836	41397
Mărgineni	1395	1192	511	261

ANEXA 32
Situația forărilor la Schela de Foraj

Localitatea	1960	1961	1962	1963	1964	1965	1966	1967	1968	1969	1970	1971	1972	1973	1974	1975	1976	1977
Aninoasa	.	.	1805	.	.	1745	3727	.	5245	1818	.	.	.	.	.	.	.	1891
Aluniș	.	.	.	.	.	.	.	.	.	.	.	.	2007	887	.	.	.	.
Aricești	.	.	.	.	.	.	.	.	.	.	.	.	.	.	.	.	.	.
Băleni	3176	2150	.	.	.	.	.	.	.	.	.	.	.	2034	.	.	.	.
Bucșani	2699	3187	6267	1404	2705	1858	6339	7462	5060	3393	2392	6302	1545	1402	.	4988	1979	1410
Bilciurești	.	.	6598	14298	13578	2244	2500	3329	.	2047	.	.	.	.	.	.	.	.
Brătești	.	.	.	.	.	.	.	5591	.	.	.	.	.	.	1224	.	.	2027
Buștenari	.	.	.	.	.	.	.	7719	2200	1123	.	.	.	.	907	.	.	.
Bănești	.	.	.	.	.	.	.	.	2637	.	.	.	.	.	.	.	.	.
Bălcoi	.	.	.	.	.	.	.	.	1980	5445	.	.	.	.	.	.	.	.
Bordeni	.	.	.	.	.	.	.	.	3213	1002	.	.	.	.	.	.	.	.
Brătianu	.	.	.	.	.	.	.	.	4971	.	.	.	.	.	.	.	.	.
Bisceni	.	.	.	.	.	.	.	.	1723	.	.	.	.	.	.	.	.	.
Boldești	.	.	.	.	.	.	.	.	.	2877	.	.	.	2570	.	.	.	.
Bățleni	.	.	.	.	.	.	.	.	.	.	.	3327	.	.	.	.	.	.
Bărăitaru	.	.	.	.	.	.	.	.	.	.	.	.	.	7008	.	.	.	.
Botești	.	.	.	.	.	.	.	.	.	.	.	.	.	.	.	.	.	.
Colibași	.	.	1871	.	.	1767	6314	7091	.	.	.	.	.	3492	1841	.	.	4500
Caragiale	.	.	.	1932	.	.	.	.	.	.	.	.	.	.	.	.	.	.
Cărnăjel	.	.	.	2204	.	.	.	.	.	.	.	.	.	2305	.	.	.	.
Cojasca	.	.	.	2202	.	.	.	.	.	.	.	.	.	.	.	.	.	.
Crivăț	.	.	.	.	2250	.	.	.	.	.	.	.	.	.	.	.	.	.
Ciocănești	.	.	.	.	2497	.	.	.	.	.	.	.	.	.	.	.	.	.
Ciaflicani	.	.	.	.	.	.	.	3205	.	.	.	.	.	.	.	.	.	.
Câmpina	.	.	.	.	.	.	.	24929	1600	.	.	.	.	.	.	.	.	.
Căprioru	.	.	.	.	.	.	.	.	1501	.	.	.	.	.	.	.	.	.
Cuza Vodă	.	.	.	.	.	.	.	.	.	.	.	.	3755	.	.	.	.	.
Cornu	.	.	.	.	.	.	.	.	.	.	.	.	.	2203	.	.	.	.
Cerveria (Moreni)	.	.	.	.	.	.	.	.	.	.	.	.	.	.	.	.	.	.
Cazaci	.	.	.	.	.	.	.	.	.	.	.	.	.	.	.	.	.	.
Călinești	.	.	.	.	.	.	.	.	.	.	.	.	.	.	.	.	.	.
Daicești	1760	.	2001	.	2800	.	.	.	.	.	.	.	.	.	.	.	.	.
Dobra	.	.	6398	.	.	.	.	.	.	.	.	.	.	.	.	.	.	.
Dragomirești	.	.	.	5676	3791	.	2042	.	.	.	.	.	.	.	.	2000	.	.
Dealul Bătrân (Moreni)	.	.	.	790	.	.	.	.	.	.	.	.	3854	.	6979	2452	.	.
Drăgăiești	.	.	.	.	.	.	.	2003	.	52184	85551	92286	71852	48862	.	.	.	.
Dolani	.	.	.	3039	.	1946	936	.	800	1000	.	.	.	.	.	.	.	.
Drăgoiești	.	.	.	.	.	.	.	24864	.	.	.	.	.	15574	28567	25434	11559	.
Drăgăneasa	.	.	.	.	.	.	.	2964	.	.	.	.	.	.	.	.	.	.
Davidești	.	.	.	.	.	.	.	.	.	.	.	.	.	.	.	.	.	.
Dragodanele	.	.	.	.	.	.	.	.	.	.	.	.	.	3965	.	.	.	.
Filipești	3617	.	.	2786	2020	1701	.	.	.	.	.	3432	.	1725	.	.	.	1873
Finta	2735	12567	10686	8089	6101	2000	.	5537	2002	2008	.	2852	2301	8557	1988	.	.	.
Fieni	.	.	.	1925	.	.	.	.	.	.	.	.	.	.	.	.	.	.
Frasini	.	.	.	.	2500	9180	.	.	.	.	.	.	.	.	.	.	.	.
Fierbinți	.	.	.	.	.	.	.	.	.	.	.	.	.	4421	.	.	.	.
Florești	.	.	.	.	.	.	.	.	.	.	.	.	.	.	.	.	.	.
Gura Ocniței	340	5577	7798	11037	8430	7360	9182	2985	9178	.	306	1027	.	2448	25328	29321	38110	.
Gheboaia	.	6192	4160	4060	6157	.	.	.	.	.	.	.	.	1980	.	.	.	.
Glodeni	.	.	.	454	2800	404	600	.	.	.	.	.	.	.	.	.	.	.
Ghimpați	.	.	.	.	2841	.	.	.	.	.	.	.	.	.	.	.	.	.
Gheboieni	.	.	.	.	.	.	1602	.	.	.	.	.	.	.	.	.	.	.
Gorbovi	.	.	.	.	.	.	.	.	.	.	.	.	2826	.	.	.	.	.
Izvoare	.	.	.	.	.	1321	.	.	.	.	.	.	.	.	.	.	.	.
Iedera	.	.	.	.	.	.	904	.	.	.	.	.	.	.	.	.	.	.
Ibrianu	.	.	.	.	.	.	.	.	.	.	.	.	.	.	.	.	.	.
Ludești	3046	12241	13513	.	.	4265	1663	1702	.	.	.	.	.	.	.	.	.	1500
Lucieni	.	.	.	.	.	.	.	.	.	.	.	.	.	.	.	.	.	.
Loloiasca	.	.	.	.	.	.	.	.	.	.	.	.	.	.	.	.	.	.
Lăculețe	.	.	.	.	.	.	56	.	.	.	.	2706	.	.	.	.	.	.
Moreni	14597	18748	15146	6884	11043	24561	35768	10816	23030	23391	20612	27302	4620	7114	12741	3337	1856	.
Mărcești	.	.	.	.	.	.	.	.	.	.	.	.	.	.	.	.	.	.
Mărgineni	4899	2232	.	.	.	.	.	.	.	.	.	.	.	1090	.	1364	796	.
Mănești	.	.	.	.	.	.	.	.	.	.	.	.	.	.	.	.	.	.
Molita	.	.	.	.	.	.	.	.	.	.	.	.	.	.	.	.	.	.
Mislea	.	.	.	.	.	.	.	.	.	.	.	.	.	.	.	.	.	.
Măgurele	.	.	.	.	.	.	.	.	.	.	.	.	.	.	.	.	.	.
Maia	.	.	.	.	.	.	.	.	.	.	.	.	.	.	.	.	.	.
Movilița	.	.	.	.	.	.	.	.	.	.	.	.	.	.	.	.	.	.
Măgureni	.	.	.	.	.	.	.	.	.	.	.	.	.	.	.	.	.	.
Ochiuri	5324	2835	.	.	.	3515	4442	6395	2490	5958	2205	2415	.	290	.	2482	841	.
Ocnița	.	.	.	.	.	.	.	.	.	.	.	.	2661	.	.	.	127	.
Plscuri (Moreni)	375	.	3258	632	1300	2393	1200	.	.	.	.	.	.	.	.	.	.	.
Pucioasa	.	.	.	.	.	.	.	.	.	.	.	1484	616	.	.	.	.	.
Pleașa (Moreni)	.	.	.	.	.	.	.	.	.	.	.	.	.	.	.	.	.	.
Predeal Sărari	.	.	.	.	.	.	.	.	.	.	.	.	.	.	.	.	.	.
Potigrafu	.	.	.	.	.	.	.	.	.	.	.	.	.	.	.	.	.	.
Perly	.	.	.	.	.	.	.	.	.	.	.	.	.	.	.	.	.	.
Plavia	.	.	.	.	.	.	.	.	.	.	.	.	.	.	.	.	.	.
Poșești	.	.	.	.	.	.	.	.	.	.	.	.	.	.	.	.	.	.
Priseaca	.	.	.	.	.	.	.	.	.	.	.	.	.	.	.	.	.	.
Răzvad	3753	5205	.	.	.	2785	.	.	.	1801	.	.	.	.	.	.	.	.
Resca	500	.	.	2103	1025	1100	940	1210	1100	2092	7150	5958	.	1000	.	.	.	.
Răureni	.	.	.	.	.	.	.	.	.	.	.	.	.	.	.	.	.	.
Runcu	.	.	.	.	.	.	.	.	.	.	.	.	.	.	.	.	.	.
Săteni	.	.	.	.	.	.	.	.	.	.	.	.	.	.	.	.	.	.
Starmini	.	.	.	.	.	.	.	.	.	.	.	.	.	.	.	.	.	.

Localitatea	1978	1979	1980	1981	1982	1983	1984	1985	1986	1987	1988	1989	1990	1991	1992	1993	1994	1995
Suplacu de Barcău		12935																
Scheiu					2172				5504	1780								
Scăiași						2880												
Sultanu																		
Siliștea																		
Suta		1496				3491				3650	9164							
Solanga			1482	1000		604			1732					6853				
Târgoviște						2300	6507		4236	4100							2384	
Tătărani						1129			2507									
Titu						3202												
Teleaga								1503										
Telș																		
Țintea									1761	3493				3004				
Vulcani (Moreni)																		
Ulmi				2802														
Ursei																		
Viforâta	1400	5369	4056															
Valea Ursului (Ocnița)	2502								2950									
Valea Lungă			804		1203	1203												
Vârfuri						3202			2825					3044	5893	4245		
Valea Voievozi							9884											
Vișinești								4948										
Vulcana									1964									
Valea Dulce									2297	1901								
Vârbilău										2963								
Vlădeni												1310	1320	2828				
Văcărești																		

ANEXA 32 (continuare)
Situația forărilor la Schela de Foraj

Localitatea	1978	1979	1980	1981	1982	1983	1984	1985	1986	1987	1988	1989	1990	1991	1992	1993	1994	1995
Aninoasa	4198			1329	671				3210	6335	638							1673
Aluniș																		
Aricești		10356	471															
Băieni					2211													
Bucșani	5168	14241	35885	38050	17084	3765	691	2845	7640	6341	7032	6095	4131	4248	1359	1298	1027	1935
Bâlciurești																		
Brătești																		
Buștenari																		
Bănești																		
Băicoi																		
Bordeni																		
Brătianu																		
Bisceni																		
Boldești																		
Bățleni																		
Bărailtaru																		
Bolești								5141	2802	6346	580				1234			
Colibași				2305		3515	6045	3807	606	9290	8924	12020	8652	3611	4572	4599	2029	
Caragiale				5751		4213	1132	1870	630									
Cornățel					2200													
Cojasca																		
Crivăț																		
Ciocănești																		
Cioflicani																		
Câmpina																		1005
Căprioru							1400											
Cuza Vodă																		
Cornu																		
Cervenia (Moreni)	3162	5620	5237	12842		1502	5810											
Cazaci															1860	118		
Călinești	3976																	
Doicești		700	2378	8135	12835	24561	8457	9811	648	1709	1619	6335						
Dobra																		
Dragomirești																		
Dealul Bătrân (Moreni)			8316	8749	14536	18310	9782	25652	19662	8741	10353	6423	7501	8502	866	3235	1846	
Drăgăiești																		
Dolani																965		
Drăgăiești	13372	5196	18680	39121	16637	10144	6186	3557	5364	2490	12815	5902	9824	4899	2983	4760	1665	4853
Drăgăneasa																		1755
Davidești																		1767
Dragodanele																		
Filipești			5587	1050	14566	1993	8731	5139	7499	7235	9489	1597	6027	1195	1980		1264	
Fința																		
Fieni																		
Frasini																		
Fierbinți																		
Florești		2600																
Gura Ocniței	18915	18384	12741		6993	10285	3351	5800	8823	5531	8892	11009	14485	10455	2584	2835	914	3731
Gheboaia									1895									
Gledeni				400	1305	2253	70	1505	402	3745	2940	1711						
Ghimpați																		
Gheboieni												3143						
Garbovi																		
Izvoare																		
Iedera					964													
Ibrianu											1800	301						
Ludești									1610	800								

MORENI - UN SECOL DE PETROL: 1900 - 2000

Lucieni		4858																
Loloiasca								3500										
Lăculețe																		
Moreni	1735	10042	11473	33175	36170	27630	20989	4483	13398	1759	1895	6276	7555	7222	15599	13006	22116	18757
Mărcești		2128																
Mărgineni				5664			6002									5260		
Mănești					2700		2502											
Matița							1500	5773										
Mislea									2585				2360					
Măgurele													4891					
Moia													3321					
Movilița													2562					
Măgureni															2210			
Ochiuri	5352	4604	2478	5353		874	5217								649	1054		1300
Ocnița						3195	1613							1921				
Piscuri (Moreni)	1913	4695	4859	9786	2924		1756	1925	4214	7135	508	1150	2307	5778	1172	5865	1202	9149
Pucioasa					3200													
Pleașa (Moreni)							2004											
Predeal Sărari								1803	5008				2306					
Potigrafu									3962									
Periș										2632				7914	3154			
Flavia														2012				
Poseșli														602				
Priseaca																		4206
Răzvad	2064	5571	2705				4042	13021	8216	8155							13520	
Resca				1676		854												
Răureni						1364												
Runcu									1302									
Săteni			1825		1808	1795												
Starmini				2202														
Suplacu de Barcău																		
Scheiu																		
Scăiași																		
Sultane					1836	964											555	
Siliștea																		
Șuta	1751																	
Sotanga				735	805	1801	16608	6573	5058	7415	4741	7944	2153	2074	1533	3328	1494	1476
Târgoviște																		
Tătărani																		
Tilu																		
Telega																		
Teiș		1506															1627	
Tinlea																		
Tuicani (Moreni)	270																	
Ulmi																		
Ursei															1135	881		
Viforâta	1434																	
Valea Ursului (Ocnița)					1592	4												
Valea Lungă																		
Vârfuri	1555								2490	1401	2035	1817	555	695	1303			
Valea Voievozi																		
Vișinești		940												780				
Vulcana					500	1777	393											
Valea Dulce																		
Vârbilău																		
Vlădeni		3273											2095					
Văcărești																400		

ANEXA

Activitatea de foraj în regiunea Moreni

Anul	Moreni	Moreni (Dealul Bătrân)	Filipești	Moreni (Piscuri) Pleașa	Gura Ocniței	Colibași	Ocnița-Reșca	Bucșani
1960	1735	-	3617	1913	340	-	-	2699
1961	10042	-	-	4695	5577	-	-	3187
1962	11473	-	-	4859	7798	1871	-	6267
1963	33175	790	2786	9786	11037	-	-	1404
1964	36170	-	2020	2924	8430	-	-	2705
1965	27630	-	1701	-	7380	1767	3195	1858
1966	20989	-	-	2004*	9182	6314	1613	6339
1967	4483	-	-	-	2985	7091	-	7462
1968	13398	-	-	-	9178	-	-	5060
1969	1759	-	-	-	-	-	2950	3393
1970	1895	-	-	-	306	-	-	2392
1971	6276	-	3432	-	1027	-	-	6302
1972	7555	3854	-	-	-	-	-	1545
1973	7222	-	-	-	-	3492	1921	1402
1974	15599	6979	1725	1172	2448	1841	-	-
1975	13006	2452	-	5865	25328	-	-	4988
1976	22116	-	-	1202	29321	-	-	1979
1977	18757	-	1873	9149	38110	4500	-	1410
1978	14597	-	-	375	18915	-	500	5168
1979	18748	-	-	-	18384	-	-	14241
1980	15146	8316	5587	3258	12741	-	-	35885
1981	6884	8749	1050	632	-	2305	2103	38050
1982	11043	14536	14566	1300	6993	-	1025	17084
1983	24551	18310	1993	2393	10285	-	1100	3765
1984	35788	9782	8731	1200	3351	3515	940	691
1985	10816	25652	5139	-	5800	6045	1210	2845
1986	23070	19662	7499	-	8823	3807	1100	7640
1987	23391	8741	7235	-	5531	606	2092	6341
1988	20612	10353	9489	-	8892	9290	7150	7032
1989	27302	6423	1597	-	11009	8924	5958	6095
1990	4620	7501	6027	-	14485	12020	2661	4131
1991	7114	8502	1195	-	10455	8652	1000	4248
1992	12741	866	1980	-	2584	3611	-	1359
1993	3337	3235	-	-	2835	4572	-	1298
1994	1856	1846	1264	-	914	4599	-	1027
1995	-	-	-	-	3731	2029	127	1935

ANEXA 34
Micii exploatatori din Moreni în anul 1948

Nr. crt.	Numele exploatatorului	Producția (în tone)	Adâncimea maximă a sondei (în metri)
1.	Dobrescu	60	878
2.	Frații Călărașu	222	1076
3.	Inginer Călărașu	110	795
4.	Copoiu	30	545
5.	Filip și Copoiu	31	260
6.	Ion. D. Gheorghe	9	380
7.	Baldovin	24	350
8.	Scurtu	89	446
9.	Teodoru	30	415

ANEXA 35

Indicator		Anul			
		1976	1977	1978	1979
Prod. globală*	Plan	142127	146199	149500	153150
	Realizat	157410	165030	182802	185822
	Suplimentar	144120	150747	169313	179822
Producția marfă*	P	239666	255988	261700	169100
	R	258588	181154	187837	196429
	S	240018	175466	177126	193429
Nr. personal	P	1809	1819	1819	1819
	R	1847	1857	1862	2070
	S	1818	1834	1936	1920
Productiv. muncii*	P	78567	80373	82188	84195
	R.	85225	88869	93171	89769
	S	79274	82196	87455	93657
Țiței (în tone)	P	485300	496300	517100	536900
	R	485918	535566	573465	
	S	488230492500	534300	573300	
Gaze (în mii m³)	P	37200	43800	40200	36500
	R	46850	58761	62283	62900
	S	37200	39700	53900	51400
Gazolină (în tone)	P	24150	23800	21950	21150
	R	24141	22572	21526	21345
	S	24040	22560	21095	20145

* În amii lei la valoarea anului 1979

ANEXA 20

Producția petrolului brut pe exploatări în anul 1934 din județul Dâmbovița

Nr. crt.	Numele și prenumele exploatatorilor	Denumirea schelei	Comuna	Suprafața în concasiune ha.	m²	în exploatare ha.	m²	Puțuri/Sonde Productive	în lucru	Sonde Productive	Ianuarie	Februarie	Martie	Aprilie	Mai	Iunie	Iulie	August	Septembrie	Octombrie	Noiembrie	Decembrie	Totalul general 1934 (tone)	Metri adânci la sonde și la puțuri în cursul anului
	Exploatări situate pe teren proprietate particulară																							
1.	Unirea SAR	Gura Ocniței	Gura Ocniței	47	4831	31	8171	.	2	16	28585	21336	30923	30171	27710	24855	22563	22662	21933	18322	14499	12412	275971	14609
2.	Unirea SAR	Valea Voievozilor	Gura Ocniței	10	7790	9	5140	.	2	.													841	
3.	Concordia SA	Insurăței	Gura Ocniței	42				.	.	1														2100
4.	Zoomanian Consol. Oilf. Ltd.	Bălțata-Gorgoteni	Gura Ocniței	220	9163	70	1028	.	5	21	18725	17357	20424	21309	19630	17747	18552	18985	17601	15769	14304	29402	229799	15800
5.	Român-Americană	Gura Ocniței	Gura Ocniței	128	2372	128	2372	.	.	15	13249	9257	9869	9248	12014	14308	14715	10384	9015	8459	8645	9645	130808	3844
6.	Foraky Românească	Gura Ocniței	Gura Ocniței	11	7296	11	7296	.	1	6	6163	6283	6935	6482	6382	5653	7926	4484	3615	5434	7282	5284	71924	6331
7.	Colombia SA	Gorgoteni	Gura Ocniței	23	4256	3	6852	.	.	6	5703	5086	6065	5792	5330	4598	4562	4187	4069	3884	3484	3324	56084	184
8.	Creditul Minier SA	Gura Ocniței	Gura Ocniței	30	.	14	.	.	.	7	10579	8255	8337	9564	10189	7622	6462	5727	5542	5010	4027	3738	85052	7099
9.	Orion SA	Gura Ocniței	Gura Ocniței	13	5491	5	4880	.	.	9	6163	5647	5985	5717	5198	4213	6605	8474	7542	6928	6708	6700	75880	1561
10.	IRDP SA	Gorgoteni	Gura Ocniței	2	3814	2	3814	.	.	3	3119	3452	3418	2921	2800	2367	2306	2235	1948	1990	1598	1288	29442	39
11.	Forei Lenaise	Gorgoteni	Gura Ocniței	2	8158	2	6158	.	1	4	1903	1481	2123	3019	2916	2338	2293	1981	1362	1354	1210	1070	23050	1586
12.	Rafail SA	Gura Ocniței	Gura Ocniței	3	8836	3	3636	.	.	.	1686	1522	1402	1186	1065	1085	1239	1419	739	.	.	.	11343	17
13.	Petrolmina	În Ogrăzi, Cărpiniș	Gura Ocniței	1	3000	1	3000	.	.	2	1024	568	469	419	210	88	.	.	.	.	.	3276	.	
14.	Petrolmina	La Fântână	Gura Ocniței	1	2936	1	2936	.	.	2	318	540	630	958	1834	1687	1877	1845	1949	1865	1491	1433	16627	1636
15.	Soc. de Petrol Govora	Gorgoteni	Gura Ocniței	10	.	4	.	.	.	2	2073	1761	1785	1538	1377	1169	1022	921	885	946	864	772	15113	.
16.	Sondajul SA	Valea Morții	Gura Ocniței	.	5245	.	5245	.	.	2	1834	1455	1450	1246	1305	1183	812	824	764	690	609	514	12686	632
17.	SAARVEG	Valea Morții	Gura Ocniței	4	.	2	.	.	.	.	557	579	1456	1829	1696	909	753	369	951	685	265	.	10049	1056
18.	Română-Africană	Pl. Bălțata, la Țigani	Gura Ocniței	156	.	1	5000	.	.	1	1193	962	1005	824	852	1026	808	727	667	729	427	73	9293	4135
19.	Anglo Petrolistă Pălărieru	Gura Ocniței	.	1	.	.	.	.	.	.	2681	1412	326	217	26	42	.	.	.	.	.	.	4704	.
20.	Anglo-Petrolistă	Gura Ocniței	1	.	.	.	.	.	.	.	.	.	.	163	1296	1036	803	686	548	480		5012	1493
21.	Metal Petrol SA	Gura Ocniței	Gura Ocniței	2	4181	2	4181	.	.	.	815	776	824	555	441	234	683	572	449	418	360	424	6551	.
22.	Excelsior SA	Pe Mal	Gura Ocniței	1	8000	.	1500	.	.	.	312	322	240	28	163	.	284	113	128	187	180	114	2071	15
23.	Prahova SA	La Ogrăzi	Gura Ocniței	19	6994	2	480	.	1	2	146	47	.	.	.	.	544	1508	1382	1395	1782	1721	8525	4676
24.	R. von Sicckcle	Gorgoteni	Gura Ocniței	34	4886	3	7063	.	.	1	697	656	513	459	422	477	457	256	305	208	248		4698	.

BIBLIOGRAFIE

I. Bibliografie selectivă

Izvoare

Arhiva Statului Dâmbovița, Fond Primăria Moreni

Arhiva Statului Dâmbovița, Fond Inspectoratul Muncii

Arhiva Statului Dâmbovița, Colecția Post Jandarmi, Valea Lungă

Arhiva Statului Dâmbovița, Fond Prefectura Jud. Dâmbovița

Arhiva Statului Dâmbovița, Fond Tribunal

Arhiva Statului Dâmbovița, Fond Întreprinderea Ion Grigorescu

Arhiva Statului București, Condica Mănăstirii Mărgineni

Arhiva Statului București, Mitropolia București

Arhiva Statului București, Ministerul Agriculturii

Arhiva Statului București, Condica Mănăstirii Mislea

Arhiva Statului București, Mitropolia Țării Românești

Arhiva Statului București, Achizițiii Noi

Arhiva Statului București, Mănăstirea Dealu

Arhiva Statului Prahova, Tribunalul Prahova

Arhiva Statului Prahova, Fond Camera de Comerț

Arhiva Statului Prahova, Fond Steaua Română

Arhiva Statului Prahova, Fond Concordia

Arhiva Statului Prahova, Fond Astra Română

Arhiva Statului Prahova, Fond Româno-Americană

Arhiva Schela Moreni

Arhiva Schela Gura Ocniței
Arhiva Școlii nr. 1 Moreni
Arhiva Școlii nr. 2 Moreni
Arhiva GSP Moreni

II. Documente publicate

Legi, Hotărâri, Decrete și Comunicate
Monitorul Petrolului
Monitorul Petrolului Românesc
Moniteur du Petrol Roumain
Monitorul Oficial
Documente privind istoria României, seria B, Țara Românească
Statisticile Companiei Anonime pentru exploatarea și comerțul cu păcură, 1867
Travaux de la Comission du petrol, 1905
Industria petrolului din România în 1908, comunicat al Ministerului Industriei și Comerțului
Culegere de documente privind răscoalele țărănești din anul 1907 în județul Dâmbovița, Târgoviște 1977
Statistica Minieră a României pe anul 1932 - 1939
Statistica Industriei Extractive, anul XL, 1935-1938
Analele Minelor din România 1934

III. Periodice - Presă

Anale de istorie, 1977
Almanah Pentru patrie, București 1992
Contemporanul 1977
Dâmbovița - serie veche, 1974 - 1987
Dâmbovița, 1995
Fotbal 1989
Flacăra, 1983
Lupta Socialistă, 1920
Organul Asociațiai Funcționarilor din Industria Română de Petrol, Câmpina 1916
Revista de istorie, 1977
România Muncitoare, 1913
Scânteia Prahovei, 1935
Scânteia, 1951
Socialismul, 1919
Sport, 1996

Sportul, seria veche 1989
Sportul Românesc, 1994
Universul, 1924
Valahica, vol. 1-13, Târgovişte 1969 - 1989
Vremea 1995

IV . Lucrări genErale Şi speciale

Aldea Gheorghe - 135 de ani de activitate în domeniul forajului şi extracţiei şi ţiţeiului în România, Câmpina 1992

Alexandrescu Mircea - Câteva date inedite privind exportul de petrol din judeţul Dâmboviţa între anii 1881-1900, Târgovişte 1972

Alexandrescu Mircea - Situaţia industriei judeţului Dâmboviţa, în anii 1944-1948, Târgovişte, 1974

Alexandrescu Ion - Consideraţii privind politica economico-socială a guvernului revoluţionar-democratică 1945-1947, Bucureşti 1981

Alimăşteanu - Donnees statistiques sur industrie du petrol en Roumanie

Angelescu Dumitru - Judeţul Dâmboviţa în timpul ocupaţiei germane din 1916-1918, Târgovişte 1975

PS Aurelian - Opere economice, Editura Academiei, Bucureşti 1967

Băicoianu Constantin - Monopolul petrolului în Germania în raport cu interesele petrolifere româneşti, Bucureşti 1913

Bârză Vasile - Fapte de eroism ale tineretului în insurecţie şi în războiul antihitlerist, 1977

Baciu Nicolae - Agonia României 1944-1948, Ed. Dacia, Cluj-Napoca 1990

Baciu Nicolae - Yalta şi crucificarea României, Ed. Europa, Roma, Italia

Bobocea Ion, Geoglovan Radu - Momente ale desfăşurării insurecţiei naţionale antifasciste armate pe teritoriul judeţului Dâmboviţa, Târgovişte 1974

Boncu Constantin - Contribuţii la istoria petrolului românesc, Ed. Academiei 1978

Breştoiu Horia - Impact la paralela 45, Ed. Junimea Iaşi 1986

Bucur Emilia - Din monografia oraşului Moreni şi a mişcării muncitoreşti, manuscris, Moreni 1972

Buzatu Gheorghe - România şi trusturile petroliere internaţionale până la 1929, Ed. Junimea Iaşi, 1981

Chivăran Ion, Negoescu Bucur - Morenii, Institutul de arte grafice Răsăritul 1926

Cojocaru Ion - Documente privitoare la economia Ţării Româneşti 1800-1850, vol. II, Bucureşti 1959

Constantinescu Şerban, Coroană Radu - Noi mărturii şi documnete referitoare la regimul de ocupație în timpul primului război mondial cu referire la județul Dâmbovița, Târgoviște 1978-1979

Cratochivil Silviu Dan - Monografia orașului Câmpina, Câmpina 1990

Deftu Florica - Lupta maselor muncitoare din județul Dâmbovița, sub conducerea partidului, în perioada creșterii pericolului fascist, Târgoviște 1973

Deac Augustin, Toacă Ion - Lupta poporului român împotriva cotropitorilor 1916-1918, Editura Militară 1978

Dincă Neagu - Studii de prefezabilitate referitoare la activitatea economică a SC Foraj-Sonde SA Moreni, 1992

Dinulescu Constantin - Electrificarea României de la primele începuturi până în anul 1950, Editura tehnică 1981

Dobrovici Gheorghe - Istoria dezvoltării economice și financiare a României, București 1934

Dogaru Leon - Institutul CPT la 45 de ani. Trecut, prezent și viitor, Câmpina 1993

Dumitrică Florica - Date noi privind dezvoltarea industriei petroliere la sfârșitul sec. al 19-lea și începutul sec. al 20-lea, Târgoviște 1972

*** - Epoca Nicolae Ceaușescu, cronologie istorică, Editura Științifică și enciclopedică, București 1988

Filipescu GM - Petrolul și zăcămintele petroliere, București 1942

Frunză Victor - Istoria stalinismului în România, ed. Umanitas, București

Fructer Eugen, Mihăescu Gabriel - Propaganda socialistă din județul dâmbovița în perioada premergătoare grevei generale, Târgoviște 1970

Georgescu Titu - România între Yalta și Malta, Casa de editură și presă Sausa SRL 1993

Georgescu Vlad - Istoria românilor de la origini până în zilele noastre, Editura Humanitas, București1992

Goicea Ion - Morenii - monografie, 1966, manuscris

Hanganu Ecaterina - Momente din lupta petroliștilor din Moreni, împotriva exploatării în perioada 1929-1944, Târgoviște 1978-1979

Ionescu Cleopatra - Structura economică a județului Dâmbovița în anii 1934-1940, Târgoviște 1975

Ionescu GV - Mișcarea muncitorească din Valea Prahovei 1880-1921, Ed. Politică, București 1971

Ionescu Mihai, Tudor Mircea - Fotbal de la A la Z. Fotbalul românesc de-a lungul anilor, Ed. Sport -Turism, București 1984

Ionescu T. Gheorghe - Contribuția Forțelor Democratica din județul Dâmbovița, conduse de PCR, la victoria BPD, Târgoviște 1971

*** - Istoria României în dotă, Ed. Enciclopedică română, București

1971

Kirițescu Constantin - Istoria războiului pentru întregirea României, vol. 1-3, Ed. Științifică și enciclopedică, București 1989

Lungu Traian - Viața politică în România la sfârșitul sec. al XIX-lea, Ed. Științifică, București 1967

Manole Minodora - Morenii - monografie 1985, manuscris

Mihăescu Gabriel, Manolescu Constantin, Zăvoianu Ion - Dâmbovița, Ghid turistic al județului, Ed. Sport - Turism, București 1978

www.ingramcontent.com/pod-product-compliance
Lightning Source LLC
Chambersburg PA
CBHW070227190526
45169CB00001B/108